Hommes et femmes dans l'apprentissage et la transmission de « l'art culinaire »

Logiques sociales
Collection dirigée par Bruno Péquignot

En réunissant des chercheurs, des praticiens et des essayistes, même si la dominante reste universitaire, la collection « Logiques Sociales » entend favoriser les liens entre la recherche non finalisée et l'action sociale.

En laissant toute liberté théorique aux auteurs, elle cherche à promouvoir les recherches qui partent d'un terrain, d'une enquête ou d'une expérience qui augmentent la connaissance empirique des phénomènes sociaux ou qui proposent une innovation méthodologique ou théorique, voire une réévaluation de méthodes ou de systèmes conceptuels classiques.

Dernières parutions

Maryvonne CHARMILLOT, Marie-Noëlle SCHURMANS, Caroline DAYER (dir.), *La restitution des savoirs, Un impensé des sciences sociales ?*, 2014

Les « Nouveaux » clowns, Approche sociologique de l'identité, de la profession et de l'art du clown aujourd'hui, 2014.

Delphine CEZARD, *Les « Nouveaux » clowns, Approche sociologique de l'identité, de la profession et de l'art du clown aujourd'hui*, 2014.

Christian BERGERON, *L'épreuve de la séparation et du divorce au Québec. Analyse selon la perspective du parcours de vie*, 2014.

Jérôme DUBOIS et Dalie GIROUX (dir.), *Les arts performatifs et spectaculaires des Premières Nations de l'est du Canada*, 2014.

Frédéric COMPIN, *Traité sociologique de criminalité financière*, 2014.

Yolande RIOU, *Etre un maire en milieu rural aujourd'hui : témoignages d'élus du Berry*, 2014.

Jean-Pierre DARRE, *Parcours d'un sociologue, Objectivité et partipris*, 2014.

Dan FERRAND-BECHMANN et Yves RAIBAUD (dir.), *L'engagement associatif dans le domaine de la santé*, 2014.

Régis MACHART et Fred DERVIN (dir.), *Les nouveaux enjeux des mobilités et migrations académiques*, 2014.

Laurence FOND-HARMANT (dir.), *Prévention et promotion de la santé mentale. Une alliance transfrontalière innovante*, 2014.

Abdessamad DIALMY, *Sociologie de la sexualité arabo-musulmane*, 2014.

Patricia MARIE

HOMMES ET FEMMES DANS L'APPRENTISSAGE ET LA TRANSMISSION DE « L'ART CULINAIRE »

© **L'Harmattan, 2014**
5-7, rue de l'Ecole-Polytechnique, 75005 Paris

http://www.harmattan.fr
diffusion.harmattan@wanadoo.fr
harmattan1@wanadoo.fr

ISBN : 978-2-343-03004-3
EAN : 9782343030043

Préface

Cuisinières et cuisiniers ?

Á propos de cuisinières et de cuisiniers, que vient faire la chimie (que je personnifie, conservant à l'idée, celle des Jésuites, selon laquelle il faut se comporter en chrétien, et non en tant que chrétien) ?

Si la gastronomie moléculaire, qui est une branche de la chimie physique, a bien commencé, dès 1980, par l'exploration de ce qui est aujourd'hui désigné par « précisions culinaires » (trucs, astuces, dictons, tours de main, proverbes...), si elle s'est parfois attachée à considérer des questions où le sexe des praticiens était en cause (« les règles féminines font tourner les sauces mayonnaises »), si la chimie est bien une sorte de sociologie atomique, ce qui nous rapproche du travail de Patricia Marie, la question de l'apprentissage et de la transmission en cuisine n'a pas grand rapport avec les préoccupations « matérielles » à partir desquelles on peut avoir espoir de lever un coin du grand voile physico-chimique.

Je ne vois qu'une bonne raison, qui tient tout entière dans l'introduction du *Traité élémentaire de chimie* d'Antoine Laurent de Lavoisier : « C'est en m'occupant de ce travail que j'ai mieux senti, que je ne l'avais encore fait jusqu'alors, l'évidence des principes qui ont été posés par l'abbé de Condillac dans sa *Logique* et dans quelques autres de ses ouvrages. Il y établit que *nous ne pensons qu'avec le secours des mots ; que les langues sont de véritables méthodes analytiques ;* que *l'algèbre la plus simple, la plus exacte et la mieux adaptée à son objet de toutes les manières de s'énoncer, est à la fois une langue et une méthode analytique ;* enfin, que *l'art de raisonner se réduit en une langue bien faite.* Et en effet, tandis que je croyais ne m'occuper que de nomenclature, tandis que je n'avais pour objet que de perfectionner le langage de la chimie, mon ouvrage s'est transformé insensiblement entre mes mains, sans qu'il m'ait été possible de m'en défendre, en un traité élémentaire de chimie. L'impossibilité d'isoler la nomenclature de la science et la science de la nomenclature tient à ce que toute science physique est nécessairement formée de trois choses : la série des faits qui constituent la science ; les idées qui les rappellent ; les mots qui les expriment. Le mot doit faire naître l'idée ; l'idée doit peindre le fait : ce sont trois empreintes d'un même cachet ; et, comme ce sont les mots qui conservent les idées et qui les transmettent, il en résulte qu'on ne peut perfectionner le langage sans perfectionner la science, ni la science sans le langage, et que, quelque certains que fussent les faits, quelque justes que fussent les idées qu'ils auraient fait naître, ils ne transmettraient encore que des impressions fausses, si nous n'avions pas des expressions exactes pour les rendre ».

Voilà une justification : il y a une question posée, celle de différences éventuelles entre cuisinières et cuisiniers, du point de vue de la pratique et de l'apprentissage culinaires, et il s'agit de l'analyser, parallèlement à ce qui a été fait par Patricia Marie, par ses méthodes analytiques propres.

Théories, théories...

Les femmes qui cuisinent seraient familiales, quotidiennes, empiriques, soucieuses d'économie, et les cuisiniers seraient d'apparat, professionnels ? L'apprentissage des unes se ferait par répétition des gestes maternels, dans la douceur domestique, tandis que les autres, engagés dans des travaux sérieux parce que commerciaux, apprendraient de façon plus théorique, plus efficace ? Les unes auraient et transmettraient le souci de faire plaisir, et les autres chercheraient à faire style et école ?

Malgré la transition féministe (hélas, pas terminée) qui a utilement bouleversé quelques pays industrialisés (hélas, beaucoup d'endroits du monde restent à transformer), traditions et cultures demeurent en France connotées méliorativement alors qu'il y aurait beaucoup à dire de la valeur de ces artefacts humains qui font la quasi-unanimité, pour qui ne les pense pas mais se contente de les vivre : l'esclavage, qui fut longtemps « traditionnel », était-il vraiment admissible ? Et la sauce

Périgueux n'a-t-elle pas été et ne reste-t-elle pas confisquée par quelques nantis ? Bref, devons-nous supporter nos traditions et cultures, ou, au contraire, les analyser et en combattre les caractéristiques fautives, selon le merveilleux exemple de Denis Diderot ? Pardonnez-moi de faire état d'une admiration : elle sert surtout à répéter que les Lumières n'ont pas été apportées par un seul siècle, et que beaucoup reste à faire pour les faire advenir.

Pour en revenir à la question initiale, des cuisinières et des cuisiniers, la réponse est évidemment dans la question, et, d'ailleurs, la croyance en l'existence d'une « cuisinière » et d'un « cuisinier » a la naïveté d'un Idéalisme qu'il n'est plus guère utile de réfuter. Préférons Aristote, le regard moins braqué vers les cieux, et qui nous dit d'ailleurs... que la question ne devrait pas exister, puisque les cuisinières et les cuisiniers n'existent peut-être même pas, en dehors des fantasmes que nous y mettons. Et puis, les progrès des sciences de la nature (la « philosophie naturelle ») nous mettent aujourd'hui en mesure de mieux comprendre que l'espèce humaine est plus animale qu'on ne l'a jamais reconnu, et que la « mauvaise foi » caractéristique de notre espèce complique l'entreprise... pour des raisons sans doute biologiques.

Cuisinières maternelles, cuisiniers d'apparats, apprentissages familiaux ou compagnonniques... Voilà bien des idées encore très répandues aujourd'hui, dans les familles comme dans le monde culinaire professionnel. Toutefois les paroles ne valent pas des faits. C'est folie de croire ce qui se dit dans les cuisines, parfois depuis parfois des siècles.

Commençons par le plus élémentaire : la technique. On enseigne depuis au moins 1901 que la cuisson peut être de deux types, par « concentration » ou par « expansion »... mais les analyses montrent qu'il n'y a concentration de rien (ni « jus », ni « goûts »...) dans le premier type, ni d'expansion dans le second (la viande bouillie se contracte, au contraire) ! Le référentiel de l'enseignement professionnel est-il changé par l'Éducation nationale pour rectifier l'erreur ? Nombre de praticiens restent collés à l'idée fausse qu'on leur a transmise, comme s'ils devaient être dépouillés de leur compétence pratique par la disparition de leur théorie (fausse, répétons-le). On enseigne qu'il faut battre les blancs d'œufs en neige pas trop ferme pour faire des soufflés bien gonflés ? L'expérience montre le contraire. On enseigne que les fraises perdent leur goût quand elles sont lavées ? Un test tout simple réfute l'idée. Plus généralement, les cuisiniers (femmes ou hommes) continuent d'utiliser des techniques bien peu rénovées (en cuisine, on « roule en chars à bœufs ») pour des productions dont les ingrédients ont imperceptiblement changé... et dont on ne veut surtout pas voir les changements. Pourquoi ?

Les comportements alimentaires, tout comme les comportements culinaires, d'ailleurs, sont paradoxaux, car les mêmes qui font des révolutions contre quelques résidus de pesticides à peine dosables avec les meilleurs des outils d'analyse chimique se réjouissent de manger des viandes grillées sur le feu, ignorant - ou voulant ignorer - que ces viandes sont chargées de benzopyrènes dont la cancérogénicité est parfaitement établie, connue, répétée. Les mêmes, à qui l'on signale la tératogénicité et la cancérogénicité de l'estragole, composé majoritaire de l'estragon ou du basilic, refusent d'imaginer qu'ils puissent cuisiner sans ces aromates. Les mêmes qui bataillent contre les hausses du prix de l'énergie gaspillent jusqu'à 80 pour cent de l'énergie qu'ils utilisent quand ils cuisinent. Pourquoi ?

Nous sommes plus animaux que nous n'essayons de le dire

Quand il est question de manger, l'être humain devient un bien étrange animal. Oui, animal : le biologiste de l'Évolution Theodosius Dobzhansky avait raison de rappeler que tout ce qui est humain doit s'interpréter en termes d'évolution biologique. Nos façons de cuire, comme tout ce que nous disons de ces façons.

Partons d'un premier fait biologique : la « néophobie alimentaire ». Il s'agit d'un comportement « codé » dans les êtres humains, tout comme dans les primates non humains, qui conduit à ne reconnaître pour « bon » que ce que nous avons mangé étant jeunes. D'où le munster qu'adore l'Alsacien, lequel refuse le scorpion grillé, tandis que le même Asiatique qui se pâme devant des durians rejette les « puants » qui font le bonheur de nos campagnes françaises. D'où notre attachement pour les viandes grillées... qu'entretient d'ailleurs un autre comportement, que nous partageons avec les animaux : il est maintenant bien établi que les aliments « cuits » sont préférés aux aliments crus... sauf quand de la théorisation (écologisme, naturalisme...) s'y met. D'où l'attrait pour des composés toxiques (l'estragole qui fait l'essentiel de l'huile essentielle de l'estragon ou du basilic), que les plantes ont vraisemblablement élaborés « afin » (pardonnez ce téléologisme indigne, employé seulement pour le stigmatiser) de favoriser leur reproduction : les travaux des paléoanthropologues ont assez établi cette coévolution des végétaux et des primates.

Là, nous en étions à des comportements automatiques, voire réflexes. Et quand ils sont plus élaborés ? La « pensée », par exemple ? Cette caractéristique humaine (je n'ai pas dit que notre espèce en avait l'apanage) nous conduit à d'étranges tours, parmi lesquels la « mauvaise foi » semble le plus merveilleux. Dites à un interlocuteur la dangerosité des viandes grillées, et il vous servira mille bonnes raisons de ne pas changer de comportement culinaire. Dites le risque résultant de la consommation des aromates, et vous entendrez un long discours « justifiant » ses pratiques alimentaires. Évoquez les pesticides d'origine naturelle, sécrétés par les végétaux eux-mêmes (s'ils sont arrivés jusqu'à nous, n'est-ce pas qu'ils ont su se défendre, efficacement ?), et l'on vous rétorquera... tout et n'importe quoi, avec des mots qui, le plus souvent, cachent d'ailleurs un « ilchimisme » (l'ignorance de la chimie, tout comme l'illettrisme est l'ignorance de la lecture et de l'écriture) qui devrait peut-être conduire à restreindre la participation aux débats sociétaux, sur ces questions, à ceux qui savent ce dont ils parlent.

On dit que...

Cuisinières et cuisiniers ? Après être passé du geste à la pratique, nous montons dans l'échelle des phénomènes, du technique au social, mais la mauvaise foi continue de sévir, et il s'agit de comprendre pourquoi.

Cette fois, il faut sans doute se souvenir que notre espèce est grégaire, ce qui signifie que des mécanismes biologiques nous conduisent à former des groupes. Convivialité ? Il faut sans doute en rire, ou, du moins, ne pas se laisser bercer naïvement par un mot qui évoque une sorte de grâce divine, laquelle, à nouveau, serait l'apanage de l'espèce humaine. Nous sommes des animaux, et les discours répétés à l'envi d'une spécificité humaine ne cessent d'être réfutés par les études des biologistes. Le rire, propre de l'homme ? On le trouve chez les singes. La copulation hors période de reproduction ? Elle se trouve aussi. L'empathie ? Elle a été observée. La culture alimentaire ? On en a observé chez des primates non humains, dont les groupes se transmettent des « manières », tel le lavage des patates douces dans les fleuves.

Pour cette question du groupe, là encore la « mauvaise foi » gauchit les discours. La défense des territoires est constante. Les cuisiniers seraient moins précis que les pâtissiers ? Un séminaire de gastronomie moléculaire que nous avons tenu a bien montré que la précision des uns n'est pas celle des autres : oui, il y a des proportions (assez) précises pour certaines préparations pâtissières... mais la cuisson d'un filet de poisson sur feu vif tient dans quelques secondes de plus ou de moins ! Si l'on définit la « précision » d'un geste technique comme le rapport de l'écart admissible pour un paramètre (par exemple, la différence entre une cuisson bleue et une cuisson à point) par la valeur totale de ce paramètre (la durée de la cuisson moyenne), alors la pâtisserie ne sort pas toujours gagnante !

Cuisinières et cuisiniers ? Oui, il est avéré que pour soulever de grosses marmites, le dimorphisme sexuel de notre espèce humaine ne favorise pas (euphémisme) les femmes, mais... pourquoi supporterions-nous que des métiers pénibles se pratiquent encore aujourd'hui, comme il y a plusieurs siècles ? N'est-il pas temps de rénover les techniques et ne pouvons-nous penser que l'évolution technique sera opérée quand les gestes ne nécessiteront plus de force physique, ou, plus exactement, quand tous les humains seront égaux, quelle que soit leur conformation physique, devant les outils qu'on aura mis au point ?

D'ailleurs, au delà des rejets de quelques-uns (le plus souvent pour des questions de prestige entamé par la méconnaissance des techniques nouvelles, ou encore par la crainte d'une ignorance technique, pourtant facile à combattre par du travail d'apprentissage), la « cuisine moléculaire », introduite depuis environ 30 ans (une génération), avait précisément pour objectif cette rénovation technique de la cuisine. La révolution n'est pas terminée, même si les pratiques sont changées... au point que les praticiens ne le savent plus : de même que la recette de crème anglaise est passée de 16 jaunes d'œufs par litre de lait, au début du XXe siècle, à seulement huit jaunes, la cuisine actuelle est quasi entièrement moléculaire, puisque la définition de cette cuisine moléculaire est « une cuisine qui fait usage de techniques modernes », et que de grandes enseignes vendent aux particuliers les siphons qui font des mousses sans que l'on ait besoin de fouetter (avec des fouets techniquement très inefficaces), que les cuissons à basse température se sont imposées (l'emploi de lave-vaisselle n'est pas encore popularisé, mais les hausses du prix de l'énergie devraient favoriser la transition)...

Théorie, mauvaise foi, culture : quelles relations ?

Cuisinières et cuisiniers ? La répartition des tâches domestiques a bien changé, depuis la mécanisation de l'agriculture, et, parallèlement, de l'urbanisation. Les rôles des hommes et des femmes ont évolué, et les livres de cuisine sont une merveilleuse source d'observation des comportements... et des discours.

Discours, tout d'abord : il n'est plus à répéter que les livres ne donnent à voir... qu'à ceux qui savent lire ! Il y a quelques siècles, de même que les nantis avaient culturellement à cœur de « jouer à la vigne », les aristocrates « jouaient à la cuisine ». La *Suite des Dons de Comus*, le *Viandier* de Guillaume Tirel, le grand livre de cuisine de Jules Gouffé étaient essentiellement des livres réservés aux aristocrates ou aux riches bourgeois. C'est seulement depuis que l'Éducation est devenue nationale que les manuels ont pu vouloir répandre « dans toutes les couches de la population » des idées d'économie familiale, un peu de rationalité dans les pratiques.

D'ailleurs, à propos de livre, on aura raison de ne pas croire que tous ne sont pas des manuels techniques, utilisables comme tels. Par exemple, on évitera de penser que le *Grand Dictionnaire de Cuisine* d'Alexandre Dumas soit un livre de cuisine : c'est un livre d'écrivain, plein de fantasmes, de projections... Un livre qui se joue des gourmands, tout comme la *Physiologie du Goût*, de Jean-Anthelme Brillat-Savarin ! Relisons le chapitre sur la maigreur, où l'auteur raconte avec le plus grand détachement comment il aurait assisté à la mort lente d'une belle jeune fille de ses amies ! Pour une cuillerée de vinaigre par jour : ne faut-il pas être aveugle ou naïf pour croire de telles « histoires » ? Car c'est bien de cela dont il s'agit : d'histoires. D'histoires qui confortent la mauvaise foi que nous nous servons nous-mêmes, afin de supporter nos vies de bêtes.

Universelle mauvaise foi

Cuisinières et cuisiniers : dans la question d'une différenciation, utilisons maintenant la « lunette » de la biologie de l'évolution afin de mieux voir comment la pensée nous trompe en même temps qu'elle nous sert, même quand les mots sont justes, malgré les idées condillaciennes. L'identification de groupes, en posant l'existence de limites, sape sa propre entreprise, tant le monde n'a pas de raison de reconnaître les barrières arbitraires de nos mots, de nos pensées. Et la métaphore, parfois si lumineuse, « n'est pas raison ». Hommes et femmes ? La séparation achoppe. Cuisinières et cuisiniers ? Là encore, nous risquons les fautes de nos catégories.

On n'a pas assez recensé ces fautes. Si le manichéisme a été bien identifié, et discuté, on n'a pas assez dit que la multifactorialité sape les groupements. Si la généralisation a été suffisamment stigmatisée, au point qu'il faudrait être bien piètre rhétoricien pour s'y livrer, on n'a pas assez montré la difficulté de s'en passer. La quantification des faits et phénomènes n'est pas une solution, parce que les données quantitatives doivent, ensuite, être interprétées, par des mots, qui souffrent des défauts des catégories. Cela se trouve, dit différemment, par notre sociologue du rapport des femmes et des hommes en cuisine. Ne passons pas à côté de ce point essentiel, de la première partie du livre.

Entreprise condamnée que la recherche de différences entre cuisinières et cuisiniers ? Pour ce qui concerne la transmission du savoir culinaire, même si la caricature est à éviter, il reste qu'il existe des pratiques assez générales, et que ces dernières sont utilement mises au jour. L'anecdote devient signifiante, quand elle représente un grand nombre de cas. Par exemple, c'est un fait que, pour les hommes comme pour les femmes, au delà des discours, la pratique culinaire se transmet par répétition. C'est un fait que les livres ne donnent classiquement que des protocoles sans analyse, et d'ailleurs les praticiens n'ont généralement pas distingué les trois composantes essentielles de la pratique culinaire, à savoir le lien social, l'art et la technique, de sorte que, pour les femmes comme pour les hommes, la transmission s'est le plus souvent limitée à une reproduction de pratiques élaborées empiriquement, ou dont les raisons ont été perdues en chemin. C'est un fait que, dans les « recettes », on n'a pas souvent proposé l'objectif en premier lieu, et que l'on a le plus souvent mis le déroulé pas à pas avant d'identifier le but des gestes préconisés. Que l'on parle comme Colette de sorcellerie nécessaire, ou que l'on évoque des « secrets », comme le faisait Maître Albert, on cache le plus souvent... l'absence de rationalité, avec la mauvaise foi indispensable à notre survie intellectuelle.

Et puisque nous en revenons toujours à la mauvaise foi, pourquoi ne pas évoquer le « nerf de la guerre » ? Les groupes sont souvent des justifications de protectionnisme : c'est un fait que le monde masculin de la cuisine aurait volontiers confisqué les tâches les plus nobles (et les salaires supérieurs), reléguant les femmes à la maison ou à des travaux subalternes. Mais c'est un fait aussi que la Bigouden avait vite fait de taper l'épaule du mâle au torse bombé, marchant devant elle, pour lui ordonner de tourner du côté indiqué ! La lutte des sexes est de ces faits biologiques dont nous ne sommes pas prêts de nous remettre, pas plus que de nos innombrables comportements animaux.

Vers une cuisine vraiment nouvelle

Lutte des classes, lutte des sexes, protection des territoires, protection des individus... Notre monde n'est-il qu'un vaste champ de bataille, réduit à des proies, des prédateurs ? Non : à nous, comprenant mieux les véritables enjeux, d'y mettre l'esprit dont nous rêvons ! À nous de « tendre avec effort vers la perfection sans y prétendre ». À nous d'ajouter à tout ce que nous faisons un « supplément d'âme », ou, plus justement, un supplément d'esprit. À nous de proposer des rénovations véritables des pratiques, où hommes et femmes seront égaux (pas nécessairement identiques) devant le coup de feu... que l'on gagnera à faire disparaître ; où hommes et femmes seront égaux (pas nécessairement identiques) devant des techniques... faites pour tous ; où hommes et femmes seront égaux (pas nécessairement identiques) devant la résistance au bruit, à la chaleur, à l'effort, parce que l'on aura assis les cuisiniers, qu'on aura supprimé le bruit des hottes, par l'utilisation de techniques de cuisson qui ne gaspilleront pas inutilement l'énergie, en même temps qu'elles chauffent inutilement la cuisine...

La cuisine moléculaire, dont, répétons-le, l'objectif était un perfectionnement des techniques culinaires, n'a pas fini sa révolution, mais elle est en bonne voie, dans l'essentiel des pays du monde. S'introduit aujourd'hui la « cuisine note à note », qui, employant des ingrédients culinaires nouveaux, permettra des pratiques différentes, et portera - on l'espère - le coup final à des pratiques obsolètes. Préparons le terrain en lisant bien le livre de Patricia Marie. Femmes et hommes, égaux devant les réalisations de ces cuisines nouvelles, pourront alors œuvrer ensemble, dans une fraternité jamais connue dans les cuisines. Rêvons...

Hervé THIS,
Physico-chimiste INRA,
Professeur *AgroParisTech*,
Directeur scientifique de la *Fondation Science &
Culture Alimentaire* (Académie des sciences).

Introduction

> « *Vous savez, on mange autant de mythes et de symboles que de calories.* », Alain Senderens[1]

Si les sciences humaines s'interrogent sur l'alimentation dès la fin du XIXᵉ siècle, elles l'abordent cela dit sous des aspects différents. En soulevant les questions « *du totémisme* », « *du sacrifice* », « *de la magie* » et « *des formes de religion* », les anthropologues attirent ainsi l'attention tant sur les prohibitions et les prescriptions alimentaires que sur toutes les coutumes étranges, souvent inexplicables, qui s'attachent à l'alimentation. Toutefois, leur intérêt est principalement centré sur les « *aspects rituels et surnaturels de la consommation* »[2], bien plus que sur l'activité propre à la cuisine. De fait, comme le souligne Claude Fischler : « *le sacrifice les intrigue et les mobilise davantage que la cuisine* »[3].

Suite au développement de la méthode ethnographique et de la pratique du terrain, d'autres chercheurs vont mettre l'accent sur les fonctions sociales de l'alimentation, autrement dit sur son rôle dans la socialisation des individus à l'intérieur d'un groupe. Alfred Radcliffe-Brown, par exemple, observe que chez les habitants des îles Andaman[4], « *l'activité sociale la plus importante est de loin la recherche de nourriture* » et que les « *sentiments sociaux* » sont le plus souvent invoqués et mis en

---

[1] Cité par Thierry Lamiraud, « Alain Senderens, Chef alchimiste », *Nourritures : plaisirs et angoisses de la fourchette – Autrement*, n°108, 1989, p. 94.
[2] Cf. J. Goody, *Cuisines, cuisine et classes*, Paris, Centre Georges Pompidou, 1984, p. 28.
[3] C. Fischler, *L'Homnivore. Le goût, la cuisine et le corps*, Paris, Odile Jacob, 1993, p. 15. Sur ce thème, cf. J. G. Frazer, *Le Rameau d'Or*, Paris, Robert Laffont, 1911.
[4] Îles indiennes dans le golfe du Bengale.

œuvre autour et à propos de la nourriture[5]. Mais, là encore, si cette dernière occupe une place considérable, l'attention est davantage portée sur l'alimentation plutôt que sur la cuisine.

C'est Claude Lévi-Strauss qui, le premier, va examiner les pratiques liées à la cuisine. Pour lui, les « catégories du culinaire » ouvrent la voie à la compréhension des cultures et des sociétés. En ce sens, il considère que la cuisine est non seulement « *un langage* » dans lequel une société « *traduit inconsciemment sa structure, à moins que, sans le savoir davantage, elle ne se résigne à y dévoiler ses contradictions* »[6], mais qu'elle offre aussi l'opportunité d'isoler des catégories empiriques universelles, même si les contenus qui leur sont assignés sont spécifiques à chaque société. En d'autres termes, il existe un certain nombre d'indices prouvant que les humains choisissent leurs aliments, pour une bonne part, en fonction de systèmes culturels alimentaires que l'on peut appeler des « *cuisines* ». L'analogie entre « langage et cuisine », manifeste depuis Claude Lévi-Strauss, s'impose ainsi : « *tous les humains parlent une langue, mais il existe un grand nombre de langues différentes ; tous les humains mangent une nourriture cuisinée, mais il existe un grand nombre de cuisines différentes. La cuisine est universelle ; les cuisines sont diverses* »[7].

Définie comme « *l'art d'apprêter les aliments, d'élaborer des mets* »[8], la cuisine peut être aussi entendue, dans un sens à la fois plus large et plus précis, comme un système de représentations, de croyances, de valeurs et de pratiques que partagent les individus d'une société ou d'un groupe faisant partie d'une même culture.

Chaque société ou groupe culturel possède en effet une cuisine singulière recouvrant non seulement un grand nombre de classifications et de taxinomies particulières, mais aussi des règles assez complexes qui se rapportent aussi bien à la

---

[5] A. Radcliffe-Brown, *Structure and Function in Primitive Society*, 1952, cité par C. Fischler, *op. cit.*, p. 16.
[6] C. Lévi-Strauss, *L'origine des manières de table, Mythologiques 3*, Paris, Plon, 1968, p. 411.
[7] C. Fischler, *op. cit.*, p. 32.
[8] Selon le *Grand dictionnaire encyclopédique*.

production et la préparation des aliments qu'à leur propre consommation[9]. Aussi, comme le rappelle Claude Fischler, « *si nous ne consommons pas tout ce qui est biologiquement comestible, c'est que tout ce qui est biologiquement mangeable n'est pas culturellement comestible* »[10].

Le fait que l'être humain soit omnivore le conduit à son état paradoxal. D'un côté, comme nous l'explique Claude Fischler, l'omnivore, dépendant de la variété alimentaire, est poussé à la diversification, à l'innovation, à l'exploration et au changement. Mais d'un autre côté, et conjointement, il est contraint à la méfiance, à la vigilance, au « conservatisme » alimentaire : tout aliment nouveau ou inconnu présente en effet un éventuel « danger »[11].

Le « paradoxe de l'omnivore » réside dans l'oscillation entre ces deux pôles : « *celui de la néophobie (prudence, crainte de l'inconnu, résistance à l'innovation) et celui de la néophilie (tendance à l'exploration, besoin du changement, de la*

---

[9] D'après C. Fischler, « il n'existe à ce jour aucune culture connue qui soit complètement dépourvue d'un appareil de catégories et de règles alimentaires, qui ne connaisse aucune prescription ou interdiction concernant ce qu'il faut manger, ce qu'il ne faut pas manger, et comment il faut manger », *op. cit.*, pp. 58-59. Dans *Remarks on Totemism, Journal of the Royal Anthropological Institue*, vol. I, 1899, Edward B. Tylor parle même « de la tendance de l'esprit humain à épuiser l'univers au moyen d'une classification *(to classify out the universe)* », cité par C. Lévi-Strauss, *Le Totémisme aujourd'hui*, Paris, PUF, 1962, p. 23.

[10] C. Fischler, *op. cit.*, p. 31. Sur ce point, cf. M. Douglas, *De la souillure, essais sur les notions de pollution et de tabou*, Paris, François Maspero, 1981.

[11] L'acte fondamental sur lequel se cristallise « l'angoisse de l'omnivore » est « l'incorporation ». Ingérer un aliment, c'est, tant sur le plan réel qu'imaginaire, « incorporer tout ou partie de ses propriétés : nous devenons ce que nous mangeons ». Cette représentation paraît traduire une caractéristique essentielle du rapport de l'être humain à son corps : « C'est elle qui semble fonder la tentative, constante dans la plupart des cultures, de maîtriser le corps et, à travers lui, l'esprit, la personne tout entière, donc l'*identité* », C. Fischler, *op. cit.*, pp. 66-67. Á ce propos, cf. N. Châtelet, *Le corps à corps culinaire*, Paris, Seuil, 1997.

nouveauté, de la variété) »[12]. Tout omnivore, et l'être humain en particulier, est ainsi soumis à une sorte *« de double contrainte entre le familier et l'inconnu, [...] la monotonie et l'alternance, [...] la sécurité et la variété »*[13]. Si la cuisine d'un groupe social peut être conçue comme un assortiment de pratiques, de représentations, de règles reposant sur des classifications précises, l'une des fonctions primordiales de cette construction est précisément : *« la résolution du paradoxe de l'homnivore »*[14].

Ceci nous renvoie à la formule de Claude Lévi-Strauss selon laquelle la nourriture doit être *« bonne à penser »* pour être *« bonne à manger »*[15]. Ce rapport anthropologique de l'être humain à son alimentation nous permet alors de mieux saisir la fonction essentielle de la cuisine sur laquelle repose la possibilité de concilier l'innovation "néophile" avec la méfiance "néophobe".

Cuisiner, apprêter les aliments, ce que l'on appelle *« l'art culinaire »*, c'est ainsi accommoder la nouveauté, ou l'inconnu, à nos traditions alimentaires. En passant de l'état de « Nature » à celui de « Culture », la nourriture préparée peut prendre place dans l'assiette du consommateur. La « Cuisine » possède en l'occurrence *« une vertu fondamentalement identificatrice : une fois "cuisiné", c'est-à-dire plié aux règles conventionnelles, l'aliment est marqué d'un sceau, étiqueté, reconnu, en un mot : identifié »*[16].

Les pratiques alimentaires et les cuisines, qu'elles soient locales, régionales ou nationales, sont des éléments fondateurs de notre identité individuelle et collective. En toute logique, nous dit Claude Fischler, *« un trait culturel lié à l'identité ne saurait être trop fluctuant, sous peine de laisser l'identité se dissoudre »*[17]. Par conséquent, le « conservatisme » alimentaire

---

[12] C. Fischler, *op. cit.,* pp. 63-64.
[13] *Ibid.,* p. 64.
[14] *Ibid.,* p. 66. Le terme « homnivore » est naturellement emprunté à Claude Fischler.
[15] C. Lévi-Strauss, *Le Totémisme aujourd'hui, op. cit.,* p. 132.
[16] C. Fischler, *op. cit.,* p. 77.
[17] *Ibid.,* p. 154.

ou la « néophobie » semble bien constituer un trait fondamental des systèmes culinaires qui tendent visiblement à se reproduire et à se perpétuer en tenant à l'écart toute innovation.

Et pourtant, on peut observer que les pratiques alimentaires, et en particulier les aliments consommés, changent dans des proportions considérables et parfois même très rapidement[18]. En réalité, rien dans l'alimentation humaine ne semble pouvoir échapper à la logique du facteur de la variation. C'est la raison pour laquelle il serait bien vain de surestimer la pérennité de nos pratiques alimentaires[19].

Par ailleurs, il serait tout aussi erroné de croire à un présent centré exclusivement sur l'innovation et à un passé confortablement installé dans des valeurs traditionnelles. Comme le souligne Alberto Capatti : *« Plus on se rapproche du présent, plus le jeu de la mémoire et des techniques se fait complexe. La recherche culinaire et gustative fait des bonds en arrière et en avant, montre sa virtuosité dans le dérèglement des valeurs temporelles »*[20].

Peut-être mieux que quiconque, les professionnels du monde de la cuisine savent combien les « traditions culinaires » sont mouvantes et qu'elles se perpétuent avant tout par la voie de l'adaptation et de la retranscription. En ce sens, *« l'exploration de la géographie culinaire de la France les conduit à présenter des préparations revisitées par l'esprit d'innovation et les*

---

[18] Par exemple : « Le yoghourt, vendu en pharmacie avant-guerre, est devenu un produit de base avec l'avènement des grandes surfaces dans les années soixante. Le kiwi, en quelques années seulement, s'est imposé au consommateur français, au point qu'il est cultivé dans l'hexagone même. La consommation des céréales du petit déjeuner, mets typiquement anglo-saxon, était minuscule en France jusqu'aux années quatre-vingt », *ibid.*, pp. 156-157.

[19] On peut souligner à ce propos que le SIAL (Salon international de l'alimentation), en exposant une « vision » mondiale de l'alimentation depuis 1964, nous donne l'occasion de nous pencher sur nos modes de consommation et, plus largement, sur les mœurs alimentaires de nos sociétés modernes.

[20] A. Capatti, « L'avenir archaïque de la gastronomie », *Nourritures : plaisirs et angoisses de la fourchette – Autrement*, n°108, 1989, p. 19.

nouvelles techniques de cuisson »[21]. Sans oublier que toute culture s'enrichit de l'apport de denrées, de préparations ou de « spécialités étrangères »[22].

Enjeu à la fois biologique, social, culturel, médical, voire politique, l'alimentation et les pratiques culinaires suscitent un foisonnement impressionnant de questions, ce qui explique l'abondante littérature recouvrant les différents travaux qui s'y rapportent. Pourtant, si les études relatives aux mœurs alimentaires[23], à l'histoire de la gastronomie[24], à la pratique de la cuisine dans le cadre familial[25] ou professionnel[26] ne

---

[21] Julia Csergo, « Nostalgie du terroir », *Mille et une bouches : cuisines et identités culturelles – Autrement*, n°154, 1995, p. 157.

[22] Pour plus, voir C. Fischler, « Les voies du changement », in *op. cit.*, pp. 161-180.

[23] N. Élias, *La civilisation des mœurs*, Paris, Calmann-Lévy, 1973 ; P. Farb et G. Armelagos, *Anthropologie des coutumes alimentaires*, Paris, Denoël, 1985 ; C. Fischler, *L'Homnivore, op. cit.* ; C. Marenco, *Manières de table, modèles de mœurs. 17ᵉ-20ᵉ siècle*, L'ENS-Cachan, 1992 ; J.P. Poulain, *Sociologies de l'alimentation. Les mangeurs et l'espace social alimentaire*, Paris, PUF, 2002.

[24] J.P. Aron, *Le mangeur du XIXᵉ siècle*, Paris, Robert Laffont, 1973 ; J.L. Flandrin, *Chronique de Platine : pour une gastronomie historique*, Paris, Odile Jacob, 1992 ; J. Goody, *Cuisines, cuisine et classes, op. cit.* ; *Lettre d'un Pâtissier Anglois et autres contributions à une polémique gastronomique du XVIIIᵉ siècle* (S. Mennell éd.), University of Exeter, 1981 ; A. Rowley, *Les Français à table. Atlas historique de la gastronomie française*, Paris, Hachette, 1997.

[25] J. Bonnet, *La terre des femmes et ses magies*, Paris, Robert Laffont, 1988 ; J.C. Kaufmann, *Casseroles, amour et crises. Ce que cuisiner veut dire*, Paris, Armand Colin, 2005 ; A. Miles, *Les hommes qui cuisinent. Le plaisir de partager*, Agnès Viénot éditions, 2005 ; Y. Verdier, *Façons de dire, façons de faire. La laveuse, la couturière, la cuisinière*, Paris, Gallimard, 1979.

[26] A. Drouard, *Histoire des cuisiniers en France. XIXᵉ-XXᵉ siècle*, Paris, CNRS Éditions, 2004 ; F. Neirinck et J.P. Poulain, *Histoire de la cuisine et des cuisiniers : Techniques culinaires et pratiques de table, en France, du Moyen Âge à nos jours*, Malakoff, Jacques Lanore, 1988 ; I. Terence, *Le monde de la grande restauration en France : la réussite est-elle dans l'assiette ?*, Paris, L'Harmattan, 1996.

manquent pas, il n'existe pas, à notre connaissance, une approche socio-historique des rapports sociaux entre hommes et femmes dans l'apprentissage et la transmission de "l'art culinaire", telle que nous l'envisageons ici[27].

En interrogeant les représentations symboliques véhiculées dans notre société autour de la cuisine, notre travail cherche ainsi à montrer comment s'est construit, reproduit, mais aussi transformé progressivement, un ordre sexuellement différencié et hiérarchisé des savoirs et compétences culinaires dans les sphères domestique et professionnelle. Autrement dit, il est question ici, en suivant Erving Goffman, non pas tant d'expliquer le lien entre l'organisation sociale et la construction des « genres » (féminin ou masculin) que d'articuler la description de la réalité sociale avec une réflexion sur le processus par lequel le monde social se sert des *« différences naturelles (entre les sexes) »* pour légitimer *« les différences sociales (construites) entre les sexes »*[28].

Nous rappellerons donc dans un premier temps comment fonctionne la division sexuelle du travail, en établissant quel est le poids de l'histoire et des représentations sociales dans la mise en place de cette relation, et en cernant les processus qui conduisent à une différenciation des sexes sur le marché du travail. Nous expliquerons alors que la place des hommes et des

---

[27] Sachant bien entendu, comme le souligne François de Singly, « [qu']aucun objet social n'est entièrement inédit, il peut, au moins pour certaines dimensions, être rapporté à d'autres objets existants ou ayant existé, et donc être analysé selon des principes comparables. Croire que la connaissance provient du désert est un mirage ; celle-ci dérive toujours d'un long processus d'accumulation des savoirs dans la discipline ou dans des disciplines voisines », *L'enquête et ses méthodes,* Paris, Nathan, 1992, p. 33.

[28] C. Zaidman, « Ensemble et séparés », introduction à E. Goffman, *L'arrangement des sexes,* Paris, La Dispute, 2002, p. 26. À ce propos, on peut souligner que, selon Margaret Mead, « on ne connaît aucune culture qui ait expressément proclamé une absence de différence entre l'homme et la femme en dehors de la part qui leur revient dans la procréation de la génération suivante », *L'un et l'autre sexe. Les rôles d'homme et de femme dans la société*, Paris, Gonthier, 1966, p. 13.

femmes dans la société, et dans le travail en particulier, a été définie par la distinction entre deux espaces d'action : celui des « affaires publiques » et celui des « affaires privées », le rapport entre ces deux espaces établissant un ordre sexué : aux hommes, la représentation publique et le travail salarié ; aux femmes, l'invisibilité du privé et les tâches domestiques. En attribuant un contenu mais, plus encore, un statut différent au travail des hommes et des femmes, ce « nouvel ordre social », instauré en France à la fin du XVIIIe siècle, et qui pose les fondements de notre monde moderne, ne fait en réalité que consolider la division sociale du travail entre les sexes.

Les anthropologues s'accordent en effet pour dire que la division sexuelle du travail est à la fois présente dans toutes les sociétés répertoriées, dans le temps et l'espace, et qu'elle a pour caractéristiques *« l'assignation prioritaire des hommes à la sphère productive et des femmes à la sphère reproductrice ainsi que, simultanément, la captation par les hommes des fonctions à forte valeur ajoutée (politiques, religieuses, militaires, etc.) »*[29].

L'activité culinaire n'échappe donc pas à cette forme de division du travail dérivant des rapports sociaux de sexe : *« aux femmes, la cuisine ménagère et domestique ; aux hommes, "l'art culinaire" et la cuisine commerciale »*.

Or, on aurait pu imaginer que si la division sexuée du travail professionnel reflète la division sexuée du travail familial, la pratique professionnelle de la cuisine devienne un métier typiquement « féminin ». Mais ce serait oublier qu'il suffit, comme le rappelle justement Pierre Bourdieu, *« que les hommes s'emparent de tâches réputées féminines et les accomplissent hors de la sphère privée pour qu'elles se trouvent par là même ennoblies et transfigurées »*[30]. En ce sens, tout métier, quel qu'il soit, se voit d'une certaine façon "qualifié" par le fait d'être réalisé par un homme[31].

---

[29] D. Kergoat, « Division sexuelle du travail et rapports sociaux de sexe », in *Dictionnaire critique du féminisme*, Paris, PUF, 2004, p. 36.
[30] P. Bourdieu, *La domination masculine*, Paris, Seuil, 1998, p. 86.
[31] Cf. M. Maruani et Ch. Nicole, *Au Labeur des dames. Métiers masculins, emplois féminins*, Paris, Syros/Alternatives, 1989, p. 15.

Dans ce contexte, il nous semble alors possible de considérer que la "compétition" entre hommes et femmes pour le statut de cuisinier est liée à l'importance donnée à la distinction entre *cuisine "domestique" et cuisine "professionnelle"*, aux valeurs symboliques et aux représentations sociales qui les définissent. D'un côté, il y aurait ce que nous appelons la "production" de chefs-cuisiniers et, de l'autre côté, la transmission de savoirs domestiques permettant aux femmes d'accomplir leur devoir familial. L'accès limité des femmes à l'exercice de la cuisine professionnelle ne peut donc se comprendre sans analyser la construction sociale du métier de cuisinier comme "masculin", c'est-à-dire accompli majoritairement par des hommes.

Dans le chapitre « *cuisinier : une profession et un statut à définir* », nous expliquerons que le métier de cuisinier dérive de corporations du Moyen Âge qui, à partir de cette époque et durant tout l'Ancien Régime, réglementent de façon stricte les métiers "de bouche", en interdisant notamment la fabrication et la vente d'un repas complet. Dans l'Ancien Régime, deux types de cuisine coexistent : celle fournie par les corporations de l'alimentation et celle de la production culinaire des châteaux où les cuisiniers sont en fait des domestiques au service de la cour de France ou de grandes familles aristocratiques.

La Révolution française aura une double influence sur le monde des cuisines. En balayant les corporations, elle autorise non seulement le commerce d'un repas complet, mais incite également des cuisiniers à s'établir à leur compte. En effet, les cuisiniers au service de la noblesse qui décident de ne pas suivre leur maître en exil, et qui se trouvent par conséquent privés de leur emploi, opèrent une reconversion professionnelle, soit en louant leurs services auprès des nouveaux dirigeants du pouvoir (la bourgeoisie), soit en ouvrant des « restaurants »[32]. Mais, jusqu'au début du XIXe siècle, les cuisiniers restent des

---

[32] Il convient de souligner qu'à cette époque le terme « restaurant » ne désigne pas encore un établissement où l'on sert à manger, mais une sorte de « bouillon de pot-au-feu plus ou moins riche », appelé aussi *bouillon restaurant*, « parce qu'il est censé restaurer celui qui le boit », E. Neirinck et J.P. Poulain, *op. cit.*, p. 28.

inconnus parce qu'ils n'ont ni identité, ni existence sociale. Ils ne forment ni un métier, ni une profession à part entière[33].

Dans la première moitié du XIXe siècle, la *« littérature gastronomique »*[34] va grandement participer à la reconnaissance sociale des cuisiniers, en s'adressant notamment à un public bourgeois afin de lui transmettre un « art culinaire » développé auparavant au service de la noblesse. Au milieu des années 1820, à l'époque où Jean-Anthelme Brillat-Savarin compose la *Physiologie du goût, ou méditations de gastronomie transcendante*, on assiste, selon Jean-François Revel, *« à la naissance et déjà au triomphe de la cuisine proprement professionnelle et commerciale, ce dernier adjectif n'ayant rien de péjoratif, et voulant dire simplement que le cuisinier professionnel dépend pour vivre, et éventuellement s'enrichir, du nombre de clients qui sont prêts à jouir de son talent, exactement comme en dépend l'acteur, l'auteur, le peintre ou le musicien »*[35].

En 1835, le « restaurant » entrera dans le *Dictionnaire de l'Académie française*, pour qualifier dès lors non plus un "bouillon restaurant", mais un « établissement » tenu par un « restaurateur » dont le commerce consiste à proposer une variété de mets à un public qui en connaît le prix.

---

[33] D'ailleurs, comme le précise Alain Drouard, « la juridiction du Conseil des prud'hommes, créée en 1806 par Napoléon pour régler les conflits entre patrons et ouvriers, les ignore complètement. Quand un cuisinier est impliqué dans un conflit du travail, l'affaire relève du juge de paix et non des prud'hommes », *Histoire des cuisiniers en France, op. cit.*, p. 23.

[34] La littérature gastronomique (œuvre de gourmets et gens de plume) ne doit pas être confondue avec la littérature culinaire, propriété des cuisiniers et dont les origines sont bien plus anciennes. Guillaume Tirel dit Taillevent (1310-1395) « sera l'un des premiers à codifier sa cuisine dans des livres à une époque où l'imprimerie n'est pas encore découverte. Ainsi, grâce à lui, dispose-t-on de nos jours des recettes que l'on consommait à la table de Charles VI, vers la fin du XIVe siècle », E. Neirinck et J P Poulain, *op. cit.*, p. 10. Imprimé vers 1486, le *Viandier* de Taillevent fut, selon A. Drouard, composé vers 1375, *op. cit.*, p. 26.

[35] J.F. Revel, préfaçant l'ouvrage de Brillat-Savarin, *Physiologie du goût, ou méditations de gastronomie transcendante*, Paris, Flammarion, 1982, p. 12 (la 1er éd. date de 1826).

Dès la fin du XIXᵉ siècle, les cuisiniers développent des stratégies de groupe afin de faire reconnaître la cuisine non seulement comme un art mais aussi comme une profession à l'image des libérales qui leur servent de modèles de référence.

Pour ce faire, ils s'accordent sur la nécessité d'améliorer la formation de base et sur le contrôle de l'accès à la profession. Simultanément, ils évincent les femmes de la pratique du métier et de l'accès à son apprentissage, ces dernières étant considérées comme inaptes à la pratique de « l'art culinaire » tel qu'ils le définissent, c'est-à-dire qui consiste à la création de « chefs-d'œuvre » au moyen de techniques dont seuls les cuisiniers ont la maîtrise. Les représentations sociales véhiculées autour de l'art culinaire, typiquement « masculin », vont alors contribuer à dresser des barrières à l'entrée des femmes sur le marché du travail et à les écarter des apprentissages professionnels. Il faudra attendre les années 1980, soit un siècle plus tard, pour que les femmes soient enfin admises à suivre des cours d'enseignement professionnel préparant au métier de cuisinier.

La *« mise en scène du repas familial »* ne rappelle pas seulement que la cuisine est aussi une activité quotidienne dont les femmes ont l'entière responsabilité. Nous verrons en effet dans ce chapitre en quoi ce repas devient au cours du XIXᵉ siècle, sous l'influence de la société bourgeoise, le symbole de la famille comme « pivot » de l'ordre social.

La société bourgeoise n'a évidemment pas inventé le repas familial, mais elle a fortement participé à la diffusion de « manières de table » et d'un modèle de mœurs lui assignant une place centrale dans la structure familiale. Au XIXᵉ siècle se construit ainsi, selon le modèle de mœurs diffusé par cette société, une identité féminine essentiellement définie par le rôle maternel, la fonction "nourricière" de la femme étant au second plan parce que la maîtresse de maison qui gère l'organisation de la table familiale ne cuisine pas elle-même et laisse cette tâche aux domestiques. Il faudra attendre un certain temps pour que le rôle nourricier de la femme se trouve durablement associé à la table familiale, suscitant alors une implication maternelle plus importante dans les activités culinaires.

Conjointement à l'exaltation des valeurs familiales et des vertus du travail féminin au foyer, les « cours d'enseignement ménager et d'économie domestique » vont, à la fin du XIXe siècle, connaître un essor considérable qui conduira dans la période de l'entre-deux-guerres à prendre conscience de la nécessité d'un « enseignement ménager féminin scolaire ». Il s'agit dès lors d'apprendre aux femmes de nouvelles techniques leur permettant d'accomplir plus facilement leurs tâches ménagères. La rationalisation du travail domestique s'introduira progressivement dans les communautés villageoises où les savoirs domestiques, *« symboles d'une culture féminine »*, se transmettaient de façon empirique entre les femmes.

Le mouvement d'acculturation domestique atteindra son apogée sous le régime de Vichy qui fera du travail des femmes au foyer un devoir national, symbolisé sous les traits de la *« bonne mère nourricière »* au service de la patrie. Dès lors coexistent deux types de « savoirs culinaires » : les savoirs « ménagers », permettant aux femmes de s'acquitter de leur devoir familial, et les savoirs « professionnels », destinés à l'exercice du métier de cuisinier. Les premiers renvoyant à un rôle social : celui « d'épouse et de mère » au foyer ; les seconds à un statut professionnel.

Certes, jusqu'à la fin XIXe siècle, *« la cuisine des femmes »* a pu souvent faire l'objet d'une activité salariée, les cuisinières exerçant leurs savoirs au service de familles bourgeoises ou bien dans les communautés villageoises comme maîtresses des cérémonies (baptêmes, mariages et communions). Cela dit, les femmes furent rarement aux premiers postes dans la préparation des célébrations commensales. Le modèle des femmes autodidactes, telles que le seront celles que l'on appellera alors les *« Mères cuisinières »*, ayant appris la cuisine par initiation familiale, ne servira aux hommes qu'à légitimer la distinction opposant une « cuisine de terroir » à la "grande cuisine" qu'eux seuls sont capables et dignes de réaliser.

Cependant, *« derrière les toques et les pianos »*, nous verrons comment les femmes, peu à peu et grâce à leur persévérance, ont non seulement réussi dans la profession de cuisinier mais, bien plus encore, ont démontré leur capacité à diriger une brigade de cuisine tout en faisant reconnaître leur personnalité.

Dans ce dernier chapitre, nous reviendrons sur les modalités de l'apprentissage du métier à partir des années 1950 et présenterons ensuite le « parcours typique » d'un cuisinier (« salarié » puis « chef d'entreprise »[36]) avant d'exposer les circonstances de l'entrée des femmes dans la profession, en partant du principe que si la distinction « masculin/féminin » demeure une ligne de clivage majeure entre hommes et femmes sur le marché du travail, les modalités de cette différenciation sont en perpétuelles mutations. Comme le souligne Margaret Maruani, « *les frontières se déplacent plus qu'elles ne s'effacent* »[37].

Cet ouvrage est issu de mon travail de doctorat[38] auquel j'ai ajouté des compléments en fonction de l'actualité liée au monde professionnel de la cuisine.

Je remercie chaleureusement Hervé This pour sa préface et comme il aime à le dire :

« *Vive la connaissance produite et partagée !* ».

---

[36] Comme tout « type idéal », la construction de ce parcours "typique" de cuisinier n'est qu'un « instrument d'orientation » au service de la connaissance, le monde social étant toujours beaucoup plus complexe et bien plus "riche" que les concepts qui tendent à en rendre compte. En complément, on peut consulter D. Schnapper, *La compréhension sociologique,* Paris, PUF, 2005.

[37] M. Maruani, *Les Nouvelles frontières de l'inégalité. Hommes et femmes sur le marché du travail*, 1998, citée par F. Battagliola, *Histoire du travail des femmes*, Paris, La Découverte, 2004, p. 94.

[38] Patricia Marie, *Hommes et femmes dans l'apprentissage et la transmission de "l'art culinaire". Une approche socio-historique,* Thèse de doctorat de sociologie, Université de Bourgogne, 2008. Quelques précisions, si besoin, sur l'enquête de terrain : une quarantaine de personnes ont été interviewées parmi lesquelles : 17 cuisiniers et cuisinières professionnels (salariés, restaurateurs, commis, chefs de brigade et étoilés) ; un proviseur adjoint, des chefs de travaux, professeurs de cuisine et élèves, en particulier du Lycée Condé de Besançon (dans le Doubs) ; un journaliste, ancien critique gastronomique au guide Michelin ; deux anciennes cuisinières de banquets villageois, ainsi que 13 autres personnes (hommes et femmes d'âge, de statut familial et de profession différents).

Chapitre 1
Afin de mieux comprendre

« *Le cours des choses devient nature lorsque nous ne nous interrogeons pas sur son sens.* », Max Weber[1]

Être cuisinier : un métier, une profession ?

Le métier de cuisinier dérive de corporations du Moyen Âge qui, bien que supprimées à la Révolution française, vont néanmoins continuer à orienter les pratiques et les valeurs des professionnels du XIXe siècle dont les cuisiniers contemporains sont les héritiers.

Les corporations réglementent l'apprentissage du métier, et par conséquent *« l'accès à la maîtrise »*, et défendent leurs membres contre toute concurrence extérieure, en veillant au respect du *« monopole sur le marché »*[2]. Ces « communautés », « confréries » ou « corps de métier » recouvrent aussi une division sociale du travail entre hommes et femmes. Il existe ainsi des corps de métiers *« féminisés »* et des corps de métiers *« masculinisés »*.

Bien qu'il soit possible de trouver des femmes exerçant des métiers dits *masculins*, comme les « *miresses* (chirurgiennes), les alchimistes ou les *jongleresses*... »[3], il n'en reste pas moins

---

[1] M. Weber, *Essais sur la théorie de la science*, Paris, Plon, 1992, p. 84.
[2] Cf. « L'idiome corporatif » selon W.H. Sewell, *Gens de métier et révolution. Le langage du travail de l'Ancien Régime à 1848*, cité par C. Dubar et P. Tripier, *Sociologie des professions*, Paris, Armand Colin, 1998, p. 29.
[3] Étienne Boileau, *Le Livre des métiers*, 1268, cité par P. Kergoat, « Métier, profession, job », in *Dictionnaire critique du féminisme, op. cit.*, p. 115.

que "la règle" est celle d'une « spécificité des métiers »[4]. Par ailleurs, selon Prisca Kergoat, si les métiers pratiqués par les femmes sont *« bel et bien des métiers reconnus, ce sont aussi des "travaux de femmes", entendus comme des tâches traditionnellement dévolues à ces dernières »*[5].

Certes, les femmes ont librement accès à la maîtrise et forment des apprenties dans les corporations mixtes ou féminines. Pour autant, elles sont souvent exclues de la fonction de juré permettant d'exercer le pouvoir de direction, qui reste alors réservé aux hommes. Comme le souligne Françoise Battagliola, *« la notion de métier dans le sens corporatif »*, supposant non seulement la possession d'un outil de production mais aussi la reconnaissance d'un savoir-faire, *« ne s'applique [donc] qu'à une partie des activités féminines »*[6].

Dans la première moitié du XIXe siècle il ne semble guère possible de pouvoir parler de « métier de cuisinier », puisque les cuisiniers ne forment ni un groupe social à part entière ni une profession établie. Ils sont pour ainsi dire des « inconnus » parce qu'ils n'ont ni réelle identité, ni existence sociale propre : la plupart d'entre eux sont effectivement des « domestiques » ou des « employés » au service de maisons bourgeoises ou de restaurants.

Dans les années 1880-1890, les cuisiniers élaborent puis développent des stratégies de groupe pour faire reconnaître leur activité non seulement comme « un art », mais aussi comme « une profession », à l'instar des libérales qui leur servent de modèle de référence. Nombreux sont ceux qui ne manquent pas alors de comparer leur métier à la profession médicale : *« L'on fait souvent peu de cas des cuisiniers ; ce sont pourtant eux qui tiennent en leur pouvoir le bon fonctionnement d'une quantité considérable d'estomacs ; que de maladies de cet organe sont*

---

[4] Certains métiers sont ainsi exercés uniquement par des femmes, principalement dans le travail de la soie ou la fabrication de vêtements (telles les lingères, les brodeuses, les bonnetières, etc.). Cf. F. Battagliola, *Histoire du travail des femmes*, *op. cit.*, p. 9.
[5] P. Kergoat, *op. cit.*, p. 115.
[6] F. Battagliola, *op. cit.*, p. 9.

causées par une nourriture mal appropriée et mal apprêtée ! Le cuisinier, c'est le médecin préventif de l'estomac ! »[7].

Par ailleurs, tous s'accordent sur la nécessité d'améliorer la formation professionnelle et souhaitent que l'accès au métier soit contrôlé : « *De même qu'on n'est pas pharmacien sans diplôme, il devrait être interdit d'être cuisinier sans brevet. Si le port de la toque et de la veste blanche n'étaient autorisés qu'après examens, comme la robe pour l'avocat, alors peut-être le costume et la profession culinaires regagneraient-ils leur prestige* »[8].

Cependant, force est de constater que les professionnels de l'art culinaire ne sont pas parvenus à créer un « ordre des cuisiniers » à l'image de celui des professions libérales chargé de réglementer l'exercice de ces corps de métiers. En effet, aujourd'hui, comme hier, « toute personne » peut ouvrir un restaurant sans avoir besoin de connaître la cuisine, c'est-à-dire d'être un cuisinier « qualifié »[9].

Il n'en reste pas moins qu'il est toujours aussi difficile de définir la place et le statut du cuisinier dans la société française actuelle.

Qu'est-ce qu'un cuisinier ? : Un artisan ? Un commerçant ? Un ouvrier qualifié ? Un chef d'entreprise ? Un artiste ?

Tandis que l'Éducation nationale considère « la cuisine » comme une « activité de service », la nomenclature des professions (PCS-ESE) de l'*Institut national de la statistique et*

---

[7] Extrait de l'éditorial de la revue *La cuisine française et étrangère*, n°1, 1891, cité par A. Drouard, *Histoire des cuisiniers en France. XIXe-XXe siècle, op. cit.*, p. 13.
[8] Chatillon-Plessis, *La Vie à table au XIXe siècle*, cf. A. Drouard, *ibid*.
[9] Selon la *Convention collective nationale de l'Industrie des hôtels, cafés et restaurants* du 30 avril 1997, (convention toujours en vigueur), aucun diplôme n'est exigé pour exercer la profession de cuisinier. Pour s'établir en tant que restaurateur il est toutefois indispensable de se procurer une licence d'exploitation et de s'inscrire au centre de formalités des entreprises (Chambre du commerce et de l'industrie).

des études économiques (l'INSEE) classe les « cuisiniers » dans ces différentes catégories[10] :
- *ouvriers non qualifiés* (apprentis de cuisine ; employés polyvalents de la restauration) ;
- *ouvriers qualifiés* (cuisiniers et commis de cuisine)[11] ;
- *agents de maîtrise* (de restauration : cuisine / production)[12] ;
- *cadres* (de l'hôtellerie et de la restauration)[13] ;
- *commerçants salariés de leur propre restaurant* (moins de 10 salariés) ;
- *chefs d'entreprise commerciale* (10 salariés ou plus).

Le terme unique de cuisinier « englobe » non seulement plusieurs statuts mais aussi des pratiques professionnelles parfois très différentes, cette diversité allant de pair avec celle des établissements de restauration. Ainsi, le cuisinier de la restauration dite "traditionnelle" ne travaille ni de la même façon, ni avec les mêmes produits que le cuisinier de la restauration "collective". Par exemple, quand le premier utilise des denrées fraîches et brutes, le second a généralement recours à des aliments préparés, ou semi-préparés, surgelés ou sous vide, fournis par l'industrie agroalimentaire. Les cuisiniers de collectivités (établissements scolaires, hôpitaux, restaurants

---

[10] Afin de « cerner » le statut des cuisiniers, nous avons consulté la nomenclature des Professions et Catégories Socioprofessionnelles des Emplois Salariés d'Entreprise (PCS-ESE) de 2003 et, pour plus de clarté, celle de 1982. Les positions professionnelles de type « ouvriers qualifiés », « cadres », « agents de maîtrise », etc., sont définies par les conventions collectives.

[11] Professionnels préparant (en principe de façon artisanale) des plats destinés à être consommés dans un lieu de restauration (restaurant, hôtel-restaurant, restaurant de collectivité).

[12] Professionnels chargés de gérer la totalité ou une partie de la cuisine d'un restaurant. Participant au travail qu'ils organisent et contrôlent, ils peuvent aussi gérer les achats de marchandises et contribuer au recrutement et à la formation du personnel.

[13] Professionnels dirigeant un hôtel ou un restaurant (du moins ont une responsabilité importante dans l'organisation et la gestion d'un tel l'établissement), ou qui créent une œuvre originale dans le domaine de la cuisine.

d'entreprises…) n'ont d'ailleurs pas le sentiment d'être des professionnels « comme les autres » parce que la restauration collective représente, selon Alain Drouard, *« une rupture par rapport aux valeurs traditionnelles et à l'idéal de la profession toujours définie par le modèle artisanal »*[14].

Pourtant, au-delà de la diversité des pratiques culinaires et des représentations du métier, à la fois *« métier de service »* et *« métier de production »*, les cuisiniers, qu'ils appartiennent au monde de la restauration traditionnelle ou collective, ne font-ils pas partie de la même profession ?

Dans le langage courant, le terme « profession » a au moins deux sens principaux. Il peut en effet tout aussi bien désigner *« une occupation déterminée dont on peut tirer ses moyens d'existence »* (un emploi), qu'un *« métier qui a un certain prestige par son caractère intellectuel ou artistique, ou par la position sociale de ceux qui l'exercent »* (architecte, avocat, médecin, etc.)[15].

Par ailleurs, si l'on peut considérer avec Claude Dubar et Pierre Tripier qu'il n'existe pas *« une sociologie (même anglo-saxonne) des professions, mais des approches sociologiques de groupes professionnels, dans des acceptions très variables »*[16] ; les professionnels du monde de la cuisine ne constituant pas un groupe homogène en raison de leurs différents statuts, nous définirons ici le métier ou la profession de cuisinier comme un ensemble de personnes (salariés ou indépendants) qui exercent la même activité de travail, bien qu'ils ne la pratiquent pas tous, bien évidemment, de la même façon.

De toute évidence, la distinction commune opérée entre métiers et professions, qui aboutit à la classique opposition entre « métiers manuels » et « professions intellectuelles » et qui *« repose sur une idée largement partagée selon laquelle les*

---

[14] A. Drouard, *op. cit.*, p. 132. En complément, on peut consulter S.A. Mériot, *Compétences et identité d'un groupe professionnel : les cuisiniers de la restauration collective*, Thèse de doctorat de sociologie, EHESS, 2000.
[15] *Le Petit Robert*, 1993.
[16] C. Dubar et P. Tripier, *Sociologie des professions, op. cit.*, p. 245 ; pour plus, cf. « Les définitions du terme profession », *ibid.*, pp. 8-13.

savoirs se référeraient à une somme de connaissances conceptuelles alors que les savoir-faire renverraient à des connaissances pratiques, acquises au seul contact des réalités, au fil de l'expérience »[17], ne peut nous convenir. De la même manière que le signale Dominique Jacques-Jouvenot à propos de l'éleveur, nous pensons qu'il n'est pas forcément utile de se lancer dans de grandes démonstrations pour que chacun comprenne que l'activité du cuisinier, dans sa pratique, ne se restreint pas uniquement à *« une mise en œuvre de gestuels adéquats [...] mais que la pensée conceptuelle est bien elle aussi au rendez-vous »*[18].

Comme bon nombre de chercheurs, la plupart des cuisiniers expérimentent des procédés différents et inventent de nouvelles techniques afin de perfectionner la qualité de leur travail.

Á la fin du XIXe siècle, à l'époque du développement des sciences expérimentales, le savoir-faire des cuisiniers se codifie déjà. Le besoin de rationalisation des pratiques culinaires se retrouve invariablement dans les écrits des grands cuisiniers de l'époque, que ce soit chez Urbain Dubois et Émile Bernard qui pensent que la cuisine *« peut avoir l'importance d'une véritable science, (et) qu'un livre culinaire sérieux, méthodiquement raisonné, [est] nécessaire... »*[19], ou bien chez Jules Gouffé qui précise qu'il n'a pas *« rédigé une seule de [ses] indications élémentaires sans avoir constamment l'horloge sous les yeux et la balance à la main »*[20]. Jean-François Revel écrira par ailleurs que *« la cuisine de Carême n'est pas une cuisine pour amateur. [...] Avec Carême, la cuisine transcendante devient plus qu'une chimie : c'est une algèbre »*[21].

---

[17] D. Jacques-Jouvenot, *Choix du successeur et transmission patrimoniale*, Paris, L'Harmattan, 1997, p. 26.
[18] *Ibid.*, p. 27.
[19] Cités par E. Neirinck et J.P. Poulain, *Histoire de la cuisine et des cuisiniers, op. cit.*, p. 72.
[20] Jules Gouffé, *Le Livre de cuisine*, 1867, cf. *ibid*.
[21] J.F. Revel, *Un festin en paroles. Histoire littéraire de la sensibilité gastronomique de l'antiquité à nos jours*, Paris, Jean-Jacques Pauvert, 1979, p. 300. Antonin Carême (1783-1833) est reconnu comme l'un des plus grands cuisiniers du XIXe siècle, et le maître incontesté de l'organisation de buffets majestueux. Au XXe siècle Auguste Escoffier

En fait, comme le souligne Claude Fischler, « *on n'a jamais cessé d'interroger la science pour comprendre la cuisine* » et si, « *dans les années 1970, il est clair qu'un ingénieur agronome comme Bruno Goussault a beaucoup apporté à la connaissance des cuissons, plus tard, l'apport d'Hervé This a été décisif* »[22].

Depuis 1980, la « gastronomie moléculaire », qui n'est pas une « *cuisine raisonnée* » mais « *une science qui veut comprendre les extraordinaires phénomènes qui se produisent lors des opérations culinaires* », se présente, autrement dit, comme « *une recherche scientifique au service du monde culinaire* »[23]. Aussi, comme l'explique Michel Roth, chef des cuisines de l'hôtel *Ritz* à Paris (1er) : « *Même en cuisine traditionnelle – celle que je pratique – ces recherches nous permettent d'aller plus loin, en comprenant, par exemple, pourquoi certaines sauces ne prennent pas, pourquoi certaines viandes cuisent différemment selon les températures* »[24]. De plus, pour Émile Jung, alors chef du *Crocodile* à Strasbourg : « *Un plat, c'est une musique et la cuisine moléculaire nous a permis de comprendre ses sons. Du coup, on peut se permettre de nouvelles expressions* »[25]. Et de conclure, avec Hervé This, que la « *gastronomie moléculaire n'est pas une fin en soi : aux*

(1846-1935) poursuivra non seulement le travail de théorisation de la cuisine entrepris par ses prédécesseurs mais modifiera également le principe d'organisation du travail en cuisine. Alors que dans les grandes maisons, plusieurs équipes œuvraient indépendamment les unes des autres, Escoffier réorganisera le travail en « cinq parties » interdépendantes, chacune étant responsable d'un type d'opération. Cette répartition du travail entre cuisiniers est toujours en vigueur dans les « brigades » des grands restaurants. Nous en reparlerons.

[22] C. Fischler, cité dans « Gastronomie moléculaire », *GaultMillau*, n°14, 2005, p. 36.

[23] H. This, *Traité élémentaire de cuisine,* Paris, Belin, 2002, p. 16.

[24] M. Roth, cité dans « Gastronomie moléculaire », *op. cit.*, p. 37.

[25] E. Jung, *ibid.*, p. 41. Et puisque ce chef parle de *musique*, profitons-en pour souligner que la dernière application de la gastronomie moléculaire est « la cuisine note à note », ou « la réalisation de mets à partir de composés purs, mélangés habilement. […] Á la clé, des mets inédits, des goûts nouveaux et une infinité de possibles pour les cuisiniers créatifs », H. This, *La cuisine note à note en 12 questions souriantes*, Belin, Paris, 2012.

chefs d'exprimer quelque chose de personnel. Ne perdons pas de vue que la cuisine c'est d'abord de l'émotion et de l'amour ! »[26]. Son association avec le cuisinier Pierre Gagnaire a commencé à la fin du XXe siècle. Pour le réveillon de l'an 2000, ils ont ainsi composé leur premier menu « *Science et Cuisine* »[27].

Quoi qu'il en soit, tous les professionnels de l'art culinaire cherchent à créer leurs propres recettes pour faire découvrir des alliances d'odeurs, de saveurs et de textures culinaires, inattendues, voire totalement insolites[28]. Certes, cela suppose la maîtrise d'un certain savoir, d'où la notion de savoir-faire. Toutefois, si nous ne parlions que de savoir et de savoir-faire pour décrire le travail des cuisiniers, cela reviendrait à restreindre leur activité professionnelle à son aspect purement technique.

Le savoir technique, en tant qu'il est producteur de normes communes à un groupe professionnel, est assurément une des composantes de son identité. « Être cuisinier » implique évidemment des connaissances techniques légitimant cette qualification, mais cela caractérise tout autant l'appartenance à une communauté sociale partageant des pratiques et des représentations qui requièrent d'autres compétences. Pour l'exposer autrement, le « savoir » du cuisinier, constitutif de son identité professionnelle, repose non seulement sur des savoirs et savoir-faire techniques, mais aussi sur un système de valeurs. Cela revient encore à dire que les cuisiniers, au même titre que les autres corps de métiers, sont porteurs d'une véritable culture professionnelle qui ne peut s'acquérir que par un apprentissage,

---

[26] H. This, cité dans « Gastronomie moléculaire », *op. cit.*, p. 42.
[27] On peut découvrir ce menu dans le *Traité élémentaire de cuisine* d'Hervé This, *op. cit.*, pp. 213-228, et dans *La grande Casserole. Coulisses de la gastronomie* de J.C. Renard, Paris, Fayard, 2002, pp. 202-209. Soulignons pour finir qu'Hervé This anime une fois par mois un séminaire de gastronomie moléculaire (public et gratuit) à Ferrandi, l'École supérieure de cuisine française à Paris.
[28] Telle la Tarte au citron déstructurée (avec une pâte sans farine et du citron déshydraté) de Thierry Marx qui s'amuse à dire : « *Je structure et je déstructure* », *GaultMillau*, n°17, 2006, p. 23.

une initiation et une véritable conversion identitaire consistant à incorporer : « *ce qu'est le travail (...), ce que doit être son rôle (...), ce que sont les carrières (...) existantes, possibles, souhaitables et, ce que l'on est soi-même (...) en tant que professionnel* »[29].

L'activité professionnelle : « une affaire d'hommes ? »

Dès la fin du XIXe siècle, les « ouvriers de métier », qui vont s'exprimer lors de congrès (et qui se réunissent en syndicats)[30], se montrent clairement hostiles à l'enseignement professionnel de la cuisine aux femmes. Tout en approuvant le principe de l'enseignement ménager, ils s'opposent en effet à l'admission « d'apprenties femmes » au sein des « grandes cuisines ».

Comme le fait remarquer Joan Wallach Scott, « *les pratiques des syndicats fournissent un autre exemple de la manière dont la répartition du travail selon le sexe se constitue à travers le discours. Les ouvriers syndiqués [...] cherchaient à protéger leurs emplois et leurs salaires en écartant les femmes de leurs métiers et, à long terme, du marché du travail. Ils acceptaient comme inévitable le fait que les salaires des femmes soient plus bas que ceux des hommes et considéraient les travailleuses comme une menace plutôt que comme des alliées possibles. Ils justifiaient leurs tentatives pour exclure les femmes de leurs métiers en démontrant [que leur] morphologie les prédestinait à être mères et à fonder un foyer : par conséquent, elles ne pouvaient être ni très productives ni bonnes syndicalistes. La solution largement approuvée à la fin du XIXe siècle était de renforcer la répartition dite "naturelle" des tâches selon le sexe* »[31].

---

[29] C. Dubar et P. Tripier, *op. cit.*, p. 102.
[30] Le 21 mars 1884, la loi Waldeck-Rousseau met fin à la loi Le Chapelier (1791) en autorisant la constitution de syndicats professionnels d'ouvriers et d'employés.
[31] J. W. Scott, « La travailleuse », in G. Duby et M. Perrot (dir.), *Histoire des femmes en Occident*, vol. 4, *Le XIXe siècle*, Paris, Plon, 1991, p. 436.

L'hostilité des cuisiniers à l'égard de l'entrée des femmes dans la profession n'apparaît donc pas comme un fait qui leur serait propre, mais bien comme l'écho de ce qui se passe alentour dans les syndicats d'ouvriers. Largement convaincus par la thèse de Proudhon[32] à propos de l'infériorité du sexe féminin, les ouvriers d'usine défendent également, et de façon active lors de leurs congrès, la spécificité des rôles : *« aux hommes le travail en usine, aux femmes le foyer »*[33].

Le rassemblement national ouvrier organisé à Marseille, en 1879, est exemplaire en la matière. Les opinions des congressistes, que l'on peut cerner à travers les neuf rapports consacrés à la question du travail des femmes, soutiennent en ces termes : *« la faiblesse naturelle de la femme et son rôle dans la perpétuation et la sauvegarde de la race ; l'importance de la famille pour l'ouvrier ; la résistance à l'entrée des femmes dans le salariat industriel et la préférence pour le travail à domicile ; l'aspiration à ce que le salaire de l'homme suffise à faire vivre sa famille »*[34]. À de rares exceptions près, les délégués français présents à ce congrès souscriront à « l'éloge de la ménagère », en affirmant : *« Nous croyons que la place naturelle des femmes n'est pas dans l'atelier ou à l'usine, mais dans le ménage, [à] l'intérieur de la famille… »*[35].

Avant la première guerre mondiale, la distinction des emplois selon le genre, tout comme l'absence de reconnaissance des qualifications féminines, ne rencontre guère d'opposition dans le mouvement ouvrier dominé par les hommes. L'autorité patriarcale exercée sur les femmes, et qui leur attribue le travail domestique, s'est alors perpétuée grâce au maintien de leur infériorisation sur le marché du travail, consolidée par les travailleurs eux-mêmes. Par leurs actions syndicales, *« les*

---

[32] Pierre Joseph Proudhon (1809-1865), théoricien socialiste français. Précurseur de l'anarchisme, il est aussi le fondateur du système mutualiste, du syndicalisme ouvrier et du fédéralisme.
[33] F. Battagliola, *Histoire du travail des femmes*, *op. cit.*, p. 43.
[34] Michelle Perrot, « L'éloge de la ménagère dans le discours des ouvriers français au XIXᵉ siècle », *Romantisme*, n°13-14, 1976, citée par F. Battagliola, *ibid*.
[35] J. W. Scott, « La travailleuse », in G. Duby et M. Perrot, *op. cit.*, p. 436.

hommes ont ainsi défendu leurs prérogatives, contribuant à maintenir les frontières entre identités masculine et féminine »[36].

Il est toutefois nécessaire de souligner que dans les branches très féminisées, le travail des femmes ne soulève que peu de discussions, mais à condition bien sûr que les ouvrières soient cantonnées à des emplois traditionnellement féminins ou à des fonctions subalternes. Les revendications n'émergent en fait que dans les secteurs confrontés à une situation de concurrence entre le travail des hommes et celui des femmes[37]. Et, s'il existe bien des syndicats qui acceptent les femmes en tant que membres, voire des assemblées formées par les travailleuses elles-mêmes, on les trouve surtout dans les domaines du textile, de l'habillement, de la chaussure et du tabac, où la grande majorité de la main-d'œuvre est féminine. Cela dit, les femmes n'ont eu qu'un rôle mineur dans le mouvement syndical car, selon Joan Wallach Scott : « *si intenses qu'aient été leurs essais de grèves, si convaincant leur engagement dans l'union syndicale, les travailleuses ne purent effacer l'opinion courante selon laquelle elles n'étaient pas des travailleuses à part entière, pas des êtres dont la vie était consacrée à une activité salariée »*[38].

Dans le domaine spécifique des arts, l'argument principal à l'encontre de l'acceptation des femmes repose sur l'idée que le génie est exclusivement masculin. Développé depuis l'époque de la Renaissance, le concept de « génie » est censé justifier autant la création artistique que sa qualité. On pense alors qu'un "grand" artiste possède un « don inné » qui se manifeste par la création de « chefs-d'œuvre » d'une beauté dite "supérieure", l'imagination étant plus cotée que l'imitation, le projet plus que l'exécution. Par conséquent, les femmes dont le travail révèle un certain talent sont considérées comme "anormales", voire "asexuées". Comme le souligne Anne Higonnet : « *Les attributs de la féminité étaient diamétralement opposés à ceux du génie ;*

---

[36] F. Battagliola, *op. cit.*, p. 43.
[37] *Ibid.*, p. 45.
[38] J. W. Scott, *op. cit.*, p. 437.

dans la mesure où une femme aspirait à faire une grande carrière artistique, on la soupçonnait de trahir sa vocation domestique. Les formulations les plus complètes concernant la relation sexe/créativité se trouvent dans les récits [où] les héros et les héroïnes sont des artistes. [Le] "Chef-d'œuvre inconnu" d'Honoré de Balzac (1837), [...] ou "The Awakening" de Kate Chopin (1899), traitent du génie. L'énergie, l'imagination, la production y apparaissent comme des valeurs liées à la sexualité masculine par opposition à la passivité, à l'imitation, la reproduction, tout aussi indissociablement liées à la sexualité féminine. Les hommes créent des œuvres d'art originales, les femmes se recréent elles-mêmes dans leurs enfants »[39].

Les artistes et les critiques d'art parlent aussi du « génie » comme d'une « valeur absolue », contribuant à accentuer la distinction faite entre deux identités culturelles associées à des sexualités différentes, elles-mêmes fondées sur des caractéristiques biologiques[40].

Dans la première moitié du XIXe siècle, tandis que les femmes riches pratiquent souvent la peinture en amateur, la majorité des femmes attirées par les arts, et qui sont pour leur part obligées de gagner leur vie, choisissent des domaines artistiques bénéficiant, à l'époque, d'un faible prestige culturel, comme l'artisanat ou les arts décoratifs. Elles y rencontrent en effet moins d'obstacles, aussi bien sur le plan artistique que sur le plan social. Dans les domaines proprement artistiques, que sont la musique, la danse et le théâtre, les femmes peuvent aussi poursuivre de brillantes carrières. Cependant, *« les insignes du génie [ne vont] pas à ceux qui [exécutent] le travail, mais à ceux qui [ont] composé la musique, créé la chorégraphie des ballets, écrit les pièces de théâtre : presque toujours des hommes »*[41].

À travers ces illustrations, on constate bien que les femmes sont donc envisagées soit comme "naturellement" dépourvues de tout génie, soit comme détentrices de dons qui ne peuvent

---

[39] A. Higonnet, « Le génie », in G. Duby et M. Perrot, *op. cit.*, pp. 254-256.
[40] *Ibid.*
[41] *Ibid.*, p. 257.

être qu'inférieurs à ceux des hommes. Le domaine de l'art culinaire n'échappe pas à la non reconnaissance d'un talent au féminin. Et quand il se révèle, on le déclasse (les "*mères cuisinières*")[42], ou on le dénigre (cuisine de "*bonnes femmes*")[43].

Certes, la conception du talent a évolué et les professionnels eux-mêmes, comme les critiques gastronomiques, reconnaissent qu'une femme peut être aussi talentueuse qu'un homme. Il n'en reste pas moins que cette reconnaissance est loin d'être acquise et légitime pour tous, puisqu'en 2003, Paul Bocuse, un des chefs les plus étoilés au guide Michelin, affirme : *« Les femmes font la cuisine de nos débuts, celle que les mamans transmettent à leurs enfants et petits enfants »*[44].

Les notions de « masculin / féminin »

En sociologie et anthropologie des sexes, les notions de « masculinité » et de « féminité » correspondent à diverses qualités (physiques, mentales, comportementales...) attribuées socialement et culturellement aux hommes ou aux femmes.

Élaborés symboliquement et idéologiquement, ces deux « genres »[45] se fixent dans les représentations individuelles et règlent l'ensemble des interactions sociales. Les conséquences de cette différenciation sexuée se manifestent dans le processus

---

[42] Furent surnommées ainsi des femmes qui s'installèrent à leur compte à la fin du XIXe siècle et début du XXe siècle, telles les *mères* Allard, Brazier, Bourgeois, Castaing, Blanc, Filloux, Léa et Poulard, pour ne citer qu'elles. En complément, cf. G. Blanc et C. Jobard, *La cuisine de nos mères*, Paris, Hachette, 2002.

[43] Il convient de souligner que l'appellation « bonnes femmes » n'est pas nécessairement péjorative dans la région lyonnaise. Cf. P. Girodin, *Restaurants et restauration en France*, Paris, PUF, 1995, p. 85.

[44] Cité dans *L'express*, 17 avril 2003.

[45] Le concept de « genre » de l'américain *« gender »* (très utilisé dans les pays anglo-saxons pour désigner l'élaboration sociale et culturelle de la différence sexuelle) permet de distinguer clairement le « sexe biologique » du « sexe social ». Cf. C. Zaidman, « Ensemble et séparés », introduction à E. Goffman, *L'arrangement des sexes, op. cit.*, p. 13.

d'orientation scolaire des filles et des garçons tout comme dans leur manière de se différencier au cours de leurs itinéraires personnels et professionnels[46]. Il n'apparaît donc pas surprenant que la distinction faite entre hommes et femmes sur le marché du travail s'établisse également sur le principe implicite qu'il existe des qualités, des aptitudes ou des vertus propres à chaque sexe.

Les stéréotypes sociaux de la masculinité et de la féminité concourent en effet à perpétuer la distinction qui est faite entre « métiers masculins » et « métiers féminins », considérés comme tels parce qu'ils sont associés, soit aux "compétences" prétendues "masculines" des hommes, soit aux "qualités" dites "féminines" des femmes. Ce qui se traduit, comme le rappelle Thierry Blöss, par *« l'exclusion des femmes de la légitimité technique et des métiers les plus qualifiés, ainsi qu'à leur "cantonnement" dans des activités [...] où leurs qualités "naturelles" sont supposées faire merveille »*, parce qu'elles sont *« associées à une forme de prédisposition biologique »*[47].

Construits comme des groupes sociaux distincts, les hommes et les femmes sont engagés dans un rapport spécifique : *« les rapports sociaux de sexe »*. Ces derniers se manifestent dans l'ensemble des espaces sociaux (privés et publics), orientent, en les codifiant, l'ensemble des conduites ou actions individuelles, et définissent des rôles, des places, des fonctions, des identités et des statuts propres à l'un ou l'autre sexe.

Les rapports sociaux de sexe ont une base matérielle, en l'occurrence le travail, et s'expriment à travers une division

---

[46] Ainsi, à compétence égale, les filles sont persuadées (autant qu'elles se font convaincre) qu'elles ne méritent pas d'emprunter les filières socialement les plus rentables, y compris dans l'enseignement supérieur, où, bien qu'elles l'aient investi de façon majoritaire, elles font preuve d'une « auto-sélection » et d'une « auto-évaluation » plus sévère que les garçons. Cf. T. Blöss, « Une égalité entre les sexes toujours incertaine », in *La dialectique des rapports hommes-femmes*, Paris, PUF, 2002, p. 3.
[47] *Ibid.*, p. 4.

sexuelle du travail entre hommes et femmes[48]. Utilisée au départ par les ethnologues pour désigner une « *répartition complémentaire* » des tâches dans les sociétés qu'ils étudient, la notion de division sexuelle du travail a ensuite pris la signification, non d'une complémentarité des tâches entre les sexes, mais d'une « *relation de pouvoir* » des hommes sur les femmes. La division du travail se caractérise alors par l'assignation des hommes à la sphère productive et des femmes à la sphère reproductive, ainsi que par la captation par les hommes des fonctions à forte valeur sociale. Cette forme de division sexuelle du travail repose de fait sur deux principes organisateurs : celui de *séparation* (il y a des travaux d'hommes et des travaux de femmes) ; et l'autre *hiérarchique* (un travail d'homme a plus de valeur qu'un travail de femme).

Comme le rappelle Georges Balandier : « *La femme est située en marge des savoirs, des relations et des pratiques qui sont les plus valorisées, placée du côté des instruments [...], des activités dépréciées, des comportements de dépendance. Une seule fonction échappe totalement à cette dévalorisation, celle de mère, "de planteuse d'hommes" disent les Kongo du Congo. Sous cet aspect, elle correspond exactement au prolétaire de l'ancienne Rome et à la définition étymologique du terme : celui qui importe d'abord en raison de la descendance qu'il engendre* »[49].

Pour autant, si les principes de la division du travail entre les sexes se retrouvent dans toutes les sociétés étudiées, leurs modalités varient dans le temps et l'espace. Une tâche attribuée aux femmes dans une société peut ainsi être considérée comme typiquement masculine dans une autre culture[50]. Un travail

---

[48] Cette dichotomie entre *hommes et femmes* règle et codifie aussi (peut-être de façon moins marquée aujourd'hui que dans les sociétés anciennes) les styles de vêtements, les manières de langage, les postures du corps, etc. À ce propos, cf. M. Mead, *L'un et l'autre sexe*, op. cit., et P. Bourdieu, *La domination masculine*, op. cit., pp. 39-50.
[49] G. Balandier, *Anthropo-logiques*, Paris, Librairie Générale Française, 1985, p. 52.
[50] Contrairement à de nombreuses sociétés où les activités domestiques sont exécutées par les femmes, la tribu des Todas,

traditionnellement effectué par les hommes peut, au fil du temps, passer aux mains des femmes, comme ce fut le cas pour la traite des juments dans la société mongole[51]. Il se peut aussi qu'une activité domestique confiée à des femmes devienne, en se professionnalisant, réservée aux hommes[52]. Ou encore, pour finir, qu'un métier exercé au départ majoritairement par des femmes évolue en se « masculinisant »[53].

Concernant ces différents cas de figures, il apparaît alors clairement que la division sexuelle du travail établie s'effectue au profit des hommes en leur attribuant des rôles ou des statuts de premier plan. D'ailleurs, comme le note Pierre Bourdieu, *« outre que l'homme ne peut sans déroger s'abaisser à certaines tâches socialement désignées comme inférieures [...] les mêmes tâches peuvent être nobles et difficiles, quand elles*

étudiée par Margaret Mead, considère « que presque tous les travaux domestiques revêtent un caractère trop sacré pour être confiés aux femmes », *Mœurs et sexualité en Océanie,* Paris, Plon, 2004, p. 17.

[51] De fait, en Mongolie, si la traite des juments a été une activité masculine durant des siècles, à l'époque contemporaine, ce sont le plus souvent les femmes qui traient les juments et les vaches. Cependant, pour la traite des juments, elles sont presque toujours accompagnées des hommes qui les aident en tenant le poulain près de sa mère. Cet accompagnement, justifié par la difficulté de maîtriser la force du cheval, et cette séparation des tâches renvoient à une hiérarchie dans l'ordre des produits laitiers, le lait de jument étant plus estimé que celui de vache. Cf. I. Bianquis-Gasser, « Pratiques autour des laitages dans la sociabilité mongole contemporaine », *Utinam - Autour d'Henri Hatzfeld*, Paris, L'Harmattan, 1996, p. 151.

[52] Dans la société paysanne traditionnelle, si la confection des produits fromagers fait partie des travaux domestiques réalisés par les femmes, on remarque aujourd'hui que la plupart des professionnels sont des hommes. Les femmes ne sont pas exclues du métier, mais elles n'y occupent que des rôles de second plan. Cf. J. Bonnet, *La terre des femmes et ses magies*, Paris, Robert Laffont, 1988, et S. Guigon, *Les fruitières à Comté*, Besançon, Cêtre, 1996.

[53] C'est le cas des sages-femmes, l'une des "professions féminines" les plus anciennes. De nos jours, la sage-femme n'est plus celle qui « aide à mettre au monde », mais l'assistante médicale d'un obstétricien, la pratique de l'obstétrique étant en effet exercée en grande majorité par des hommes. Cf. Jocelyne Bonnet, *op. cit.*, p. 56.

sont réalisées par des hommes, ou insignifiantes et imperceptibles [...], quand elles sont accomplies par des femmes ; comme le rappelle la différence qui sépare le cuisinier de la cuisinière, le couturier de la couturière, il suffit que les hommes s'emparent de tâches réputées féminines et les accomplissent hors de la sphère privée pour qu'elles se trouvent par là même ennoblies et transfigurées »[54]. C'est bien le travail *« qui se constitue comme différent selon qu'il est effectué par des hommes ou par des femmes »*[55] et, si les métiers dits "qualifiés" incombent plutôt aux hommes, c'est en grande partie parce tout métier, quel qu'il soit, se trouve d'une certaine façon qualifié par le fait même d'être accompli par des hommes.

Raisonner à partir de la division sociale du travail entre les sexes ne conduit en rien à adopter une pensée "déterministe", bien au contraire. En abordant les rôles assignés aux hommes et aux femmes sous l'angle de leur possible « variation » dans le temps et l'espace, on peut de ce fait mettre en évidence soit des phénomènes de reproduction sociale, soit la formation de « nouvelles » configurations culturelles, permettant alors de rendre illégitimes les règles ou représentations qui ont servi à justifier les fondements mêmes de la division sexuelle du travail observée.

Par ailleurs, s'il est certain que les rapports sociaux de sexe sont fréquemment synonymes « d'enjeux » entre hommes et femmes, ils représentent avant tout des espaces d'interactions animant et dynamisant la réalité sociale. Et, bien que l'on puisse observer des similitudes structurelles de domination et d'inégalités de statut au cœur de toute relation sociale, les individus réagissent face aux stéréotypes sexuels établis et élaborent des stratégies pour faire fonctionner l'espace dans lequel ils sont impliqués. C'est pourquoi, la division sexuelle du travail ne sera pas abordée ici uniquement en termes de "rapports de force", de « dominants/dominés », mais aussi en

---

[54] P. Bourdieu, *La domination masculine*, *op. cit.*, p. 86.
[55] M. Maruani et Ch. Nicole, *Au Labeur des dames. Métiers masculins, emplois féminins*, *op. cit.*, p. 15.

termes de "coopération", n'excluant en aucun cas que cette dernière puisse être rythmée par des divergences et des conflits.

Comme le dit Jean-Pierre Terrail : « *Styles et habitudes de vie, dispositions et capacités ne s'acquièrent pas comme on hérite d'un capital économique : ils sont le résultat d'une activité intelligente de l'intéressé, ils supposent l'élaboration d'un système propre de référence et d'évaluation du monde* »[56].

Ce qui nous amène à la question suivante : les femmes qui accèdent au métier de cuisinier, profession qualifiée de typiquement masculine, ont-elles incorporé ou adopté des attitudes dites masculines, autrement dit, se sont-elles « *"dispositionnellement" masculinisées* »[57], ou bien, sont-elles parvenues à exercer ce métier tout en conservant, voire en important, des manières ou aptitudes socialement perçues comme « féminines » ?[58] C'est ce que nous verrons plus loin.

La dialectique des espaces « privé / public »

La place des femmes sur le marché du travail étant étroitement liée à l'héritage de leur statut social, on ne peut saisir l'emploi des femmes dans la sphère professionnelle sans l'articuler avec les « activités »[59] qu'elles exercent dans la sphère domestique.

---

[56] J.P. Terrail, *La dynamique des générations*, Paris, L'Harmattan, 1995, pp. 125-126.

[57] Expression de B. Lahire, « Héritages sexués : incorporation des habitudes et des croyances », in T. Blöss, *La dialectique des rapports hommes-femmes*, *op. cit.*, p. 10.

[58] L'activité culinaire étant généralement réservée aux femmes dans la sphère domestique, on peut aussi se demander dans quelle mesure les professionnels n'ont pas, quant à eux, inconsciemment incorporé des dispositions dites "féminines".

[59] La notion d'activité renvoie ici à l'ensemble des compétences mises en œuvre à des fins diverses et qui ne sont pas destinées à un marché : le produit ou le service qui en résulte ne peut être ni vendu ni acheté, il n'a donc pas de valeur (économique). Cf. A.M. Daune-Richard, « Hommes et femmes devant le travail et l'emploi », in T. Blöss, *op. cit.*, pp. 131-132.

La restructuration sociale, issue de la Révolution française et qui pose les fondements de notre monde moderne, conduit à une séparation dialectique entre deux sphères d'activité : celle de la marchandise, du travail et des activités dites « sociales », et celle du privé, de la famille et des activités dites « naturelles »[60]. Simultanément, les hommes sont inscrits dans l'espace marchand et les femmes liées à l'espace domestique. C'est non seulement un contenu mais, plus encore, un statut différent qui va être attribué au travail des hommes et à celui des femmes : aux premiers, la direction des affaires officielles et le droit de subvenir aux ressources de leur famille, aux secondes, le devoir de *« nourrir et blanchir la maisonnée »*[61].

La distinction établie entre activités domestiques et travail marchand aboutit à une disqualification du travail des femmes et à leur illégitimité dans le monde du travail défini en tant que tel. Pour exercer une profession, les femmes ont donc dû combattre la résistance masculine, métier par métier, en s'adressant parfois au législateur, voire en ayant recours aux tribunaux.

Tel fut le cas, en France, pour l'accès de la profession d'avocat au sexe féminin qui entraîna une vive polémique dans le monde juridique, les arguments hostiles au travail féminin portant sur le manque de force physique, l'extrême difficulté pour une femme de plaider « à la latine », voire, sur la nature poussant soi-disant les femmes à user de coquetterie et le danger encouru par les magistrats *« livrés aux manœuvres de la séduction féminine »*[62]. Afin de vaincre ces « préjugés », de nombreux précédents à l'échelle mondiale furent mis en avant. On cita en exemples non seulement la Suisse, la Norvège, la Finlande et le Japon, mais également la Russie, la Roumanie, la Nouvelle-Zélande ainsi que les États-Unis où la première avocate s'était établie dans l'État de l'Iowa dès 1869 et où les femmes avaient obtenu le droit de plaider devant la cour

---

[60] *Ibid.*, pp. 127-128.
[61] Cf. Patricia Marie, « La Cuisine des femmes : tout un Mystère », *Utinam*, n°17-18, Paris, L'Harmattan, 1996, pp. 57-70.
[62] Nicole Arnaud Duc, « Les contradictions du droit », in G. Duby et M. Perrot, *op. cit.*, p. 98.

fédérale à partir de 1879. Dans d'autres États américains, elles pouvaient aussi être juges de paix, tout comme les *« clerck-women »* qui avaient la possibilité de remplir aussi bien des fonctions judiciaires et administratives que des emplois de notaire et de greffier. Suite au décret prononcé le 1ᵉʳ décembre 1900, les femmes françaises furent enfin admises à exercer la « profession d'avocate »[63].

Les femmes assurément travaillent depuis fort longtemps et bien avant l'avènement du capitalisme industriel. Elles gagnent par exemple leur vie, soit en étant couturières, dentellières, fileuses ou même boutonnières, soit comme ouvrières dans l'orfèvrerie, la métallurgie ou la brasserie, soit encore en tant que bonnes d'enfants, filles de laiterie ou femmes de chambre dans les villes et les campagnes[64]. Pour autant, au moment où s'ouvrent au XIXᵉ siècle les débats sur l'opportunité, la moralité et même la légalité des activités salariées, elles sont observées, décrites et étudiées avec une attention toute particulière et sans précédent. Dès lors, la travailleuse devient un être soudainement « visible », « troublant » ; un réel « problème » qu'il convient de résoudre au plus vite[65].

Le problème évoqué recouvre précisément la signification même de la féminité et sa compatibilité avec une activité rémunérée. Que la femme soit ouvrière d'usine, couturière ou typographe affranchie ; qu'elle soit célibataire, mère de famille, veuve, femme d'un travailleur sans emploi ou d'un artisan qualifié ; qu'on la considère comme l'exemple parfait des penchants nocifs du capitalisme industriel ou bien, comme une preuve de son progrès potentiel, les interrogations portant sur la salariée sont, à de rares exceptions près, constamment les mêmes : *« une femme doit-elle travailler pour de l'argent ? Quelle est l'influence du travail salarié tant sur le corps d'une femme que sur sa capacité à remplir son rôle de mère de*

---

[63] *Ibid.*
[64] J. W. Scott, « La travailleuse », in G. Duby et M. Perrot, *op. cit.*, pp. 419-420.
[65] *Ibid.*

famille ? Quelle sorte de travail est convenable pour une femme ? »[66].

Selon Joan Wallach Scott : « *Tout le monde [n'est] pas d'accord avec le législateur français Jules Simon qui [déclare] en 1860 qu'une femme qui se met à travailler n'est plus une femme, mais la plupart de ceux qui [prennent] part au débat sur le travail des femmes [organisent] leur argumentation autour d'une prétendue opposition entre foyer et travail, maternité et salariat, féminité et productivité* »[67].

L'affirmation selon laquelle la « mission sociale » des femmes était incompatible avec le travail salarié, à l'exception de certains types d'emplois fort limités, fut formalisée et institutionnalisée de diverses manières au cours du XIXe siècle, au point de devenir une évidence, une simple question de "bon sens" sur laquelle s'appuieront d'ailleurs les syndicats pour restreindre l'emploi des femmes dans les métiers qualifiés en confortant les ouvriers dans l'idée qu'elles étaient des concurrentes à écarter de certains emplois[68].

Certes, dans les trois dernières décennies, l'expérience sociale des hommes et des femmes s'est considérablement rapprochée à l'égard du travail et de l'emploi. Il n'en reste pas moins qu'aujourd'hui les hommes et les femmes n'occupent pas les mêmes places et ne poursuivent pas les mêmes carrières professionnelles[69]. Et parce qu'elle revient à poser la question de la « légitimité » du travail professionnel des femmes et des hommes, la définition de la « qualification », et donc de la « compétence », apparaît bien comme un enjeu majeur de la division sexuelle du travail.

---

[66] *Ibid.*
[67] *Ibid.*
[68] Sur le sujet, cf. F. Battagliola, *Histoire du travail des femmes*, *op. cit.*, et E. Sullerot, *Histoire et sociologie du travail féminin*, Paris, Gonthier, 1968.
[69] Pour des statistiques, cf. A.M. Daune-Richard, in T. Blöss, *op. cit.*, p. 133.

Le rapport à la qualification et l'enjeu de la technique

L'accès aux techniques, et notamment à celles considérées comme essentielles pour la reproduction sociale (dont les armes sont le paradigme), constitue, d'une façon générale et dans toutes les sociétés, un des éléments du pouvoir social et l'un de ses enjeux[70]. Paola Tabet montre ainsi que dans les sociétés de « chasseurs-cueilleurs »[71] les instruments de travail utilisés par les femmes sont toujours plus rudimentaires que ceux maniés par les hommes, et que les femmes sont le plus souvent exclues de la fabrication des outils et des armes en particulier[72]. De fait, *« la maîtrise des outils, le monopole des armes, soit "le contrôle masculin des instruments de production" par les hommes, est le moyen pour ces derniers de faire de la division du travail une structure de domination. Les femmes n'ont alors qu'un accès très réduit à la technologie où la main serait en motricité indirecte et elles sont cantonnées aux travaux pour lesquels l'outil est utilisé comme un prolongement direct de la main »*[73].

Dans les sociétés modernes on peut nettement constater que « l'instrumentation » progressive du travail professionnel, qui s'accompagne alors d'une définition des métiers établie sur

---

[70] Á titre de complément, cf. J.P. Vernant, « Le travail et la pensée technique », in *Mythe et pensée chez les Grecs*, Paris, F. Maspero, 1966.

[71] Dans ces peuplades, les activités de cueillette sont généralement réservées aux femmes et la chasse aux hommes. Les *« derniers chasseurs-cueilleurs »* furent surtout localisés : en Australie (les Aborigènes) ; en Nouvelle-Guinée (les Papous) ; en Amazonie (les Amérindiens) ; en Afrique du Sud (les Bushmen et les Pygmées), et dans l'Arctique (les Inuits). Ce mode de vie, qui fut d'ailleurs celui de toutes les communautés humaines avant la « révolution néolithique », a désormais quasiment disparu. Cf. *Le dictionnaire des sciences humaines* (dir. J.F. Dortier), Auxerre, Sciences Humaines Éditions, 2004, p. 82.

[72] Paola Tabet, « Les mains, les outils, les armes », in *La construction sociale de l'inégalité des sexes. Des outils et des corps*, 1998, citée par A.M. Daune-Richard, in T. Blöss, *op. cit.*, p. 134.

[73] D. Jacques-Jouvenot, *op. cit.*, p. 101.

l'articulation *« technique-métier-homme »*, exclut les femmes de l'utilisation des instruments qui fondent la reconnaissance de certains métiers et, par voie de conséquence, de ces métiers. Au XVIIIe siècle, la dépossession des sages-femmes au bénéfice des chirurgiens accoucheurs, sous prétexte que *« les femmes ne doivent user d'aucun instrument »*, illustre bien la construction sociale du rapport sexué à la maîtrise de la technique[74].

Anne-Marie Daune-Richard nous rappelle sur ce point que c'est la définition même du féminin comme genre enchaîné à la nature qui fonde l'exclusion des femmes de la légitimité technique, et qu'aujourd'hui encore, dans la formation ou dans l'emploi, le critère « technique » est une ligne majeure de clivage entre hommes et femmes. On retrouve bien ici, nous dit-elle, *« l'opposition entre le pôle des représentations qui associe la technique et la maîtrise de la nature au masculin et celui qui conjugue le naturel et la soumission à la nature au féminin. [...] Même lorsque la technicité d'un métier "féminin" s'accroît, elle tend à être disqualifiée par le sexe de l'opérateur »*[75].

Pour certains sociologues, la technique peut s'analyser comme une « culture masculine ». Autrement dit, et bien qu'elle puisse prendre des formes différenciées, *« la culture technique masculine paraît avoir des composantes constantes telles que la mise à l'épreuve de soi-même et la recherche de la maîtrise physique et intellectuelle dans la confrontation avec des machines »*[76]. Les relations entre les hommes dans le cadre de leur travail étant basées à la fois sur la compétition, l'évaluation mutuelle des aspects techniques, et sur leur mise en scène dans des épreuves héroïques, la *« culture technique »* apparaît ainsi comme *« l'un des éléments constitutifs de l'identité masculine »*. Exclues des professions et des lieux où

---

[74] Cf. Y. Knibielher et C. Fouquet, *Histoire des mères du Moyen Âge à nos jours*, Paris, Montalba, 1977.
[75] A.M. Daune-Richard, in T. Blöss, *op. cit.*, p. 137.
[76] D. Chabaud-Rychter et D. Gardey, « Technique et genre », in *Dictionnaire critique du féminisme, op. cit.*, p. 231.

les hommes « font » de la technique, les femmes le sont aussi « *car il s'y fait du masculin* »[77].

On comprend mieux alors pourquoi les femmes ont tendance à s'auto-exclure de certaines pratiques techniques, le manque de compétence technique des femmes devenant réellement « *partie intégrante de l'identité [...] féminine, en même temps qu'il est un stéréotype de genre* »[78]. Certes, il existe bien des techniques "féminines", mais comme le constatent Danielle Chabaud-Rychter et Delphine Gardey, « *la culture masculine de la technique ne les reconnaît pas comme telles... cette non-reconnaissance [étant] relayée par les femmes elles-mêmes* »[79]. Et force est de constater qu'aujourd'hui encore, « *l'un des clivages majeurs entre professions masculines et professions féminines repose sur la technicité reconnue du métier* »[80].

Si la qualification est un « *jugement social sur la qualité des travaux* »[81], nous avons bien affaire à une construction qui passe par le filtre des représentations sociales.

Mais, sans chercher à réduire « *la production sociale de la division du travail entre les sexes aux seules représentations et discours* », on peut montrer comment « *les pratiques des employeurs se sont appuyées sur des arguments relevant de la nature féminine pour attribuer des tâches aux femmes et en réserver d'autres aux hommes* », cette division sexuelle du travail s'accompagnant « *du déni d'une qualification des travaux féminins, comme si la qualification ne pouvait être que masculine* »[82].

La « compétence technique », comme toute compétence d'ailleurs, est donc avant tout une question de « reconnaissance

---

[77] *Ibid.*
[78] Judy Wajcman, *Feminism confronts Technology*, 1991, citée par D. Chabaud-Rychter et D. Gardey, *ibid.*
[79] *Ibid,*
[80] A.M. Daune-Richard, in T. Blöss, *op. cit.*, p. 135.
[81] P. Naville, *Essai sur la qualification*, 1955, cité par A.M. Daune-Richard, *ibid.*, p. 133.
[82] F. Battagliola, *op. cit.*, p. 41.

sociale »[83], et la propension à l'acquérir est d'autant plus grande que l'on est reconnu socialement comme légitime de l'acquérir. Autrement dit, puisqu'il ne suffit pas de se déclarer soi-même compétent pour l'être et qu'avoir compétence : *« c'est être en droit et en devoir de s'occuper de quelque chose »*[84], les modalités d'acquisition des savoirs sont à envisager aussi comme des processus « d'habilitation »[85].

Le processus de transmission des savoirs

Pour le sens commun, l'idée de transmission évoque presque instantanément la coexistence d'au moins deux générations : les plus âgés et les plus jeunes ; les parents et les enfants ; les formateurs et les initiés, autrement dit : *« ceux qui savent »* et *« ceux qui sont là pour apprendre »*. Quant à l'étymologie, elle nous indique que le verbe « transmettre » (du latin *transmittere*), désigne le procédé qui consiste à *« faire passer d'une personne à une autre, d'un lieu à un autre »* ; à *« laisser à ses descendants »*. L'action de *« transmettre »* renvoie donc à deux thèmes majeurs de la réflexion sociologique : *« l'espace »* et *« le temps »*.

Bien que les apports de Michèle Salmona, de Geneviève Delbos et Paul Jorion à la compréhension de la transmission des savoirs soient considérables, leurs approches restent cela dit insuffisantes[86]. En effet, si l'on considère que l'acquisition du

---

[83] La notion de « compétence » peut en effet être définie comme un *« savoir-faire opérationnel validé »,* L. Tanguy, *Savoirs et compétences,* Paris, L'Harmattan, 1994, p. 212 ; ou comme *« le jugement performatif de je sur autrui »,* selon F. de Chassey, cité dans *Utinam,* n°13, Paris, L'Harmattan, 1995, p. 52.
[84] P. Bourdieu, *Questions de sociologie*, Paris, Minuit, 1984, p. 240.
[85] Proposé par Marcelle Stroobants, le concept d'habilitation désigne une "opération" qui donne droit à exercer une compétence déterminée et avérée, en établissant son champ et ses modalités d'action, cf. *Savoir-faire et compétences au travail. Une sociologie de la fabrication des aptitudes,* éd. de l'Université de Bruxelles, 1993.
[86] Cf. G. Delbos et P. Jorion, *La transmission des savoirs*, Paris, MSH, 1984 ; M. Salmona, *Les paysans français*, Paris, L'Harmattan, 1994.

savoir fait bien partie d'une socialisation au travail lui-même, leurs perspectives de « familiarisation » ; du « nourrissage », autrement dit l'*habitus*, laissent intacte l'idée selon laquelle l'apprentissage d'un métier nécessite « d'être né dedans », le « bain familial » restant le seul modèle explicatif de la compétence acquise par l'apprenti tout au long de son chemin initiatique.

Jean-Pierre Darré élargit la problématique de l'acquisition des savoirs au-delà de la seule cellule familiale, en tenant compte de l'importance de la culture technique de la communauté professionnelle. L'approche des entreprises patrimoniales qu'il propose permet ainsi d'avoir une vision plus claire des interactions entre « profession et encadrement professionnel » : c'est au sein d'un groupe porteur d'une culture technique que s'élaborent, se transforment et se transmettent les règles et savoir-faire professionnels[87]. Dans cette perspective, l'acquisition des compétences utiles à la pratique d'un métier, en présence ou non du père, serait *« la soumission à l'exercice d'un rôle social : celui du successeur, donc celui qui pérennise »*[88].

À partir du moment où l'on prend en considération la « désignation » du successeur, la problématique de la transmission des savoirs se pose d'une toute autre façon : *« le professionnel à venir n'est pas placé devant des compétences, des capacités à acquérir [...] l'enfant, au contraire, en étant désigné [...], est considéré a priori comme détenteur des compétences »*[89]. Tout comme pour la jeune Odile des *Affinités électives* : *« Les capacités se présument : il faut qu'elles deviennent des accomplissements. C'est le but de toute éducation... Charge donc au maître de transformer les facultés de son élève en talent »*[90]. Dans ces conditions, la reconnaissance des aptitudes dites personnelles (qu'on les nomme *talent, capacité ou don*) devient, comme l'observe

---

[87] Cf. J.P. Darré, *La parole et la technique*, Paris, L'Harmattan, 1985.
[88] D. Jacques-Jouvenot, *op. cit.*, p. 175.
[89] *Ibid.*, pp. 32-33.
[90] Gœthe, *Les Affinités électives*, cité par D. Jacques-Jouvenot, *ibid.*, p. 33.

Georges Augustins à propos des musiciens, un *« enjeu considérable, car chacun est virtuellement un prodige de quelque chose »*[91]. La reconnaissance sociale et la promotion du talent ayant valeur de prédiction, il ne s'agit donc plus, pour l'*élu*, que de donner entière satisfaction.

Autrement dit, si *« l'habilitation professionnelle précède […] l'expérience sociale du travailleur, être désigné revient à recevoir en héritage la compétence à faire ce métier »*[92]. Et, selon Dominique Jacques-Jouvenot, il ne faut jamais perdre de vue le fait que *« si les apprentissages et les modalités de transmission varient en fonction [des] qualités morphologiques de l'enfant, c'est de cet enfant, et non d'un autre qu'il s'agit. Certains […], avant de pouvoir faire, avant que l'on sache s'ils ont ou non la force physique, ont été désignés pour faire. Sera d'emblée compétent celui qui a été choisi pour l'être. Seul l'élu qui refuserait de succéder (ce qui est rare) ou celui qui, pour des raisons contingentes, échoue dans la pérennité de l'exploitation, sera considéré comme incompétent »*[93].

Prendre en considération le « choix du successeur » dans la compréhension des modalités par lesquelles se transmettent les savoirs n'épuise toutefois en rien la question de la transmission, cette nouvelle donnée permettant juste de mieux saisir les procédés d'acquisition de la compétence professionnelle.

Par ailleurs, si l'on considère que la transmission peut être perçue comme *« un travail d'appropriation »* qui résulte *« d'interactions multiples entre donataires et donateurs »*, et qui *« transforme le patrimoine donné-reçu en patrimoine co-inventé, co-géré »*[94], il ne s'agit donc pas d'observer un héritage qui, d'un jour au lendemain, passerait d'un individu à un autre, mais bien un patrimoine qui est « en circulation » entre les sujets de la transmission.

---

[91] Cf. G. Augustins, « Le don chez les musiciens », in *Jeux de famille* (dir. M. Segalen), Paris, CNRS Éditions, 1991, p. 100.
[92] D. Jacques-Jouvenot, *op. cit.*, p. 33.
[93] *Ibid.*, p. 173.
[94] D. Jacques, « La transmission du patrimoine : rite de passage ou rite initiatique ? », *Utinam - Autour d'Henri Hatzfeld*, *op. cit.*, 1996, p. 199.

Tout nous invite dès lors à analyser comment une nouvelle génération, tout en négociant avec l'existant et sans prétendre le transformer radicalement, peut contribuer néanmoins à le modifier quelque peu et parfois même de façon significative. Comme le dit Jean-Pierre Terrail : « *l'adaptation d'une jeune génération au monde social le change toujours un peu* »[95]. Et, à tout instant et pour chaque personne s'ouvre ce que Jean-Paul Sartre appelle un « *champ des possibles* »[96].

Afin que le savoir du cuisinier puisse fonctionner comme un critère identitaire, il est indispensable qu'il se pérennise, il doit donc se transmettre. L'exercice du métier renvoie à deux processus de transmission : l'un « familial » et l'autre « professionnel », correspondant tous deux à une même logique de circulation des savoirs professionnels. En effet, pour l'un comme pour l'autre, l'acquisition de ces savoirs apparaît conditionnée par la transmission d'une place professionnelle, elle-même permettant une inscription sur le marché du travail.

Qu'elle soit familiale ou professionnelle, la transmission du métier s'opère avant tout, comme nous l'avons vu avec Dominique Jacques-Jouvenot, par le « *choix du successeur* ». Concernant le métier de cuisinier, on peut alors parler soit d'une « *désignation familiale* », établie au sein de la famille ; soit d'une « *désignation professionnelle* », opérée par le maître d'apprentissage. Mais quelle que soit la désignation (familiale ou professionnelle), dans un cas comme dans l'autre, il s'agit toujours d'assigner un individu à une place professionnelle.

La transmission familiale du métier de cuisinier permet de préserver un patrimoine. Or, si ce terme renvoie par définition au « patrimoine » en tant qu'il est « *le bien hérité du père et de la mère* » ; « *un bien que l'on tient en héritage de ses ascendants* », ou encore : « *ce qui, transmis par les ancêtres, est*

---

[95] J.P. Terrail, *La dynamique des générations*, *op. cit.*, pp. 120-121.
[96] Expression de J.P. Sartre reprise par D. Bertaux et I. Bertaux-Wiame, « Le patrimoine et sa lignée : transmission et mobilité sociale sur cinq générations », *Life Stories/Récits de vie*, n°4, 1988, p. 16.

considéré comme l'héritage commun d'un groupe »[97], il ne se rapporte pas uniquement aux seuls biens économiques, puisqu'il est aussi un « héritage immatériel » (affectif et symbolique) dans lequel le savoir prend place. En reprenant « l'affaire familiale » de ses parents, le successeur conserve donc à la fois le bien économique (le restaurant) et les biens culturels (les savoirs, les manières de faire, les valeurs, etc.) de ses ascendants. Transmettre son patrimoine sous-entend alors que les biens familiaux ont un statut particulier : *« celui de lien entre générations »*.

En ce sens, le mélange des savoirs culturels et du patrimoine économique suppose que l'acquisition du savoir soit dépendante d'un certain acte symbolique de désignation d'un héritier comme successeur du père à sa place professionnelle.

Avec l'acte du choix du successeur s'amorce alors le processus de transmission du métier, autrement dit de la socialisation professionnelle de l'élu. Par sa désignation, le successeur est construit comme héritier d'un tout patrimonial mêlant les dimensions familiale et professionnelle du métier. Succéder au père ne signifie donc pas uniquement hériter des biens économiques et des savoirs familiaux, mais avant tout prendre sa place au sein de l'affaire familiale.

En tant que successeur, tout héritier d'un patrimoine est alors inséré dans une chaîne généalogique qu'il se doit de ne pas rompre. Pour ce faire, il lui faudra "rendre" ce qu'il a reçu en héritage en transmettant à son tour le métier, c'est-à-dire sa place professionnelle. Ainsi, c'est de génération en génération, par la désignation successive d'héritiers d'un tout patrimonial, que se construisent des lignées professionnelles familiales basées sur des obligations envers les ancêtres qui sont à l'origine du patrimoine.

Bien qu'elle soit soumise à négociation entre père et fils, il est possible de considérer, avec Anselm Strauss, que la transmission du patrimoine familial est toujours préparée, la diversité des modalités de transmission étant dépendante de la façon selon laquelle le père et le fils se projettent dans

---

[97] Le *Petit Larousse* et le *Grand Dictionnaire Encyclopédique* nous ont servi ici de référence.

l'avenir[98]. Trois configurations semblent se dessiner : soit le fils collabore avec son père pendant plusieurs années avant que ne s'opère la transmission ; soit tous deux s'associent et partagent les pouvoirs et les décisions ; soit le fils reprend l'affaire familiale à la retraite ou à la mort de son père, la transmission du patrimoine s'effectuant alors à titre posthume. Succéder au père et hériter de l'affaire familiale vont donc de pair.

Le caractère spécifique de l'héritage du patrimoine familial, qui fait des biens familiaux, comme le note Anne Gotman, des biens *« qui ne se consomment pas comme des biens acquis et dont l'économie est réglée tout autrement, car ce qui se partage et circule dans la transmission des biens de famille, c'est la famille comme bien »*[99], est un élément important des modalités de transmission que nous observons dans le cadre de notre recherche. Si en « reprenant » l'affaire familiale, donc en « s'appropriant » les biens familiaux, il s'agit bien pour le successeur de recevoir un patrimoine, il s'agit également pour lui d'inscrire sa famille dans un espace (le restaurant) où elle travaille depuis plusieurs générations, et cela pour une génération encore. De fait, si la filiation est bien une question de transmission, elle est aussi, et peut-être même avant tout autre chose, une « affaire de succession ».

Qui plus est, si l'on peut considérer, avec Vincent de Gaujelac, que ce qui importe dans le processus d'héritage est de *« savoir quelle part de l'histoire familiale chacun va pouvoir s'approprier et quelle part il va pouvoir laisser à l'autre »*[100], le successeur s'approprie alors la part de l'histoire qu'il veut perpétuer tout en la transformant. En effet, les projets que font les acteurs sociaux ne peuvent en aucun cas être une pure répétition de ceux de leurs ancêtres mais l'exploitation des diverses ressources que ces derniers leur ont transmises, ainsi que des significations qu'un événement fondateur de leur vie personnelle, ou de l'époque dans laquelle ils se situent, implique.

---

[98] Cf. A. Strauss, *Miroirs et masques*, Paris, Métaillé, 1992.
[99] A. Gotman, *Hériter*, Paris, PUF, 1988, p. 162.
[100] V. de Gaulejac, « L'héritage », *Connexions*, n°41, 1983, cité par D. Jacques-Jouvenot, *op. cit.*, p 62.

Il peut paraître curieux, comme le fait remarquer Dominique Jacques-Jouvenot au sujet des éleveurs, *« de ne parler de successeur qu'au masculin. Est-ce à dire que les successions féminines n'existent pas ? »*[101]. Évidemment, non. Mais, bien que le nombre de femmes à exercer le métier de cuisinier soit en progression, il reste indéniable que les successeurs « élus » sont avant tout des hommes.

En réalité, les femmes parviennent souvent d'une toute autre façon au statut d'héritière. En ce sens, elles viennent pallier soit l'absence d'un repreneur masculin au sein de la famille, soit le « refus » ou la « défaillance » de l'héritier désigné pour pérenniser le patrimoine familial « *Au nom du Père* »[102].

Cependant, tous les professionnels du monde de la cuisine ne reçoivent pas en héritage le patrimoine de leurs ascendants et, par conséquent, ne sont pas les sujets d'une désignation familiale. En effet, tous ne sont pas fils ou petits-fils de cuisiniers.

Quand elle n'est pas l'œuvre de la famille, la désignation de l'héritier revient, comme nous l'avons dit ci-dessus, au maître d'apprentissage du métier qui, pour l'effectuer et la justifier, s'appuie sur ce qu'il appelle le « goût du métier », la « vocation » ou le « courage », ces deux dernières expressions définissant la capacité à pouvoir tenir ou affronter, sans jamais se décourager, une profession comportant non seulement un certain nombre de contraintes (activité physiquement très éprouvante, horaires de travail en décalage avec le reste de la société, vie privée ou familiale mise au second plan…), mais impliquant aussi une rentabilité hautement dépendante de la clientèle.

Faire de la conception du "goût" pour le métier : de la "vocation", le facteur déterminant de la désignation s'avère toutefois être une réelle gageure. Il est même bien illusoire de concevoir cette aptitude à accomplir le travail comme étant la première à acquérir, car il apparaît que l'apprenti ne semble se découvrir une vocation qu'à partir du moment où son maître

---

[101] D. Jacques-Jouvenot, *ibid.*, p. 84.
[102] Pour reprendre le titre du livre d'Anne-Sophie Pic, *Au nom du Père*, Paris, Glénat, 2004.

d'apprentissage lui fait clairement entrevoir des possibilités d'indépendance professionnelle, à partir du moment où il est désigné comme « successeur ».

Au cours de l'apprentissage du métier, tout semble en effet concourir à ce que « l'apprenti » et « le maître » s'identifient mutuellement : l'apprenti se projetant dans l'avenir à l'image de ce que vit son maître, ce dernier se remémorant son propre passé dans ce que vit le premier. Comme le note ainsi Isabelle Bertaux-Wiame à propos des boulangers : *« c'est presque chaque jour, [à l'occasion d'une remontrance ou au contraire de l'enseignement d'un tour de main], que l'artisan chez qui les apprentis sont placés appuie sa remarque d'un "quand tu seras patron...", énoncé avec la force de l'évidence. Ainsi l'apprentissage du métier se double bientôt d'une signification seconde : l'apprenti d'aujourd'hui, l'ouvrier de demain, deviendra patron à son tour »*[103].

L'organisation du marché du travail du monde de la restauration repose sur la notoriété des établissements et par conséquent sur la réputation de leurs chefs cuisiniers. Comment se faire une place professionnelle quand on est inconnu dans la profession, autrement dit comment prouver sa valeur ?

Manifestement, la réputation du maître d'apprentissage participe grandement à la reconnaissance professionnelle du nouvel entrant sur le marché du travail. Le choix même du successeur est donc un acte à ne pas prendre à la légère puisqu'il engage le « nom » de celui qui désigne. En effet, l'élu ne doit en aucun cas discréditer la réputation de son maître, au contraire il se doit de l'honorer. Car en autorisant son ancien apprenti à se servir de son propre nom, le maître ne lui ouvre pas uniquement les portes du marché du travail, mais il lui offre également le droit de pouvoir s'inscrire dans une « lignée professionnelle ».

Le concept de « lignée » ayant ici pour sens celui de « continuité », le nouvel élu qui entre dans le métier peut alors être perçu comme un maillon supplémentaire d'une chaine

---

[103] I. Bertaux-Wiame, « L'installation dans la boulangerie artisanale », *Sociologie du travail*, n°1, 1982, pp. 8-23.

généalogique composée d'une multitude de savoirs et de savoir-faire transmis de maîtres à élèves au cours des générations ou, pour le dire autrement, d'un patrimoine professionnel symbolisé par le nom du maître et dont hérite son apprenti.

Bien qu'il ne s'agisse pas de « famille biologique » (comme ensemble de membres unis par les liens du sang), les lignées strictement professionnelles n'en restent pas moins de réelles "familles", le « nom du maître » (ou *père spirituel*) donnant au successeur son « identité » (son *origine professionnelle*), légitimant sa "place" en tant que « professionnel reconnu ».

Comme le souligne Martine Segalen, *« les noms »* servent *« à classer »*, en définissant la place de chacun dans une hiérarchie propre à un milieu, et *« à exclure »*, en fonctionnant comme un « sésame » sur le marché du travail[104]. Dans le monde de la restauration de luxe, qui n'ouvre que rarement ses portes à des « inconnus », le nom du maître, en tant que porteur d'une réputation, donne à ceux qui peuvent s'en recommander une légitimité à pouvoir y exercer. En ce sens, le nom du maître participe grandement à la gestion du flux des arrivants sur ce marché de « l'excellence ».

Que l'on soit fils de cuisinier, ou non, le processus de désignation du successeur, dont dépend l'acquisition des savoirs, n'est donc pas le fruit du hasard. Paul Bocuse n'a-t-il pas affirmé : *« J'aurais aimé avoir un fils comme Ducasse, mais il m'aurait dépassé, et cela m'aurait ennuyé ».* Et celui-ci de répliquer : *« Entre nous, c'est une saine émulation. De la filiation, aussi. C'est bien d'avoir des maîtres »*[105].

Formé au métier auprès de cuisiniers réputés (Michel Guérard, Roger Vergé, Alain Chapel), Alain Ducasse n'est toutefois pas, comme l'écrit Jean-François Revel, *« de ces chefs qui estiment ne rien devoir aux enseignements et tours de main de la cuisine ménagère, ce savoir sacré transmis de génération*

---

[104] M. Segalen, « Le nom caché. La dénomination dans le pays bigouden sud », *L'Homme*, t. XX, n°4, 1980, pp. 63-76.
[105] Propos recueillis par la Nathalie Chuc, « "Mon Bocuse secret" par Ducasse », *L'Est Républicain (TV. magazine)*, du 25 février au 3 mars 2007, p. 23.

en génération depuis des siècles, parfois des millénaires »[106]. Estimant que « *la mémoire gastronomique d'un terroir existe grâce aux recettes mitonnées dans l'ombre par des cordons-bleus dont on ne sait plus d'où ni de qui ils détiennent certains secrets* », il revendique le contact permanent de sa cuisine d'invention avec la cuisine de fidélité, qu'elle soit paysanne ou marine, un « héritage » qui lui sert en quelque sorte de *« point de repère »*[107].

---

[106] J.F. Revel, *L'Atelier de Alain Ducasse*, Paris, Hachette, 1998, p. 11.
[107] A. Ducasse, *ibid.*, pp. 11-12.

« *Je nomme artistes culinaires les cuisinières et les cuisiniers qui ne se contentent pas de répéter des gestes codifiés par d'autres ; ce sont des individus qui inventent, qui cherchent, des femmes et des hommes que ronge la quête du "bon", ceux qu'un feu brûle. […] Il est simple de connaître les causes physico-chimiques du gonflement des mets, [de savoir] comment faire des plats mieux gonflés. En revanche, faire des plats qui soient des œuvres d'art, ne jamais se satisfaire du résultat obtenu, faire des mets qui parlent à l'âme autant qu'aux papilles, voilà la véritable difficulté ! »,* Hervé This, Traité élémentaire de cuisine.

Chapitre 2
La mise en scène du repas familial

> « *Est-il rien de plus agréable en ce bas monde que de s'asseoir, avec trois ou quatre vieux camarades, devant une table bien servie, dans l'antique salle à manger de ses pères ; et là, de s'attacher gravement la serviette au menton, de plonger la cuillère dans une bonne soupe aux queues d'écrevisses qui embaume et de passer les assiettes en disant : "Goûtez-moi cela, mes amis, vous m'en donnerez des nouvelles" ? »*[1]

« À la soupe ! » : la parenté par la bouillie

Dans toutes les sociétés connues, partager le même repas permet de réunir la famille, de sceller l'amitié et la paix, autrement dit de forger le lien social. De fait, pour Peter Farb et George Armelagos, *« l'établissement et le maintien des relations humaines passent avant tout par le partage de la nourriture. [...] Les Bantous d'Afrique australe estiment qu'un échange de nourriture équivaut à un pacte temporaire entre individus, ce qu'ils appellent "l'association clanique de la bouillie" »*[2]. En ce sens, il est plausible que les premières formes d'affiliation se soient organisées à travers l'alimentation partagée, en d'autres termes, par ce que les Ba-Ila d'Afrique

---

[1] Émile Erckmann et Alexandre Chatrian, *L'Ami Fritz*, 1864, cités par A. Rowley, *Les Français à table*, *op. cit.*, p. 14.
[2] P. Farb et G. Armelagos, *Anthropologie des coutumes alimentaires*, *op. cit.*, p. 10, qui soulignent que le terme même de « compagnon » (en anglais « *companion* ») dérive de mots latins signifiant « partager le pain avec quelqu'un ».

appellent : « *a clandship of porridge* », c'est-à-dire la « *parenté par la bouillie* »[3].

Bien qu'elle semble s'inscrire davantage dans les moments festifs et les fantaisies des classes aisées que dans l'ordinaire des chaumières, la configuration des repas, tels que nous les connaissons aujourd'hui, renvoie pourtant à une « *banale histoire de soupe* »[4]. S'apparentant à la « bouillie »[5], plus élaborée que la simple viande grillée et supposant une certaine organisation domestique, « *la soupe a civilisé l'homme en le sortant de sa barbarie infantilisante de la viande chassée et du lait de troupeau. Fille de l'agriculture et de la famille fixées, elle est devenue culture* »[6].

Qu'elle soit le principal plat de résistance à la faim chez les plus pauvres, ou un mets plus sophistiqué constituant une partie du repas chez les plus riches, « *l'humble soupe fut ainsi une authentique institution, un rite quotidien et une religion quasiment établie* »[7] durant tout le Moyen Âge et le XVIe siècle, périodes qui peuvent alors être considérées, selon Claudine Brécourt-Villars, comme les grandes « époques de la soupe »[8].

Symbole de l'alimentation de base des populations rurales ou des plus modestes, c'est sous le nom de « potage » que la soupe apparaîtra à la table des rois[9]. Toutefois, au début du

---

[3] Audrey Richards, *Hunger and Word in a Savage Tribe*, 1932, citée par J.C. Kaufmann, *Casseroles, amour et crises. Ce que cuisiner veut dire*, *op. cit.*, p. 65.
[4] Cf. J.C. Kaufmann, *ibid*.
[5] Si on admet de nos jours que la soupe est un potage épaissi, au XIIe siècle, et parfois encore au XVIIe siècle, ce terme désigne le plus souvent une tranche de pain que l'on arrose de bouillon. « Son ancêtre est du reste le *brouet*, de l'ancien français *breu* et du germanique *brod* qui signifient justement *bouillon* », Claudine Brécourt-Villars, « Du brouet au potage », *Mille et une bouches : cuisines et identités culturelles – Autrement*, n°154, 1995, p. 66.
[6] A. Rowley, *op. cit.*, p. 14.
[7] *Ibid.*, p. 15.
[8] C. Brécourt-Villars, *op. cit.*, p. 66.
[9] Le *Dictionnaire de Trévoux* (1771) est formel : ceux qui parlent bien disent « servir le potage » et non pas « servir la soupe », C. Brécourt-Villars, *ibid.*, p. 67.

XVIIIe siècle, lorsque ce plat cesse d'être présenté en assiettes individuelles pour figurer, au milieu de la table, dans une *soupière*, le terme de potage viendra se confondre avec celui de soupe. Quoi qu'il en soit, l'expression *« Á la soupe ! »* est, aujourd'hui encore, un signe de rassemblement des convives autour de la table pour partager le repas[10].

Par ailleurs, la croyance de la « parenté de lait » montre bien comment un seul aliment peut jouer un rôle social bien au-delà de ce qu'il apporte en tant que substance. En Arabie, par exemple, *« on considère qu'un garçon et une fille qui ont été nourris au même sein ont une parenté par le sang, et ne peuvent donc pas se marier, exactement comme s'ils étaient frère et sœur »*[11]. Toutefois, cette croyance en la parenté par le lait ne serait pas chargée d'aspects aussi affectifs *« si le lait ne comportait pas ce caractère unique d'être l'aliment universel offert par les mères »*[12].

En dehors du lait, le fait qu'une seule autre substance soit produite dans des conditions un peu analogues : le miel des abeilles, semble expliquer pourquoi de nombreuses sociétés ont fait le lien entre ces deux aliments. Comme le précisent effectivement Peter Farb et George Armelagos, on ne les trouve pas seulement associés dans l'*Exode*, lorsque Dieu promet à Moïse de conduire son peuple jusqu'à la Terre promise, *« un pays où coule le miel et le lait »*, mais aussi dans de nombreux rituels religieux où ils servent souvent ensemble à faire des offrandes propitiatoires, comme dans les mythes où ils symbolisent *« la nourriture des dieux »*[13].

---

[10] Ajoutons aussi que la soupe n'a jamais cessé de susciter notre imaginaire proverbial. On connaît ainsi : *« comme un cheveu sur la soupe »* ; *« cracher dans la soupe »* ; *« soupe à la grimace »* ; *« marchand de soupe »* ; *« soupe au lait »* ; *« trempé comme une soupe »*, etc.
[11] P. Farb et G. Armelagos, *op. cit.*, p. 119.
[12] *Ibid.*
[13] *Ibid.*

Si l'on peut considérer, avec Claude Lévi-Strauss, que le partage de la nourriture est un fait culturel « universel »[14] s'effectuant le plus souvent sous la forme de repas pris en commun, la circulation de dons alimentaires est aussi un acte essentiel dans le maintien des interactions sociales.

Par exemple, dans la société japonaise, comme l'explique Jane Cobbi, *« tout événement important de la vie humaine, tout rite de passage, changement de saison, ou changement d'année, sont marqués par une consommation ritualisée de nourritures exceptionnelles, qu'elles soient prises en commun au cours de repas partagés [...] ou distribuées sous forme de cadeaux »*[15]. Ainsi, durant les « relais » calendaires *(sekku),* déterminés en fonction du système zodiacal chinois, le *« jour de la célébration des filles »* (c'est-à-dire le troisième jour de la troisième lune) est marqué par la consommation de *« saké à la fleur de pêche »*, et le *« jour de la célébration des garçons » (le cinquième jour de la cinquième lune)* concrétisé par le fait de manger des *« galettes de riz à l'armoise »* et de boire du *« saké aux tiges d'acore »*[16].

De nombreuses sociétés ponctuent leur rapport au temps en consommant ou en offrant des nourritures symboliques. Le peuple juif célèbre Pâques en mangeant du pain azyme et des herbes amères. Mariages et baptêmes sont fêtés en Amérique du Nord et en Europe avec des gâteaux rituels (pièce montée) et des friandises spéciales (dragées). Dans le sud de la France, et notamment en Provence, un souper de Noël ne saurait se clôturer sans ses *« treize desserts »*[17] et, pour les Anglais comme pour les Irlandais, la fête ne serait pas complète sans le

---

[14] Cf. C. Lévi-Strauss, *Les structures élémentaires de la parenté*, Paris, PUF, 1949.

[15] J. Cobbi, « Les partages alimentaires ou la mémoire des temps forts : les dons de nourriture au Japon », in *Le temps de manger* (dir. M. Aymard, C. Grignon et F. Sabban), Paris, MSH/INRA, 1993, p. 184.

[16] *Ibid.*, p. 188.

[17] Pains ronds, dates, amandes, noisettes, figues, pommes, raisins, miel, nougat, entre autres. Certains de ces desserts peuvent parfois être remplacés par des produits locaux ou régionaux : melon cantaloup ; calissons d'Aix-en-Provence ; berlingots de Marseille, etc.

« *Christmas pudding* » (dans lequel on glisse souvent une fève). Ces quelques exemples, parmi tant d'autres, qui peuvent être considérés à la fois comme des « routines » et des « rituels culinaires » ayant une fonction de « repères temporels », sont des différences culturelles par lesquelles chaque société ou groupe social se distingue des autres en s'y conformant méthodiquement.

Les offrandes alimentaires, mais aussi les célébrations sacrificielles, ont alors toute leur importance dans la compréhension du sens même de nos repas actuels. Certes, si surprenant que cela puisse paraître au premier abord, *« les sacrifices »*, outre qu'ils permettent aux êtres humains de communiquer avec les dieux afin d'obtenir leur faveur[18], sont généralement des cérémonies où l'on se partage de la nourriture, mais surtout, et peut-être même avant tout, des *« repas »* auxquels on prend part *« ensemble »*.

Pour Émile Durkheim, le sacrifice peut effectivement être conçu comme un repas, non seulement parce que ce sont des aliments qui en sont la matière, mais aussi parce que les fidèles y prennent part en même temps que le dieu auquel il est destiné. En définitive, le repas sacrificiel est *« avant tout un acte de communion alimentaire »*[19]. Mais, comme le note Alain Caillé, *« c'est bien pour obtenir des dieux des bienfaits très précis que l'on sacrifiait »*[20]. Roberto Motta insiste quant à lui sur le caractère alimentaire, presque banal, des rites sacrificiels. Suite à son observation de la pratique du *« candomblé »* brésilien, il explique que ce sacrifice n'est pas uniquement *« bon à prier »*, il est tout aussi *« bon à manger »*[21].

---

[18] Soulignons d'ailleurs que le terme de sacrifice vient du latin « sacrificium » (de *sacrum facere*) qui signifie « faire un acte sacré ».
[19] E. Durkheim, *Les formes élémentaires de la vie religieuse*, Paris, PUF, 1994, p. 481, commentant les travaux de William Robertson Smith, *The Religion of the Semites*, Edinburgh, 1889.
[20] A. Caillé, « Sacrifice, don et utilitarisme ; notes sur la théorie du sacrifice », *La revue du Mauss*, n°5, 1995, p. 278.
[21] R. Motta, « Le sacrifice, la table et la fête. Les aspects "néo-antiques" de la liturgie du *candomblé* brésilien », *Religiologiques – Nourriture et sacré*, n°17, 1998, pp. 75-84. Les expressions « bon à

Suivant Marcel Mauss[22], on peut en effet concevoir que dans le cadre d'une « célébration sacrificielle », il ne s'agit pas simplement de sacrifier un animal afin de communiquer avec le divin, mais également de manger sa chair pour signifier une alliance, celle des membres participant au sacrifice. Ce dernier peut donc être envisagé comme un bien « sacré » qui a pour fonction d'entretenir les liens avec les dieux et, comme toute pratique rituelle et magique, de souder le groupe par la formation d'une conscience collective.

La fonction et les enjeux des pratiques sacrificielles ont toujours été au cœur des interrogations anthropologiques parce qu'elles portent notamment sur la condition humaine et les fondements religieux de la socialité. Sans revenir sur l'ensemble des nombreuses interrogations posées par la consommation de la chair[23], il s'agit pour nous d'appréhender ici un aspect essentiel de ces rituels sacrificiels : *« celui du partage de la chair animale »*.

Comme le précise Claude Fischler, pour pouvoir manger de la viande, à la différence de nombreux autres aliments, l'omnivore doit *« procéder à un partage »*. Aussi, *« le partage de la viande est un acte fondamental, sinon fondateur, de la vie sociale. Il revêt un caractère vital, pour des raisons biologiques et sociales à la fois ; mais il a une autre caractéristique : partager la viande, c'est aussi partager la responsabilité de la mise à mort et, en somme, la recycler symboliquement, la transformer en lien social »*[24].

---

prier » et « bon à manger » renvoient bien entendu à C. Lévi-Strauss, *Le Totémisme aujourd'hui, op. cit.*

[22] Cf. M. Mauss, *Sociologie et anthropologie*, Paris, PUF, 1968.

[23] La consommation de la chair pose non seulement des questions sur la fonction du sacrifice et sur le totémisme, mais aussi sur l'éventualité d'une sorte de culpabilité originelle, ou bien encore d'une catharsis de la violence fondatrice. Sur ce point, cf. R. Giard, *La violence et le sacré*, Paris, Grasset, 1972, et S. Freud, *Totem et tabou*, Paris, Payot, 1924.

[24] C. Fischler, *L'Homnivore, op. cit.*, p. 139.

La symbolique du partage de la chair

Si une désapprobation fondamentale semble peser dès l'origine sur la consommation de la chair animale, comme c'est le cas notamment dans l'*Ancien Testament*, cela tient peut-être au fait, comme le souligne Claude Fischler, que la transformation de la créature animale en substance comestible est une opération dont l'homme souhaiterait occulter un élément : « celui de la mise à mort »[25]. Cet acte recouvre en effet une gravité particulière qui s'exprime plus ou moins directement dans les rituels qui encadrent le sacrifice de l'animal, et cela de tout temps[26].

Ainsi, dans les iconographies des sacrifices grecs, par exemple, l'instant crucial, celui où le sacrificateur égorge l'animal, n'est jamais représenté. En effet, comme le précise Jean-Louis Durand, *« rien ne transparaît jamais dans la version grecque du flux hémorragique de la bête dont on se nourrira. [...] Le geste qui ouvre le passage de la mort dans la gorge des bêtes n'est jamais représenté »*[27].

Ce qui est en l'occurrence clairement occulté, selon Marcel Detienne, *« c'est le geste nu de la violence. Comme s'il fallait laisser dans l'ombre les traits, la figure distincte de celui qui frappe, qui tue avec la hache ou le couteau »*[28]. Plus encore, dans le rituel de la mise à mort de l'animal, c'est le couteau

---

[25] Dans la tradition judéo-chrétienne, la chair porte le poids d'un jugement *a priori* négatif. Selon l'Ancien Testament, le paradis terrestre est végétarien : « *Voici que je vous ai donné toute herbe émettant semence, qui se trouve sur la surface de toute la terre, et tout arbre qui a en lui fruit d'arbre, qui émet semence : ce sera pour votre nourriture* » (Genèse, I, 29). Dieu donnera à l'homme le droit de manger de la viande après le Déluge, à condition toutefois qu'il s'abstienne du sang, « qui apparaît comme le souffle vital des êtres vivants et la part de Dieu », C. Fischler, *op. cit.*, p. 122.
[26] *Ibid.*, p. 138.
[27] J.L. Durand, « *Bêtes grecques*. Proposition pour une topologie des corps à manger », in M. Detienne et J.P. Vernant (dir.), *La Cuisine du sacrifice en pays grec*, Paris, Gallimard, 1979, p. 138.
[28] M. Detienne, « Pratiques culinaires et esprit de sacrifice », in *La Cuisine du sacrifice en pays grec, op. cit.*, p. 22.

(mákhaira), que l'on jette ensuite à la mer, et non la personne sacrifiant (le *mágeiros*), qui est responsable de l'acte faisant passer l'animal de vie à trépas[29].

L'animal promis à l'immolation, paré de rubans et particulièrement choyé, est également censé accepter son sort, le sacrificateur ne pouvant réellement accomplir son office avant que l'animal ait manifesté son acquiescement par un « *signe de tête* »[30]. Une fois l'accord obtenu, la victime offerte en sacrifice est assommée (énuquée, quand il s'agit d'un bovin), mais, comme le spécifie bien Marcel Detienne, « *toujours par surprise [...] afin d'éviter autant qu'il est possible de laisser affleurer la violence faite à la victime* »[31]. Pour la même raison, le couteau qui fera jaillir le sang est en principe adroitement dissimulé dans une corbeille, sous des grains d'orge mêlés de sel. « *La commensalité des hommes est à ce prix : parler le moins possible de la hache et du couteau* »[32].

De nos jours encore, la mise à mort des animaux dans les abattoirs est considérablement « euphémisée » : on ne tue pas, on « *abat* » l'animal, on le « *désanimalise* »[33]. Une double exigence réglemente en effet l'organisation du travail dans les abattoirs : la nécessité de la mise à mort des animaux par saignée et l'obligation de les insensibiliser avant de procéder à

---

[29] « Dans le jugement qui est rendu suite au décès de la victime, [...] le couteau est déclaré coupable et noyé aussitôt dans la mer qui, en l'engloutissant, le fait disparaître de l'espace politique », Marcel Detienne et Jesper Svenbro, « Les loups au festin ou la Cité impossible », in *La Cuisine du sacrifice en pays grec, op. cit.,* p. 234.

[30] M. Detienne, *op. cit.,* p. 18. On peut noter que la même autorisation rituelle est réclamée de « l'animal-totem » par les chasseurs *Ojibwa* de l'île Parry (dans le *Georgian Bay*, partie du lac Huron) : « permission de chasse, sollicitée au préalable de l'animal, et excuses rétrospectives », C. Lévi-Strauss, *Le Totémisme aujourd'hui, op. cit.,* pp. 33-34.

[31] M. Detienne, *op. cit.,* p. 19.

[32] M. Detienne et J. Svenbro, *op. cit.,* p. 234.

[33] Cf. Noélie Vialles, *Le sang et la chair – Les abattoirs des pays de l'Adour*, 1987, citée par C. Fischler, *op. cit.*, pp. 138-139.

leur égorgement[34]. Tout se passe en fait, d'après Claude Fischler, *« comme s'il fallait qu'un doute puisse s'instaurer sur le moment et donc le responsable véritable de la mise à mort : est-ce le coup ou la saignée ? »*[35]. Consommer de la chair animale implique donc toujours un travail symbolique ayant pour objectif de reconstruire « l'acte létal » en « fait social ».

Dans la Grèce antique, toute alimentation carnée suppose nécessairement un sacrifice rituel. Comme le note Marcel Detienne, *« toute viande consommée est une victime animale égorgée rituellement, et le boucher qui fait couler le sang des bêtes porte le même nom fonctionnel que le sacrificateur posté près le l'autel ensanglanté »*[36]. Plus encore, nul n'est normalement autorisé à manger de la viande en dehors de la célébration du sacrifice[37].

Le sacrifice de l'animal est organisé rituellement autour d'une figure centrale, celle du *« mágeiros »*, qui est à la fois prêtre (sacrificateur) et boucher. De fait, dans l'Antiquité grecque, aucune distinction n'est établie entre le domaine de la religion et celui de la boucherie, le même vocabulaire recouvrant d'ailleurs les deux activités. Selon Jean-Pierre Vernant, pour exprimer l'action par laquelle on exécute un animal, les Grecs n'ont pas *« d'autres verbes que ceux qui signifient sacrifier, immoler aux dieux »*[38]. Et, comme le précise Jean-Louis Durand : *« Boucherie, religieux, culinaire, tout cela pour les Grecs est confondu dans ce qu'ils nomment "thusiá" et que nous appelons sacrifice »*[39].

---

[34] Bien qu'elle n'ait pas eu pour but de la créer, l'obligation préalable de la « désensibilisation » de l'animal qui s'effectue, en France, par perforation de la boîte crânienne au moyen d'un pistolet d'abattage, a en effet produit une dissociation entre « l'effusion de sang et la mise à mort », *ibid.,* p. 139.
[35] *Ibid*.
[36] M. Detienne, *op. cit.*, p. 10.
[37] Cf. J.P. Vernant, « À la table des hommes. Mythe de fondation du sacrifice chez Hésiode », in *La Cuisine du sacrifice en pays grec*, *op. cit.*, p. 44.
[38] *Ibid.*
[39] J.L. Durand, *op. cit.*, p. 133.

Une fois sacrifié par le *mágeiros* grec, le sang de l'animal est versé sur l'autel en « offrande aux dieux »[40], et son corps est dépecé puis découpé en morceaux que l'on fait cuire avant de les consommer au cours d'un repas où chaque participant reçoit une part de viande conforme à son statut politique et social[41].

« Sacrifice, ritualisation, partage : on voit bien que la consommation de viande est indissociable, pour ainsi dire, consubstantielle, à la fois du sacré et de la sociabilité, de la commensalité et de la festivité. Les participants [...] : ceux qui ont un siège à la table du banquet sacrificiel [...] partagent, en même temps que la chair du sacrifice, l'appartenance à un ordre social différencié et hiérarchisé dans lequel ils acceptent rituellement la place qui leur est assignée »[42].

Dans la Cité grecque, comme le montre Jean-Pierre Vernant, le rite sacrificiel symbolise et garantit non seulement l'ordre social, mais il marque aussi clairement la frontière séparant l'homme de l'animal. En d'autres termes, il manifeste l'humanité des êtres qui cuisinent et qui communient ensemble, en les distinguant du monde de la sauvagerie et de la bestialité, de ceux qui dévorent la viande crue sans procéder à son partage[43].

Selon Claude Fischler, la même représentation se retrouve dans des populations de chasseurs-cueilleurs. Ainsi, à titre d'exemple, *« pour les Yanomami, celui qui manquerait aux règles du partage perdrait immédiatement ses qualités de chasseur (...). Chez les Bushmen, il est inconcevable qu'une*

---

[40] Comme dans l'Ancien Testament où « le partage entre l'homme et Dieu est réglé par l'obligation de rejeter le sang de l'animal, principe vital et part divine », C. Fischler, *op. cit.*, p. 146.

[41] L'évidence de cette relation symbolique est d'autant plus remarquable dans le sacrifice romain. Comme l'explique Fischler, le partage de l'animal renvoie à la « participatio », littéralement « celui qui prend sa part » (de *pars* et *capere*). Seuls les hommes de mérite ont accès au repas public (*meritum*, signifiant « la part due »). Le citoyen n'ayant pas de fonction publique est quant à lui un « ex-pers » (de *ex-pars*), étant exclu du partage, il devient un « privatus » (celui qui est *privé* de sa part dans les banquets sacrificiels), *ibid.*, p. 145.

[42] *Ibid.*

[43] Cf. J.P. Vernant, *op. cit.*

famille mange de la viande sans partager : cela existe chez les lions, disent-ils, mais pas chez les hommes (...) »[44].

Par contre, « *se conduire comme des bêtes* » est exactement ce que recherchent délibérément les fidèles de Dionysos pratiquant l'*omophagie*, c'est-à-dire « *le déchirement d'un être vivant, chassé comme une bête sauvage et dévoré tout cru »*[45]. Pour les adeptes du *dionysisme*, il s'agit précisément, en refusant la condition humaine, « *définie par le sacrifice prométhéen et imposée par les règles du savoir-vivre qui prescrivent l'usage de la broche et du chaudron* », de « *s'ensauvager* », au sens strict du terme, « *afin d'échapper à la condition politico-religieuse, mais, cette fois, par le bas et du côté de la bestialité »*[46].

À ce propos, on peut souligner que dans le cas du végétarisme « orphique »[47], ou « pythagoricien »[48], le refus de consommer de la viande revient également (bien que sur un tout autre registre) à un rejet de la hiérarchie sociale de la Cité grecque, précisément parce que la citoyenneté implique de participer aux sacrifices publics, et que la part de viande que reçoit chaque citoyen lors du banquet sacrificiel est littéralement « *l'incarnation* » de son statut politique et social : « *Refuser de manger de la viande n'est [donc] pas seulement se conduire autrement que les autres ; c'est décider de ne pas accomplir l'acte le plus important de la religion politique »*[49].

---

[44] C. Fischler, *op. cit.*, p. 146, qui ajoute : « comment ne pas rapprocher ce jugement de celui d'Épicure : *"Sine amico visceratio leonis et lupi vita est"* ("Manger sa viande sans un ami est une vie de lion ou de loup") ».
[45] M. Detienne, *op. cit.*, p. 16. Rappelons que *Dionysos* est le dieu grec de la vigne, du vin et du délire extatique, identifié au *Bacchus* romain.
[46] M. Detienne, *ibid.*
[47] L'orphisme est un courant religieux de la Grèce antique s'inspirant des théories cosmologiques prêtées à *Orphée* (poète musicien de la mythologie grecque).
[48] Rejetant toute nourriture carnée, les seuls sacrifices que les pythagoriciens acceptent de faire aux dieux sont « des gâteaux de céréales, des rayons de miel et de l'encens, brûlés sur les autels », M. Detienne, *op. cit.*, p. 14.
[49] *Ibid.*

Avant qu'ils ne soient dictés par le « logos » de la théologie, les rituels sacrificiels s'expriment à travers l'effervescence corporelle : l'enthousiasme, la danse et la transe[50]. Les divinités, qui se manifestent par l'exaltation sacrée des corps, sont réellement censées participer au repas, comme les dieux hindous qui se plaisent à *« banqueter en compagnie des hommes »*, les joyeux convives partageant alors les *« mêmes plaisirs de table »*[51].

La subversion de ces satisfactions, sacrées et profanes à la fois, orienta alors l'aspect des repas sacrificiels vers une dimension nouvelle, bien plus festive, davantage sensorielle et particulièrement voluptueuse. Une civilisation du banquet apparaît en quelque sorte sur tous les continents, à l'image des *Saturnales romaines*[52], où se mêlent plaisirs de la table et ivresse. Pourtant, comme le remarque Christian Boudan, *« des modèles de vie plus austères se répandent et [...] une autre conception du banquet oriental se dessine, celle de la sociabilité plus frugale d'un Orient islamisé, demandant que l'on mange assez vite pour s'attarder ensuite à grignoter des douceurs dans le plaisir simple des conversations entre amis ou dans l'honneur de la compagnie des puissants »*[53].

Le christianisme, quant à lui, établit une coupure entre le sacré et le profane, entre le moment de la célébration du culte et celui du repas, entre les aliments terrestres et les nourritures spirituelles, par une sécularisation des pratiques alimentaires : *« Ce n'est pas un aliment qui nous rapproche de dieu »*, proclame Saint-Paul dans l'*Épître aux Corinthiens*. *« Pour ce qui est donc de manger des viandes sacrifiées aux idoles, nous savons qu'il n'y a point d'idole dans le monde, et qu'il n'y a*

---

[50] Cf. R. Motta, « Le sacrifice, la table et la fête », *op. cit.*
[51] M. Gardaz, « Le sacrifice de la chair et la nourriture des dieux hindous », *Religiologiques - Nourriture et sacré*, n°17, 1998, p. 85.
[52] On peut voir à ce propos Charles Guittard, « Les Saturnales à Rome : du Mythe de l'âge d'or au banquet de décembre », *Pallas*, vol. 61, 2003, ou bien encore *Le Banquet* de Platon, Paris, Flammarion, 1964.
[53] C. Boudan, *Géopolitique du goût. La guerre culinaire*, Paris, PUF, 2004, pp. 162-163.

qu'un seul Dieu ». Et de conclure : *« Mangez de tout ce qui se vend au marché »*[54].

En contrepartie de cette laïcisation des pratiques alimentaires, un transfert s'opère sur un rituel symbolique, celui de l'*Eucharistie*, où le « pain et le vin » sanctifiés magnifient la « chair et le sang » du Christ[55]. Comme le précise Christian Boudan : *« Par ce déplacement symbolique, la consommation de viande et de son sang a pu se détacher des interdits religieux et se banaliser en Occident. À côté des obligations de jeûnes, c'est une sorte de laïcisation de la cuisine qui se met en place »*[56].

Néanmoins, c'est bien à travers l'image d'une communion sacrée : la *Cène*, que s'instaurent nos repas profanes. *« Rompre le pain ensemble devient ainsi un geste sacré, un acte quasi solennel »*[57], par lequel le père de famille engage et unit les siens autour du repas ; et le partage de la table, une relation privilégiée avec les convives. Comme le remarque Anthony Rowley : *« On ne mange pas son pain avec n'importe qui, et on ne s'assoit pas à la même table que tout le monde. Le faire est un signe d'appartenance à une communauté »*[58].

Le caractère sacré des cérémonies d'autrefois se dissimule encore aujourd'hui dans notre quotidien. Rien ne nous semble en effet plus matériellement évident et simplement fonctionnel que la table. Et pourtant, dans bien d'autres cultures, on mange sur un tapis, assis sur des coussins ou de petits sièges bas. Pourquoi « s'attable-t-on » de la sorte, notamment dans l'Occident judéo-chrétien ?

En fait, à l'origine, la table n'est rien d'autre que l'autel des sacrifices. Les divinités ou les esprits habitant l'univers céleste,

---

[54] *Épître aux Corinthiens*, chapitres 8 et 10.
[55] Cf. J.P. Poulain, *Sociologies de l'alimentation, op. cit.*, p. 217.
[56] C. Boudan, *op. cit.*, p. 348.
[57] Si le pain n'est plus signé aujourd'hui, il reste encore bien des traces discrètes de cette symbolique, comme éviter qu'il ne soit, par exemple, « posé à l'envers », montrant qu'il n'est toujours pas un aliment comme les autres. Cf. B. Cacérès, *Si le pain m'était conté...*, Paris, La Découverte, 1987.
[58] A. Rowley, *Les Français à table, op. cit.*, p. 18.

il faut dresser les offrandes en leur direction. De nombreux rituels gardent ainsi les traces de cette surélévation alimentaire, comme chez les indiens du Mexique où, comme l'explique Marie-Noëlle Chamoux, à la fête des morts, les *nahuas* prennent une table qu'ils décorent pour la transformer en autel. Après le passage supposé des défunts qui viennent pour se nourrir du fumet des plats et du parfum des fruits, les vivants se servent et mangent, debout ou accroupis autour de la « table-autel »[59].

« Le report symbolique vers la table des repas sera particulièrement fort dans la religion juive, qui ne s'engage pas sans un transfert de type eucharistique. Il en reste encore de nos jours un véritable "Culte de la table dressée", où le choix et la disposition des aliments portent la mémoire et disent la religion, notamment dans les repas de fête »[60].

La laïcisation des repas s'accompagna, notamment dans l'Occident chrétien, d'un principe moral d'ascèse et de frugalité. Comme le souligne Jean-Claude Kaufmann : *« L'union divine impliquait de se méfier des plaisirs de la table, comme il fallait savoir maîtriser les plaisirs de la chair »*[61]. Mais cet ascétisme frugal, certes nécessaire pour cadrer les pratiques alimentaires des congrégations religieuses, se montra fort inopérant contre la subversion des plaisirs qui transportait dans le ravissement les convives des banquets.

Au XIIe siècle, selon Jean-Claude Schmitt, apparaissent alors des traités destinés à établir quelques règles de *« bonne conduite »* à adopter, en particulier à table. Hugues de Saint-Victor tente, par exemple, de mettre en place un ordre commensal qu'il juge bien plus "convenable", en instaurant notamment une *« disciplina »*, c'est-à-dire *« une manière bonne et honnête d'être en société [qui] réclame, y compris dans les*

---

[59] M.N. Chamoux, « La cuisine de la Toussaint chez les Aztèques de la Sierra de Puebla (Mexique) », *Internationale de l'imaginaire*, n°7, 1997, cité par Kaufmann, *Casseroles, amour et crises, op. cit.*, p. 77.
[60] J.C. Kaufmann, reprenant le titre de l'ouvrage de Joëlle Bahloul, *Le "Culte de la Table dressée". Rites et traditions de la table juive algérienne*, Paris, Métaillé, 1983, *ibid.*
[61] *Ibid.*, p. 80.

actions bien faites, une apparence en toutes choses irréprochable. La discipline est donc le mouvement ordonné de tous les membres et la disposition convenable en toute attitude et en toute action »[62]. Par conséquent, dans son traité pédagogique : *De Institutione novitiorum,* qui paraît en 1140, Hugues de Saint-Victor disgracie en particulier tous ceux qui « *trempent leurs doigts dans la coupe où ils boivent* », et qui « *essuient leurs mains [sur] leurs vêtements »,* ceux qui « *utilisent leurs doigts nus en guise de cuillère pour pêcher les légumes* », ou qui « *remettent dans le plat les morceaux qu'ils ont mangés à demi [ainsi que] les gâteaux dans lesquels ils ont mordu »*[63].

Avant le XVe siècle, l'instauration de règles disciplinaires chargées d'inculquer le respect d'un certain nombre de bienséances et de préséances par le rejet inflexible de tout ce qui est susceptible d'évoquer des comportements proches de "l'animalité" ou des attitudes qualifiées de "rustiques", devient ainsi, selon Norbert Élias, la préoccupation majeure du processus de « *civilisation des mœurs* »[64]. Il convient toutefois de rappeler qu'à travers ce vaste mouvement, « *ce n'est pas seulement la manière de se tenir à table, c'est le mode de pensée, le langage, bref, c'est l'ensemble du comportement humain qui est modelé en France »*[65].

L'instauration des manières de table

Les nombreuses instructions, énoncées sous forme de consignes très impératives dans les premiers manuels traitant de ce que l'on appelle les « *bonnes manières* », c'est-à-dire les règles du « *savoir-vivre et de la tenue à table* », portent essentiellement sur la nécessité de créer une distance avec les aliments. Il devient ainsi manifestement très incorrect de

---

[62] J.C. Schmitt, *La Raison des gestes dans l'Occident médiéval,* Paris, Gallimard, 1990, p. 175.
[63] *Ibid.*, p. 197.
[64] Cf. N. Élias, *La civilisation des mœurs*, *op. cit.*
[65] *Ibid.*, p. 156.

prendre la nourriture avec les mains et de manger avec les doigts, ou encore de boire son potage directement dans la soupière. En effet, selon un traité datant du XIIIe siècle : « *Il ne faut jamais boire dans la soupière mais se servir d'une cuiller[ère], c'est plus convenable. Celui qui se penche sur la soupière et, malproprement, y laisse couler sa bave comme un cochon, ferait mieux d'aller rejoindre les autres bestiaux* »[66]. On peut également lire dans d'autres recueils de bonnes manières, cités par Norbert Élias, que « *les personnes "courtoises" se garderont bien de ronger un os et de le remettre dans le plat* », ou encore de « *se racler la gorge en se mettant à table* » et de se « *moucher dans la nappe, voilà [des] choses peu convenables pour autant que [l'on] puisse en juger* »[67].

Au-delà de ces conseils pratiques, qui ne sont guère respectés, une rupture décisive s'opère en 1530 avec la publication de la *Civilité puérile* de Didier Érasme. Comme le précise Jean-Claude Schmitt : « *La notion qui englobe toutes les autres n'est plus "disciplina", l'enseignement de la vertu et de l'âme en vue du salut, mais "courtoisie", une manière de se comporter noblement avec ses pairs ou les personnes nobles de l'autre sexe. C'est un idéal de comportement social [...]* »[68]. Ce qui est désigné par le terme de « courtoisie » s'oppose donc « *à tout ce qui peut enfreindre ou inverser le code des relations sociales de l'aristocratie : la "sauvagerie", la "rusticité", la "vilenie" du monde laborieux proche de la servitude et auquel s'attache tout ce qui semble menacer [...] les codes chevaleresques* »[69].

Du XVIe au XVIIIe siècle, le mécanisme de civilisation des mœurs s'accélère rapidement et gagne l'ensemble de la « société de Cour »[70]. Toutefois, il s'agit bien moins à présent

---

[66] *Ibid.*, p. 122.
[67] *Ibid.*, pp. 123-124.
[68] J.C. Schmitt, *op. cit.*, p. 225.
[69] *Ibid.*
[70] Précisons que « la cour revêtait, dans la plupart des pays européens au XVIIe et au XVIIIe siècle, un caractère représentatif et central. À cette époque, ce n'était pas la ville qui rayonnait sur tout le pays, mais

de fonder un ordre éthique de savoir-vivre que de convoiter des positions sociales par l'usage distingué des « bonnes manières », qui peuvent être définies comme « *l'ensemble des représentations, pratiques et normes se rapportant à la table : aussi bien les styles culinaires que l'aménagement et le décor de l'espace de la table ; l'ordonnance du repas et du rôle qui lui est assigné dans les rites de sociabilité [...], comme les façons de se comporter à table, face aux nourritures et à l'égard des autres convives* »[71].

Politesse, règles de pudeur et de décence, vont alors être progressivement codifiées par la société de Cour. La table devient véritablement en France, au cours du XVIIe siècle, un lieu de distinction et de compétition sociale, chaque convive devant désormais faire preuve d'éminentes aptitudes pour ne par être discrédité, c'est-à-dire non reconnu comme appartenant au monde des personnes dites « civilisées ».

Les règles du « *bon goût* », érigées alors par la noblesse aristocratique, concernent non seulement la façon de « mettre en scène » le repas (le décor de la table, l'ordonnance des différents services, le choix des mets proposés, etc.), mais aussi de se conduire à table, de manger, de se servir et, en particulier, de servir les autres. Le savoir-vivre à table, comme dans les autres domaines de la société, impose effectivement un respect minutieux de la hiérarchie sociale.

De fait, selon les prescriptions faites par Antoine de Courtin dans son *Nouveau Traité de civilité qui se pratique en France parmy les honnestes gens* : « *La première règle de la civilité est de se comporter selon son âge et sa condition ; la seconde, de prendre toujours garde à la qualité de la personne avec laquelle on traite* »[72]. Au XVIIe siècle, il est en l'occurrence fortement considéré comme « incivil » : « *de prendre au plat sans s'assurer que les plus qualifiés se sont déjà servis* » ou, par

---

la "cour" et la "société de cour" », N. Élias, *La société de cour*, Paris, Champs-Flammarion, 1985, p. 11.
[71] C. Marenco, *Manières de table, modèles de mœurs. 17^è-20^è siècle*, *op. cit.*, p. 7.
[72] Antoine de Courtin, *Nouveau traité de la civilité qui se pratique en France parmy les honnestes gens*, cité par C. Marenco, *ibid.*, p. 37.

exemple, de « *garder son chapeau (que l'on portait alors à table, de même que l'épée) si la personne qui boit à votre santé vous est supérieure. [...] L'usage l'ayant tellement établi que l'on passerait pour un nouveau venu dans le monde d'en user autrement* »[73]. Lorsque le « cérémonial de cour » se précise, tout en se compliquant, l'usage de la fourchette devient en outre, comme le précise Anthony Rowley, « *un remarquable critère de distinction sociale, puisqu'il convient de tenir l'ustensile de la main gauche et donc d'apprendre à s'en servir. [...] Désormais, le maniement raffiné et opportun de la fourchette symbolise l'élégance [...]* »[74].

Selon Norbert Élias, vers la fin du XVIIIe siècle, à la veille de la Révolution française, les classes supérieures de la société ont à peu près acquis les différentes normes relatives aux manières de table et au savoir-vivre en général ; des règles de « bonne conduite » qui vont dès lors être rapidement adoptées par l'ensemble des autres catégories sociales[75].

La diffusion des « bonnes manières » au-delà des classes supérieures et donc, en conséquence, le déclin corrélatif de leur fonction de « distinction », entraînent la mise en place de nouvelles règles destinées à maintenir la hiérarchie sociale. Le « bon goût » se manifeste dès lors par le recours à des couverts diversifiés selon le type de mets (fourchette à homard et écrevisse, pince à asperges, ciseau pour égrapper le raisin, etc.), par le respect de différents protocoles (tels que se servir de la fourchette pour manger le fromage, ou de la cuillère pour saisir les olives), ainsi que par la dextérité à manier les couverts ordinaires avec certains aliments. Le fait de savoir peler une pêche, une poire ou une orange sans les toucher avec les doigts, en utilisant une fourchette et un couteau, révèle non seulement de la connaissance du protocole de table en vigueur, mais

---

[73] *Ibid.*
[74] A. Rowley, *À table ! La fête gastronomique*, Paris, Gallimard, 1994, p. 75.
[75] N. Élias, *La civilisation des mœurs, op. cit.*, p. 150.

surtout, puisqu'il nécessite d'en avoir une longue pratique, une marque d'appartenance au monde dit de la « bonne société »[76].

Bien que la plupart des manières de table issues des classes aristocratiques se propage désormais à d'autres catégories sociales, il n'en reste pas moins que les règles principales de la tenue à table et des autres formes de savoir-vivre restent des composantes propres à la culture d'une formation sociale bien déterminée. Le vaste mouvement de civilisation des mœurs a ainsi produit un modèle de règles ou, selon l'expression de Pierre Bourdieu, un « *habitus* d'ordre, de tenue et de retenue » qui, marqué par la culture bourgeoise, oppose au *« "franc-manger" populaire »*, le soin particulier de *« manger "dans les formes" »*[77].

Le repas familial comme pivot de l'ordre social

Comme l'atteste Claudine Marenco, *« la société bourgeoise du XIXe siècle n'a évidemment pas inventé le repas familial. Dans tous les milieux, à la ville comme à la campagne, l'heure des repas voyait déjà, aux siècles précédents, la maisonnée se rassembler autour de la table »*[78]. Si la bourgeoise semble avoir peu innové en ce qui concerne le "dîner prié", c'est-à-dire avec invités, pour lequel elle reste principalement attachée aux manières de table définies par l'éthos aristocratique, il lui revient en revanche d'avoir fortement participé à la création d'une « nouvelle version » du "repas familial". De fait, *« le repas pris dans l'intimité du foyer n'est plus conçu comme une pratique ordinaire à quoi se livrent en commun, ou séparément, les membres du groupe domestique »,* autrement dit, il *« échappe dorénavant à la catégorie des pratiques quotidiennes dont il n'y a rien à dire, pour lesquelles on ne fournit pas de modèle, pour se voir explicitement assigner une place dans la*

---

[76] Cf. C. Marenco, *op. cit.*, pp. 34-36.
[77] P. Bourdieu, *La distinction, critique sociale du jugement*, Paris, Minuit, 1979, p. 218.
[78] C. Marenco, *op. cit.*, p. 113.

sphère domestique et le fonctionnement familial. Il devient emblématique de la famille comme pivot de l'ordre social »[79].

La conception de la famille qui prend forme au XIXᵉ siècle s'appuie largement sur un modèle très normatif, spécifiant et encadrant rigoureusement les conduites des individus. Chaque membre de la famille se voit attribuer, selon son âge et son statut dans le groupe domestique, un ensemble de fonctions, de droits et de devoirs. En conséquence, tout manquement aux prescriptions, formulées en termes d'*usages* ou de *convenances*, représente une déviance susceptible de porter atteinte non seulement à l'intégrité de la famille mais aussi à l'édifice social dans sa globalité.

Comme nous l'avons évoqué dans le premier chapitre, la Révolution française, partisane du progrès politique, social et économique, place le groupe familial sous l'autorité de l'un de ses membres, dans la plupart des cas un homme (le *paterfamilias*), et célèbre en la femme, selon l'expression de Stéphane Michaud, *« la divinité du sanctuaire domestique »*[80]. Le modèle républicain de la femme est donc celui d'une mère au service de la famille et, partant, de la société.

Au-delà des responsabilités domestiques assignées aux femmes, ces dernières ont désormais pour autre mission de garantir la vertu et la moralité de la société civile, en veillant à éduquer leurs enfants en « bons citoyens ». En 1793, le député Guyomar expose en effet clairement que la femme, pendant que l'homme se charge des *« affaires du dehors »*, doit s'occuper des *« affaires du dedans »*, en précisant toutefois bien que *« la grande famille doit l'emporter sur la petite [...] sinon l'intérêt privé saperait bientôt l'intérêt général »*[81]. En ce sens, le rôle attribué à la "mère républicaine", personnifiée sous les traits de *Marianne*, consiste à participer activement à la construction de

---

[79] *Ibid.*, p. 12 et p. 113.
[80] S. Michaud, « Idolâtries. Représentations artistiques et littéraires », in G. Duby et M. Perrot (dir.), *Histoire des femmes en Occident*, vol. 4, *Le XIXᵉ siècle*, *op. cit.*, p. 125.
[81] Cf. Dominique Godineau, « Filles de la liberté et citoyennes révolutionnaires », in G. Duby et M. Perrot, *ibid.*, p. 40.

la cité tout en restant attachée à l'espace qui lui est attribué : « celui du foyer domestique ».

Sous la Révolution, excepté le marquis de Condorcet, rares seront effectivement ceux à vouloir « sortir » les femmes de la « maison paternelle », puisque selon Napoléon, elles *« ne sont pas appelées à vivre en société ; le mariage est toute leur destination »*[82]. En conséquence, la question relative à l'instruction féminine demeure, à cette époque, conforme à celle de Jean-Jacques Rousseau pour qui il ne faut pas *« encombrer le cerveau des femmes pour ne pas les détourner de leurs vrais devoirs : le mariage et la maternité »*[83].

Certes, comme l'indique Michèle Ferrand, si l'on s'accorde généralement au XIXe siècle sur *« l'intérêt de l'instruction des filles »*, ce n'est toutefois que *« dans l'objectif d'en faire d'abord de bonnes épouses et des éducatrices efficaces »*[84]. L'ouverture des collèges et des lycées aux filles, suite aux lois Camille Sée de 1880, sera même instrumentalisée au service de la République, puisqu'il s'agira essentiellement de leur inculquer les valeurs républicaines afin qu'elles les enseignent à leur tour à leurs enfants[85]. Les enseignements réservés aux jeunes filles n'ont donc encore pour finalité que de les préparer à leur assignation au foyer et non à l'acquisition d'un métier. Ils sont destinés à codifier le travail effectué par les femmes, non pas dans le cadre d'un « contrat de travail », mais dans le cadre d'un « contrat de mariage »[86].

À mesure que l'on avance dans le XIXe siècle, et notamment suite à la guerre franco-allemande de 1870, la famille apparaît de plus en plus comme une *« pièce maîtresse »* de l'ordre social : *« C'est par l'Agriculture que la France a pu relever son crédit, c'est par la Famille qu'elle doit commencer à se*

---

[82] Cf. *Le monde de l'éducation*, n°329, 2004, pp. 45-46.
[83] M. Ferrand, *Féminin/Masculin*, Paris, La Découverte, 2004, p. 54.
[84] *Ibid.*
[85] Camille Sée (1847-1919), homme politique qui fut député de la Seine (de 1876 à 1881) et membre du Conseil d'État.
[86] Pour plus, voir C. et F. Lelièvre, *Histoire de la scolarisation des filles*, Paris, Nathan, 1991.

régénérer ; c'est dire assez la part qu'a le droit de revendiquer pour cette grande œuvre sociale la femme vraiment digne de ce nom »[87].

Parallèlement, la famille ouvrière, avec le développement de la modernité urbaine, apparaît aux yeux de certains politiques, hygiénistes, philanthropes et autres agents sociaux, en voie de complète « désintégration ». Aussi, face à la situation des classes laborieuses, qu'ils jugent pour le moins très préoccupante (logements insalubres, manque d'hygiène, sous-alimentation, mortalité infantile, misère morale, violence, etc.), il leur semble impératif de restaurer et de valoriser le foyer domestique. La dissolution de la famille ouvrière étant du reste associée au travail des femmes en usine, ces dernières sont donc plus que jamais conviées à réintégrer le foyer domestique.

Si, à l'exemple de Jules Simon[88], beaucoup de réformateurs ne s'opposent pas au travail des femmes, bien qu'ils dénoncent ses effets plutôt néfastes sur la famille, en revanche, certains contestent vivement la théorie du « laissez-faire » lorsqu'il est question du travail féminin, *« en arguant de l'immoralité engendrée par le travail des femmes en usine et du rôle des mères dans l'amélioration de la future force de travail »*[89]. Le rôle de ces mères éducatrices, assuré par la présence des femmes au foyer, devient dès à présent garant de la stabilité de la famille ouvrière. Toutefois, pour que la famille puisse fonctionner comme une instance de "normalisation" de la vie ouvrière, il ne suffit pas que les femmes restent à la maison, encore faut-il qu'elles soient "éduquées" afin d'être en mesure d'accomplir la mission qui leur est impartie, c'est-à-dire celle d'établir et de maintenir le lien familial.

Conjointement à l'exaltation des valeurs familiales et des vertus du travail féminin au foyer, les cours d'enseignement ménager et d'économie domestique connaissent donc un essor

---

[87] Mᵉ Millet-Robinet, *Maison rustique des dames*, 1873, citée par C. Marenco, *op. cit.,* p. 116.

[88] Jules Simon (1814-1896), qui fut ministre de l'Instruction publique et de l'Intérieur avant d'exercer les fonctions de Président du Conseil, est l'auteur de *L'Ouvrière*, publié en 1861.

[89] F. Battagliola, *Histoire du travail des femmes, op. cit.*, p. 47.

considérable à la fin du XIXe siècle[90]. Le repas, auquel les femmes doivent accorder de plus en plus de soin, se voit assigner dès lors un rôle central dans la cohésion du groupe familial, parce qu'un repas *« servi avec soin, dans une maison bien tenue, sous la présidence d'une maîtresse de maison d'humeur gaie et conciliante, [offre] un attrait puissant chaque jour renouvelé »*[91]. Qui plus est, si les femmes se rendaient compte, selon Augusta Moll-Weiss, *« des résultats auxquels elles peuvent arriver simplement en soignant les repas, en les préparant à l'heure, en les variant dans la mesure de leurs ressources, [...] toutes s'efforceraient de devenir des ménagères modèles : en effet, la modeste femme ordonnée et habile à cuisiner est l'ennemie la plus redoutable du médecin, du pharmacien... et du marchand de vin ! »*[92]. Et il semble aussi aller de soi pour Marie Delorme que *« l'ouvrier bien nourri, bien vêtu, bien soigné, travaille de bon cœur, contente ses patrons, reste longtemps dans la même maison, [...] et vit aussi heureux que sa condition peut le permettre »*[93]. Ce qui signifie précisément, selon Marguerite de Saint-Genes, qu'une table bien menée engendre *« le bonheur au foyer domestique »*[94].

Si l'enseignement des principes d'économie domestique apparaît indispensable pour les ouvrières, il n'en est pas moins considéré comme d'une grande utilité pour les jeunes filles issues des classes supérieures. C'est pourquoi, les ouvrages relatifs à l'organisation du foyer familial qui s'adressent aux

---

[90] Au-delà de la création d'écoles ménagères populaires, de nombreux cours d'économie domestique seront organisés par des syndicats féminins catholiques et des sociétés de bienfaisance. L'enseignement ménager sera par ailleurs intégré au programme des écoles publiques de filles en 1882.
[91] Emmeline Raymond, *Le nouveau livre de cuisine*, 1886, citée par C. Marenco, *Manières de table, modèles de mœurs, op. cit.*, p. 111.
[92] A. Moll-Weiss, *Le foyer domestique*, 1902, citée par C. Marenco, *ibid.*, p. 112.
[93] M. Delorme, *La petite cuisine, notions d'hygiène alimentaire, recettes de cuisine, conseils pour les familles et petits ateliers*, 1895, cf. *ibid.*
[94] M. de Saint-Genes, *Économie domestique*, 1916, cf. *ibid.*

« petits ménages », aux filles et femmes du peuple, sont souvent écrits par des auteurs publiant, sur le même sujet, des *Traités de savoir-vivre* à l'intention toute particulière des maîtresses de « maison bourgeoise »[95].

Certes, il est déjà question d'économie domestique dans *Le Ménagier de Paris*, un livre de cuisine écrit en 1651 par un bourgeois gentilhomme désireux d'instruire sa jeune épouse sur son rôle de maîtresse de maison, et quelques ouvrages des XVIIe et XVIIIe siècles y font également référence[96]. Mais, selon Claudine Marenco, c'est au XIXe siècle que *« l'économie domestique »* va se constituer en *« genre littéraire, destiné à un public explicitement désigné, les femmes, avec pour fonction de leur transmettre, non pas seulement des conseils, des principes d'organisation, des recettes, mais un modèle de mœurs, leur assignant un rôle déterminé dans la société. L'essor du livre domestique coïncide [de fait] avec l'exaltation de la famille, et sa constitution en instance privilégiée de façonnement des conduites selon les normes et valeurs bourgeoises »*[97].

Qu'ils soient adressés aux maîtresses de maison bourgeoise ou aux femmes des classes ouvrières, ces ouvrages d'économie domestique ne cessent de faire l'apologie de l'ordre : *« L'ordre*

---

[95] M. Delorme rédige ainsi, suite à *La petite cuisine… conseils pour les familles et petits ateliers* (paru en 1895), *Une maison bien tenue, conseils aux jeunes maîtresses de maison,* publié en 1901. Quant à A. Moll-Weiss, après *Le foyer domestique*, un ouvrage sur le cours qu'elle dispense à l'intention des filles du peuple à l'école ménagère (libre et gratuite) qu'elle a fondée à Bordeaux, elle écrit *Le livre du foyer*, ou "science du bonheur et de la prospérité de la famille" pour des jeunes femmes de maison bourgeoise, édité en 1910. Cf. C. Marenco, *op. cit.*, pp. 121-122.

[96] On peut citer, par exemple, *Les délices de la campagne* (1654) de Nicolas de Bonnefons ; *La maison réglée* (1692) d'Audiger, ou encore *Le ménage des champs et de la ville* (1737) de Louis Liger.

[97] L'essor de ce genre littéraire n'est pas seulement attesté par le nombre des titres publiés (plus de 40 pour les trente premières années de la IIIe République), mais aussi par celui des rééditions. À titre d'exemple, *La maîtresse de maison* de la baronne Staffe (plus connue aujourd'hui pour ses traités de savoir-vivre), est à sa 29e édition en 1892. Cf. C. Marenco, *op. cit.*, pp. 123-124.

est la clé de voûte de l'organisation domestique, de la famille, de l'édifice social tout entier. Une place pour chaque chose et chaque chose à sa place, une place pour chacun et chacun à sa place. Valeur suprême, vertu cardinale, l'ordre confère à la famille dignité et considération »*[98]*. Mais l'ordre est également une composante du goût. Il va de pair avec le sens esthétique légitimé par la culture bourgeoise. Par conséquent, « *la femme, qui possède le sens de l'ordre, a nécessairement du goût ; son foyer est à la fois ordonné, gai et souriant* »[99]. Et, c'est toujours lui, « l'ordre », qui est mis en avant pour justifier la place que l'on assigne à la femme au sein de la famille. Désigné comme étant le « chef » de la famille, pourvoyeur des ressources du ménage, l'homme « doit » le rester, « *parce que c'est dans l'ordre ; parce que le renversement de cet ordre serait, un jour, pour les enfants, du plus fâcheux exemple, enfin parce que, [...] la femme ne peut [...] se mettre à la tête de ce petit royaume officiellement gouverné par la loi salique* »[100].

Tout en légitimant le statut subalterne de la femme, l'ordre hiérarchique établi sert de justification à son confinement au foyer où elle a pour "mission" de veiller au bien-être des siens.

Ce rôle domestique est censé découler de la nature même de la femme, qui est « *créée pour être la reine du foyer* »[101] ; « *l'âme et la vie de ce qui l'environne, le centre où se réuniront toutes les affections* »[102], et selon Jules Simon, « *comme il n'y a pas de religion sans temple, il n'y a pas de famille sans foyer*

---

[98] *Ibid.*, p. 125.
[99] Mes Pariset-Celnart, *Le nouveau manuel de la maîtresse de maison*, 1913, citées par C. Marenco, *op. cit.*, p. 129.
[100] Amédée de Margerie, *De la famille, leçon de philosophie morale*, 1860, cf. *ibid.*, p. 130. Précisons, si besoin, que la « loi salique » est un recueil de lois publié sous Clovis (507-511), contenant la règle qui excluait les femmes de la succession foncière (une règle qui sera notamment évoquée au XVIe siècle pour les exclure de la succession à la couronne de France).
[101] Ernestine Wirth, *La future ménagère*, 1882, citée par C. Marenco, *op. cit.*, p. 131.
[102] Me Pariset, *Manuel de la parfaite maîtresse de maison*, 1821, cf. *ibid.*

domestique »[103]. De plus, la femme est considérée comme ayant « *naturellement le goût de cette vie doucement occupée, de ces détails obscurs mais fructueux »*[104]. Quant à son bonheur, il ne semble pouvoir résider que « *dans l'accomplissement de ses devoirs, à l'intérieur même de la famille, c'est là que trouvent à s'employer tout son temps, toutes ses forces »*[105].

Par sa fonction "sacrée" d'épouse et de mère, la femme est donc vouée à se consacrer « corps et âme » à sa famille. Élue « *grande prêtresse* » du foyer domestique, elle « *régit le rythme du temps privé, lui imprime une régularité et le met en scène tout à la fois »*[106]. Le quotidien, ordinaire par essence, prend alors une valeur positive car « *les riens dont il est formé sont transformés en rites auxquels on donne une signification sentimentale »*[107]. Toutefois, « *la répétition n'est pas routine. Elle ritualise, et le rite dilate le moment : avant, on l'attend, on s'y prépare ; après, on le commente, on y repense. Le plaisir est dans l'attente des moments qui ponctuent la journée. La ritualisation donne la valeur de bonheur à l'événement destiné à devenir souvenir »*[108].

Dans la première moitié du XXe siècle, ce modèle animé par une actrice centrale, la « *maîtresse de maison* », réunissant à heures fixes sa famille autour de la table, et réglant précisément « *le cours des tâches ménagères de manière à ce que chacun, son époux le premier, trouve à la maison le maximum de bienêtre »*[109], apparaît alors cohérent.

Si la première guerre mondiale n'a guère affecté l'idéologie de la « femme au foyer », entre les deux guerres, la nécessité d'un « enseignement ménager féminin scolaire » n'en reste pas moins réaffirmée, l'école étant appelée à « *se substituer à*

---

[103] Jules Simon, cité par C. Marenco, *op. cit.*, p. 118.
[104] Ernestine Wirth, *La future ménagère*, 1882, cf. *ibid.*
[105] Baronne Staffe, *La femme dans la famille*, 1890, cf. *ibid.*
[106] Anne Martin-Fugier, « Les rites de la vie bourgeoise », in *Histoire de la vie privée* (dir. P. Ariès et G. Duby), t. 4, *De la Révolution à la Grande Guerre*, Paris, Seuil, 1987, p. 194.
[107] *Ibid.*
[108] *Ibid.*
[109] *Ibid.*, p. 201.

l'apprentissage maternel défaillant tant par manque de temps que par méconnaissance des nouvelles techniques issues du monde du travail, dont l'application dans la sphère domestique peut à la fois faciliter et valoriser les tâches ménagères »[110].

Dans son *Manuel moderne de la maîtresse de maison*, publié en 1922, Mademoiselle Cavaignac s'emploie ainsi « *à expliquer aux ménagères comment appliquer, dans toutes les activités domestiques, le système taylorien d'analyse des temps et des gestes, présenté comme "la" solution aux problèmes que posent aux maîtresses de maison la réduction du pouvoir d'achat des ménages bourgeois et la raréfaction de la main d'œuvre domestique »*[111].

La rationalisation domestique a également, selon la comtesse de Kéranflech-Kernezne, sa « raison d'être » dans la famille paysanne, car c'est « *dans les pays où l'enseignement ménager agricole est le plus répandu et le mieux organisé (...) que l'on rencontre (...) la meilleure utilisation de l'effort de la fermière* », et « *c'est par l'école ménagère que le travail domestique rationalisé a quelque chance de s'introduire dans la maison rurale »*[112].

En soutenant que les femmes ne sauraient trouver le bonheur en dehors de la sphère domestique, comme le fait Madame Lefoulon-Lefranc, par exemple, en leur affirmant : « *du mal que vous vous donnerez (dans le foyer et la famille) découleront pour vous les joies les plus vraies, celles qui contenteront le mieux votre cœur »*[113], les livres d'économie domestique insistent à présent sur la « valeur intellectuelle » des tâches ménagères que certaines pourraient trouver « plates et

---

[110] C. Marenco, *op. cit.*, p. 122.
[111] *Ibid.*, p. 135. À titre d'information, on peut noter que l'ouvrage de Melle Cavaignac est préfacé par Henry Le Chatelier (1850-1936), physico-chimiste français, partisan de l'introduction du taylorisme en France.
[112] Comtesse de Kéranflech-Kernezne (présidente de l'Union centrale des associations rurales féminines), *La Femme de la campagne, ses épreuves, ses responsabilités*, 1933, citée par G. Duby et A. Wallon, *Histoire de la France rurale*, t. 4, Paris, Seuil, 1977, p. 192.
[113] Me Foulon-Lefranc, *La femme au foyer*, 1938, citée par C. Marenco, *op. cit.*, p. 136.

routinières » face à l'exercice d'une activité professionnelle. Un seul et unique ouvrage fera exception, celui de *La vie domestique d'après guerre* d'Augusta Moll-Weiss, dans lequel elle plaide pour l'abandon radical des conventions auxquelles les femmes sont assujetties et qui ne représentent plus, selon elle, que des *« obligations désuètes auxquelles se soumettaient nos grands-mères »*[114]. De plus, contrairement aux autres auteurs traitant d'économie domestique, la rationalisation des tâches ménagères qu'elle suggère alors n'est pas destinée à valoriser ces dernières afin de mieux « détourner » les femmes de la vie professionnelle. En ce sens, elle milite pour que soient mis en place des modes d'organisation sociale permettant aux femmes de concilier l'exercice d'un métier et leur vie familiale, *« (sans quoi) les femmes seraient obligées de retourner en arrière, de reprendre au foyer la place effacée et charmante que les hommes leur [ont] attribuée : il est certain qu'elles ne sauraient s'y résoudre »*[115].

Ce discours, visiblement progressiste pour son temps, rencontrera peu d'écho. En effet, à la différence de son *Livre du foyer*, publié à la veille de la première guerre mondiale et qui fut réédité vingt ans durant, *La vie domestique d'après guerre* d'Augusta Moll-Weiss, qui est une forme de manifeste remettant radicalement en question le statut et rôle des femmes dans la société, *« tombera rapidement dans l'oubli »*[116].

Le mouvement d'acculturation domestique atteindra son apogée sous le régime de Vichy, qui fera du travail des femmes au foyer un devoir national, symbolisé sous les traits de la *« bonne mère nourricière »* au service de la patrie.

---

[114] A. Moll-Weiss, *La vie domestique d'après-guerre*, 1921, citée par C. Marenco, *op. cit.*, p. 137.
[115] *Ibid.*
[116] C. Marenco, *ibid.*, p. 138.

La figure mythique de la mère nourricière

Le repas, *« comme architecte de la vie familiale »*[117], rappelle jour après jour la place et le rôle de chaque membre de la famille. Sur ce point, il est impossible de ne pas constater que *« la femme est au centre d'un réseau symbolique complexe qui se tisse autour de la sacralité de la nourriture »*[118]. Pourtant, comme le note Anne-Claire Bucher, *« cette figure apparemment simple de la mère nourricière [...] est une des plus complexes, [car] en elle viennent converger les éléments les plus divers et les plus mystérieux de la culturalité qui tous ont justement un rapport à la nourriture : le totem, le sacrifice, le funéraire... »*[119]. Bien qu'il ne soit pas concevable d'aborder ici tous ces domaines, il convient par contre de souligner que la figure mythique de la mère nourricière occupe indéniablement une place centrale dans ce que l'on peut appeler « l'imaginaire » de l'origine humaine[120].

Jocelyne Bonnet constate en effet que *« les mythes religieux de la "Terra Mater" sont universellement répandus »*[121]. Chez les Dogons, peuple du Mali (Afrique noire), la *Terre-Mère* enfante ainsi les ancêtres fondateurs de la civilisation[122]. Selon les mythes indiens, évoqués par Mircea Éliade dans son ouvrage *Mythes, rêves et mystères*, les âmes des enfants à naître sont cachées *« dans le sein de leur véritable mère, la Terre »*[123].

---

[117] Cf. Ann Sjögren, « Le repas comme architecte de la vie familiale », *Dialogues*, n°93, 1986.
[118] A.L. Bucher, « Engendrer, nourrir, dévorer : les fonctions symboliques de la féminité », *Religiologiques – Nourriture et sacré*, n°17, 1998, p. 175.
[119] *Ibid.*
[120] Anne-Laure Bucher indique à ce propos que les « premières figures de maternité », dont *l'aspect nourricier est patent*, apparaissent à l'époque du haut paléolithique (vers 30 000 avant J.-C.), *op. cit.*, p. 175.
[121] J. Bonnet, *La terre des femmes et ses magies*, *op. cit.*, p. 183.
[122] Cf. M. Griaule, *Dieu d'eau, entretiens avec Ogotemmêli*, Paris, Fayard, 1966, p. 69.
[123] M. Éliade, *Mythes, rêves et mystères*, Paris, Gallimard, 1955, p. 203.

Ils y vivent une « existence embryonnaire » dans l'attente de pouvoir s'incarner dans le cycle de la vie humaine par l'intermédiaire d'espèces animales, minérales ou végétales[124]. Dans cette métaphore de la naissance, la mère "humaine" ne fait donc que parfaire l'œuvre de la Terre.

On peut constater que la plupart des mythologies (égyptienne, gréco-romaine, celtique, scandinave, hindoue, etc.) se rapportent au thème de la *Terre-Mère nourricière, féconde et pourvoyeuse*. Qu'il s'agisse de *Cybèle*, vénérée par les Romains sous le nom de *« Grande Mère »*, de la déesse égyptienne *Isis*, considérée comme la *« Mère universelle »*, ou de divinités lunaires telles que *Déméter, Cérès, Astarté, Isthar, Freyja*, ou encore *Kâlî*, par exemple, toutes sont chargées à la fois de la *« fécondité humaine »* et de la *« fertilité des récoltes »*[125]. La conception et la représentation de la *Terre-Mère nourricière* « absorbent », selon Mircea Éliade, *« tous les mythes ayant trait à la Vie et à la Mort, à la Création et à la Génération, à la Sexualité et aux Sacrifices volontaires »*[126]. Or, bien que la figure symbolique de la mère nourricière, féconde et pourvoyeuse ait marqué l'imaginaire de nombreuses sociétés de

---

[124] On peut noter que « la solidarité mystique entre l'homme et la végétation », selon l'expression de Mircea Éliade (*Histoire des croyances et des idées religieuses*, vol. 1, Paris, Payot, 1983, p. 51), est un fait commun à plus d'une société. Selon Jocelyne Bonnet, que les êtres humains soient engendrés par des arbres ou des plantes relève notamment d'une croyance établie sur « la transmigration des âmes à naître à partir d'un cheminement végétal ». Ainsi, par exemple, dans le Bundahesh (Allemagne), le premier couple est né, selon la tradition populaire, sous la forme d'un pied de rhubarbe ; dans les traditions chinoises, les jeunes filles consomment une fleur de lotus, se baignent et enfantent ; en France, un proverbe ne dit-il pas que les enfants naissent dans les choux ? L'arbre ne représente-t-il pas le support symbolique de la lignée familiale ? Les anciens Hellènes appelaient d'ailleurs les chênes « première mère », *op. cit.*, en particulier chap. VI-VII, pp. 181-229.

[125] Peut-être faut-il rappeler que Déméter est grecque et Cérès, romaine. Quant à Astarté, elle est phénicienne ; Isthar, babylonienne ; Freyja, germanique, et Kâlî, hindoue.

[126] M. Éliade, *Mythes, rêves et mystères*, *op. cit.*, p. 207.

par le monde, il ne faudrait pas pour autant en tirer des conclusions trop hâtives. À l'image de l'histoire des repas, l'association du rôle de la femme à sa fonction de nourricière ne s'inscrit pas dans un récit linéaire.

Certes, comme le note Yvonne Verdier, la femme a presque toujours été du côté de la soupe dans les petits univers domestiques, ou encore plus largement, dans les communautés villageoises, maîtresse des cérémonies (baptêmes, mariages et communions), *« chargée d'entretenir "la chaleur" des relations par sa cuisine »*[127]. Cependant, elle fut très rarement aux premiers postes dans la préparation des célébrations commensales que nous avons évoquées au cours de ce chapitre. En effet, bien que les femmes ne soient pas exclues du champ sacrificiel, le rôle de prêtre-boucher est réservé aux hommes.

Comme l'explique Marcel Detienne, *« tenues à distance de la viande, les femmes grecques ne sont nullement qualifiées pour manipuler les instruments qui, par leurs fonctions culinaires, nous semblent appartenir naturellement au monde domestique et féminin. Les femmes n'ont droit ni au chaudron, ni à la broche, ni au couteau. La viande et le sacrifice du sang sont l'affaire des hommes. [...] D'ailleurs, le mot "mágeiro" au féminin n'existe pas (il faudrait l'inventer). Autrement dit, le système grec ne permet pas de penser la femme comme boucher et sacrificateur »*[128]. Pas de femmes non plus parmi les « maîtres queux » au service des Grands d'Occident, à l'exemple de la table de la maison de France qui, durant soixante ans, sera placée sous la direction de Guillaume Tirel, dit *Taillevent*, ou de celle d'Angleterre à laquelle officiera Alphonse Gouffé, ou bien encore des cuisines du Marquis d'Uxelles (en Bourgogne) dirigées pendant dix ans par Pierre François, plus connu sous le nom de *La Varenne*[129].

---

[127] Y. Verdier, *Façons de dire, façons de faire. La laveuse, la couturière, la cuisinière*, op. cit., p. 271.
[128] M. Detienne, « Violences "eugénies", en pleines Thesmophories : des femmes couvertes de sang », in *La Cuisine du sacrifice en pays grec*, op. cit., p. 189 et p. 207.
[129] Cf. E. Neirinck et J.P. Poulain, *Histoire de la cuisine et des cuisiniers*, op. cit.

Au XIXe siècle, à l'époque où se construit, selon le modèle de mœurs diffusé par la société bourgeoise, une identité féminine essentiellement définie par le rôle maternel, la fonction nourricière de la femme apparaît beaucoup moins. Comme le précisent Yvonne Knibielher et Catherine Fouquet, si l'idéal proposé à la femme est de s'enfermer dans son logis pour se consacrer à son mari et à ses enfants, le rôle domestique qui lui est dûment imparti tend avant tout à se confondre avec un « rôle maternel » bien davantage qu'avec un « rôle nourricier »[130]. Ce dernier "manque" en effet dans le modèle du repas que la société bourgeoise tente d'imposer comme référence, simplement parce que la maîtresse de maison, bien qu'elle gère l'organisation de la table familiale, ne cuisine pas elle-même, cette tâche étant effectuée par des domestiques.

Il faudra attendre un certain temps pour que le rôle nourricier de la femme se trouve durablement associé à la table familiale, suscitant alors une implication maternelle plus importante dans les activités culinaires. Sur ce point, l'influence viendra des milieux populaires où les femmes entreront dans leur mission domestique en faisant véritablement corps avec la nourriture[131].

Ce n'est donc que dans les années 1950, suite à l'amélioration des conditions de vie et de l'équipement ménager que le repas deviendra réellement *« l'architecte de relations familiales plus riches et ordonnées dans l'ensemble des couches sociales. Depuis l'époque lointaine des banquets sacrificiels, il n'avait pas trouvé de fonction aussi claire, évidente et consensuelle »*[132].

---

[130] Cf. Y. Knibiehler et C. Fouquet, *Histoire des mères du Moyen Âge à nos jours*, op. cit.
[131] Cf. O. Schwartz, *Le monde privé des ouvriers : hommes et femmes du Nord*, Paris, PUF, 1990, p. 252.
[132] J.C. Kaufmann, *Casseroles, amour et crises, op. cit.*, p. 89.

Le rôle du « chef » de la table familiale

Á l'heure actuelle, si l'on considère que nous ne sommes pas seulement des sujets déterminés par des rôles sociaux, mais également des acteurs nous engageant dans diverses expériences dont l'issue n'est pas connue d'avance, on peut observer que les repas sont moins dictés par des cadres imposés qu'ouverts à des expérimentations multiples, intéressant autant les personnes prises individuellement que le groupe dans son ensemble. Cela dit, bien que la cuisine soit l'activité domestique à laquelle les hommes participent le plus, il n'en reste pas moins que la préparation du repas familial demeure encore aujourd'hui une tâche typiquement féminine. Comme l'explique effectivement Jean-Claude Kaufmann, *« dès que la famille s'installe dans ses meubles, et que le repas devient le cœur du foyer, le chef est encore très souvent aujourd'hui une cuisinière »*[133].

« L'amour ne se nourrit pas que de sentiments, de mots et de caresses. Il lui faut aussi s'enraciner dans le partage d'activités plus ordinaires. Si possible agréables, non dénuées de sensualité. Dans un tel registre, les repas sont inégalables. Ils fabriquent au quotidien de discrètes communions amoureuses, comme ils fabriqueront plus tard la famille »[134].

En ce sens, le travail de préparation du repas familial ne se limite pas à faire à manger. Cuisiner pour les siens permet en quelque sorte de construire la famille par les repas ou, selon Anne Muxel, de mettre *« en forme la vie de famille »*[135],

---

[133] *Ibid.*, p. 261. Selon le rapport de la Commission Européenne (EUROSTAT, *How Europeans spend their time. Everyday life of women and men*, Bruxelles, Pockerbooks, 2004, p. 49), la préparation des repas est une tâche spécifiquement féminine, en particulier dans les pays où le temps consacré à cette activité est important.

[134] J.C. Kaufmann, *op. cit.*, p. 151. À ce sujet, on peut également noter que pour Charles Fourier (*Nouveau Monde amoureux*, 1967) : « l'apprentissage de la sagesse dans la gourmandise n'est qu'une étape vers la mise en place des harmonies amoureuses », cf. N. Châtelet, *Le corps à corps culinaire*, *op. cit.*, p. 156.

[135] Pour Anne Muxel : « La table d'une certaine manière met en forme la vie de famille », en fixant son ordre interne, en fournissant des

l'activité culinaire donnant de l'ampleur à la production du lien familial. D'ailleurs, comme l'observe Claudine Marenco, « *lorsque le ménage ne constitue pas une "vraie famille", des femmes vont jusqu'à mettre en scène un pseudo-repas familial pour créer, en quelque sorte, de la famille* »[136]. C'est le cas de cette jeune femme qui explique : « *comme il n'y a déjà pas une ambiance très familiale, parce que le papa n'est pas là, le soir, je m'installe quand même avec ma petite fille, même si je n'ai pas faim. Alors là c'est vraiment un repas, avec un petit hors-d'œuvre, un plat de résistance, du fromage... je m'oblige à manger avec elle, pour que ça fasse quand même famille* »[137].

Dans notre monde moderne, le responsable du repas familial, qui est donc le plus souvent une « cuisinière »[138], peut s'équiper de nombreux appareils électroménagers, solliciter les différents services de la restauration rapide ou encore se procurer une multitude de préparations alimentaires variées allégeant considérablement son travail. Par conséquent, comme le dit Jean-Pierre Poulain, il peut se contenter au mieux « *d'assembler, de terminer quand ce n'est pas simplement de réchauffer les plats* »[139].

En outre, s'il s'avère que les repas pris à l'extérieur du domicile sont de plus en plus fréquents, que le petit-déjeuner a tendance à être effectué de manière désynchronisée par les différents membres de la famille, que le déjeuner ne les rassemble pas toujours, en revanche, le dîner et les repas du

---

repères objectifs et en rappelant l'ordre social dominant où auront été puisées les règles même les plus privées. Elle « donne à voir la famille dans l'expression la plus intime (réservée au seul cercle de ses membres) de sa négociation avec un ordre social extérieur », « Tables et tablées familiales », in *Individu et mémoire familiale*, Paris, Nathan, 1996, p. 64.

[136] Cf. C. Marenco, *op. cit.*, p. 248.
[137] *Ibid.*
[138] La femme fut si longtemps « attachée à la surveillance des cuissons lentes » ; « fixée près de l'âtre », qu'elle finit par y être totalement identifiée et, plus tard, désignée par le même nom que l'appareil de cuisson : « la cuisinière », cf. J.C. Kaufmann, *op. cit.*, p. 103.
[139] J.P. Poulain, *Sociologies de l'alimentation, op. cit.*, p. 39.

week-end demeurent pour beaucoup l'occasion d'une véritable mobilisation domestique, notamment pour la cuisinière.

Comme nous l'indique par exemple Amandine : « *Chez nous, c'est assez simple... chacun se débrouille. Je travaille et les enfants sont grands... d'ailleurs, on n'a pas tous les mêmes horaires. Il faut dire que je prépare quand même à l'avance pour le midi, comme ça, ils n'ont plus qu'à réchauffer. Par contre le soir c'est différent. On essaye de manger tous ensemble... bon, là encore, je dois avouer que c'est encore moi qui cuisine... mais mes enfants viennent parfois m'aider, ça nous donne l'occasion de parler de notre journée avant de se mettre à table* »[140]. Quant à Madeleine, elle accorde également de l'importance aux repas de famille du dimanche, parce que dit-elle : « *ce sont les seuls moments de la semaine où l'on peut être vraiment tous réunis... Mon mari et mes enfants apprécient mes petits plats et raffolent de mes desserts... C'est vrai que ça me prend du temps, mais en même temps, ça me fait tellement plaisir qu'on soit ensemble à table...* »[141].

Selon Jean-Claude Kaufmann, la table sans travail culinaire aurait en effet bien du mal à elle seule à « *faire famille* »[142]. La satisfaction des appétits et les plaisirs gustatifs participent de façon primordiale à la production du lien familial. Ce qui est dans l'assiette est donc loin d'être négligeable, de même que la manière dont cette nourriture a été produite parce qu'elle s'inscrit dans une histoire (une mémoire longue et des pratiques plus ou moins récentes) qui "parle" aux mangeurs. La cuisine domestique ajoute en ce sens une dimension apte à densifier la communion des convives autour de la table.

Monique Morval note même que « *la famille a été [...] la première impliquée dans les activités alimentaires. C'est grâce à elle que les comportements autour de l'alimentation se sont ancrés dans la culture, car elle est le véhicule par lequel le symbolisme de la nourriture, les émotions, les croyances et*

---

[140] Amandine (47 ans – infirmière – mariée - 3 enfants).
[141] Madeleine (40 ans – institutrice – mariée – 2 enfants).
[142] Cf. J.C. Kaufmann, *Casseroles, amour et crises, op. cit.,* pp. 191-195.

attitudes qui y sont rattachées sont transmises de génération en génération. On peut d'ailleurs parler d'un véritable système familial relié à la nourriture, révélateur de la dynamique de la famille »[143].

Tout en se modifiant au cours du temps, le repas familial est un rituel qui perdure d'une génération à l'autre[144]. Au-delà de son rôle de socialisation, de ses fonctions de communication et d'échange, le repas est toujours décrit, selon l'expression de Claudine Marenco, comme *« le creuset, le pivot, le ciment de la vie de famille »*[145]. Autant routines que rituels, les heures de repas, leur fréquence, le lieu où ils sont pris, le temps qu'on y consacre, les places occupées à table, le rôle des personnes qui y prennent part, le choix et la succession des différents mets…, font partie du *« cela va de soi »* par lequel chaque famille se rapproche ou se distingue des autres.

L'éducation culinaire entre « mères et filles »

Certes on peut dire, avec Claude Fischler, que *« l'urbanisation, la modification de la structure familiale, le travail salarié des femmes, le nombre croissant de repas pris à l'extérieur, [ont entre autres contribué] à modifier considérablement la transmission du savoir et des tours de main culinaires »*[146].

En revanche, avancer que *« traditionnellement, c'est de mères en filles »*, par leur participation au travail domestique, puis par initiation aux recettes, *« que s'opérait la transmission des savoirs culinaires »* ne nous semble pas tout à fait exact. En effet, selon Yvonne Verdier, dans la société paysanne traditionnelle, le *« rôle de cuisinière est exclusif, il ne*

---

[143] M. Morval, « Mais où sont les repas d'antan ? », *Religiologiques – Nourriture et sacré*, n°17, 1998, p. 150.
[144] Pour une « rétrospective » socio-historique, cf. M. Aymard, C. Grignon et F. Sabban, *Le temps de manger. Alimentation, emploi du temps et rythmes sociaux*, op. cit.
[145] C. Marenco, *op. cit.*, p. 12.
[146] C. Fischler, *op. cit.*, p. 203.

s'échange ni entre homme et femme, ni entre mère et fille. Cuisiner est le privilège de la mère »[147]. Aussi, pour les villageois de Minot (en Côte-d'Or), un homme qui, au sein d'une famille, se risque à faire la cuisine est affublé du terme de « *fanoche* » (*"un homme qui fait la femme"*)[148]. Quant aux jeunes filles, tant qu'elles sont chez leur mère, elles ne cuisinent pour ainsi dire jamais : « *Chez maman, je n'avais pas le droit de mettre les mains aux casseroles, j'aidais à faire la vaisselle, mais je n'ai jamais fait la cuisine, elle ne me laissait pas faire* »[149].

Dans l'éducation des filles, il n'y a donc pas d'apprentissage formel de la cuisine : « *Ma mère, c'était une bonne cuisinière, mais elle n'a jamais voulu me montrer. Jamais elle me disait : "Tu va faire revenir le lapin, tu vas faire jaunir le poulet, tu vas le faire". J'ai jamais fait ça chez maman* »[150]. La seule chose que la mère délègue un peu à ses filles, et encore avec parfois quelques réticences, c'est la pâtisserie.

Préparer le repas familial, faire "la potée" pour la famille, reste « la prérogative de la mère », c'est cuire « la part »[151]. Tout comme nous l'explique Capucine : « *Ma mère ne me laissait pas faire le repas... enfin, ce qui concernait le repas principal. Mes sœurs et moi, on avait seulement le droit de faire les desserts, car si c'était raté, c'était relativement pas bien grave... alors que le repas, il fallait que ce soit réussi...* »[152]. Cette interdiction de l'accès direct aux fourneaux, qui semble perdurer de nos jours, permet à la mère de famille de ne pas être

---

[147] Y. Verdier, *Façons de dire, façons de faire*, *op. cit.*, p. 57.
[148] « Fanoche » dérive de « fanme », qui signifie « femme ». Précisons que « les hommes peuvent, tout en restant hommes, faire un certain type de cuisine, une cuisine sur grand feu, dehors, au bois […] ; dedans, à la maison, certains soirs […] où ils font l'omelette entre eux, pour eux. […] Ce qui n'est pas de leur ressort, c'est de faire bouillir la marmite, de cuisiner pour leur famille […] », Y. Verdier, *ibid.*, pp. 57-58.
[149] Citation extraite de *Façons de dire, façons de faire*, *op. cit.*, p. 58.
[150] *Ibid.*
[151] Y. Verdier, *op. cit.*, p. 58.
[152] Capucine (83 ans – paysanne/cuisinière de banquets villageois).

dessaisie de son statut privilégié de cuisinière, en ayant particulièrement le contrôle de la préparation des plats qui constituent le "cœur des repas".

Dans la société paysanne, le façonnage culinaire s'instaure le jour du mariage « *par un autre lien culturel, le pouvoir de procréer* »[153]. Comme le note Jocelyne Bonnet : « *Ces jeunes femmes ont le droit de cuisiner en même temps qu'elles acquièrent le droit d'enfanter, car l'art culinaire a des correspondances analogiques et symboliques avec l'acte sexuel. C'est pour cela qu'en civilisation paysanne cuisiner et s'accoupler sont voués à l'interdit de parole... : "l'on n'a pas besoin de parler de ces choses là [...] l'expérience vaut mieux que tous les discours"... Le sang menstruel, l'accouplement, l'accouchement, cuisiner, ou plutôt l'art d'accommoder les produits végétaux et animaux, sont des étapes d'une même chaîne magique, l'art des transformations maintenant et renouvelant la vie* »[154]. Par conséquent, « *avant les cours d'éducation culinaire, si la jeune paysanne posait des questions sur la façon de préparer la soupe ou un plat, sa mère lui répondait : "Quand ce sera le moment, tu sauras le faire". [...] Et quand elles ne savent pas : "Elles se débrouillent parce qu'il le faut bien". Cette nécessité de la fonction nourricière force l'art* »[155].

En réalité, c'est surtout après la naissance de son premier enfant que la jeune femme « *doit manifester son savoir-faire, privilège de sa fonction confirmée de procréatrice et de nourricière* »[156]. Aussi, selon Yvonne Verdier : « *Une femme n'est "faite", culinairement et sexuellement, qu'après la naissance de son premier enfant, moment où, si la jeune femme cohabite avec sa belle-mère, cette dernière doit partir pour lui laisser [en l'occurrence] le privilège des fonctions nourricières* »[157]. Vis-à-vis de la belle-mère, épouser le fils

---

[153] Y. Verdier, *op. cit.*, pp. 323-324.
[154] J. Bonnet, *La terre des femmes et ses magies*, *op. cit.*, pp. 115-116.
[155] *Ibid.*, p. 116.
[156] *Ibid.*
[157] Y. Verdier, *op. cit.*, pp. 58-59.

n'est donc pas une condition suffisante pour obtenir un statut nourricier, « *celui-ci se gagne par l'enfant* »[158].

D'une génération à l'autre, nombreuses sont alors les jeunes femmes qui estiment avoir appris à cuisiner essentiellement par elles-mêmes, à l'aide de livres de cuisine, ou parfois même avec leur compagnon ou mari. Tel est le cas de Violette qui nous confie : « *Balthazar connaît pas mal de recettes de cuisine. Il les tient de sa grand-mère maternelle. Quand il était gosse, elle lui a montré des trucs… elle lui disait : "fais comme ça… et puis comme ci", et c'est comme ça qu'il a appris. Quand on s'est mis en ménage, je dois reconnaître que je ne savais pas faire grand-chose… Au début c'est donc forcément lui qui cuisinait. Puis, en le regardant faire, ça m'a vraiment donné envie de m'y mettre aussi. Il m'a donc appris ce qu'il savait faire et depuis je cuisine régulièrement…* »[159].

Toutefois, en dépit de la rareté de l'apprentissage direct entre mères et filles, la rupture de la transmission des savoirs culinaires n'est pas totale. Luce Giard, en évoquant sa propre expérience, illustre clairement comment s'opère le processus d'apprentissage implicite de ces savoirs : « *De l'expérience tâtonnante des premiers gestes, des essais et des erreurs, il me reste cet étonnement : je croyais n'avoir jamais rien appris, rien observé, puisque j'avais voulu me soustraire, avec obstination, à la contagion de cette éducation de fille, puisque j'avais toujours préféré ma chambre, mes livres [...] à la cuisine où s'activait ma mère. Pourtant, mon regard d'enfant avait vu et mémorisé des gestes, mes sens avaient gardé le souvenir des saveurs, des odeurs, des couleurs. Je connaissais déjà [...] le chuintement de l'eau qui frémit, le grésillement de la graisse qui fond, le battement sourd de la main qui pétrit. Une recette, un mot [...] suffisaient à susciter une étrange anamnèse où se réactivaient par fragments d'anciens savoirs, de primitives expériences, dont j'étais l'héritière et la dépositaire sans l'avoir voulu. Il fallut m'avouer que, moi*

---

[158] *Ibid.*, p. 322.
[159] Violette (29 ans – fleuriste ; en couple avec Balthazar – 35 ans – professeur d'anglais).

aussi, j'étais nantie d'un savoir de femme, qu'il s'était glissé en moi, trompant la surveillance de mon esprit »[160].

Si l'apprentissage direct entre mères et filles de la cuisine n'est pas forcément « une évidence », à l'opposé, il est parfois possible de trouver des mères « cordons-bleus » soucieuses ou désireuses de transmettre leur pratique à leurs filles. Or, la pression éducative exercée sur ces dernières produit alors souvent l'inverse de l'effet escompté. Les adolescentes ne s'attachent en fait pas tellement aux « techniques », « savoir-faire » et « tours de mains » dont parlent leurs mères, mais perçoivent davantage, à travers leurs multiples sollicitations, un « devoir ménager », un « rôle social », dans lequel elles refusent de se laisser enfermer, justement « à l'image de leurs mères ». Elles résistent donc plus à un statut social, qu'elles considèrent d'un « autre âge », qu'à l'apprentissage de recettes et techniques culinaires en elles-mêmes[161]. Ainsi, bien que sa mère lui répète sans cesse : *« Mais, viens donc que je t'apprenne à cuisiner ! Quant tu auras des enfants, tu ne sauras rien faire ! »*, Vanille nous assure qu'elle répond catégoriquement : *« Non ! Je vois très bien comment tu fais et ça me suffit amplement ! »*.

Dans ce cas particulier, si l'on peut noter que l'observation est consciente, la plupart du temps, les enfants observent, enregistrent et apprennent sans même le savoir. Comme le souligne précisément Jean-Claude Kaufmann, *« l'implicite infra-conscient stocke une masse considérable de schèmes (à commencer par ceux ayant trait aux manières de table) qui pourront être réactivés beaucoup plus tard. Sur un mode un peu plus conscient (sans être fortement mentalisés) d'innombrables détails sont remarqués du coin de l'œil et plus ou moins enregistrés dans une mémoire dormante »*[162].

---

[160] L. Giard, *L'invention du quotidien. II. Habiter, cuisiner*, (avec M. de Certeau et P. Mayol), Paris, Gallimard, 1994, pp. 215-216.
[161] Ce qui pourrait aussi expliquer pourquoi - paradoxalement - le transfert direct de compétences culinaires s'avère être plus facile avec un garçon.
[162] J.C. Kaufmann, *op. cit.*, pp. 253-254.

Le processus d'apprentissage culinaire, ou l'expérimentation de la cuisine, ne débute en fait que lorsque l'individu quitte sa famille pour s'installer seul ou en couple. Par essais et erreurs, il instaure ses façons de faire, ses tours de main, non seulement en mobilisant les savoir-faire qu'il a pu enregistrer, mais aussi en puisant entre autres des idées de recettes dans des livres ou des magazines de cuisine, en discutant avec des amis, en sollicitant ses frères et sœurs, en demandant conseil à ses parents et notamment à sa mère.

L'arrivée des enfants va en quelque sorte densifier le système culinaire mis en place et donner davantage à la table un rôle de socialisation. Violette nous indique que depuis la naissance de Valentin, elle *« s'applique encore plus dans la préparation des repas... car avec un petit c'est important de bien faire à manger »*. Quant à Madeleine, elle se souvient que Léo, son mari, veillait en particulier : *« à ce que les enfants se tiennent correctement à table... qu'ils ne parlent pas la bouche pleine... qu'ils attendent la fin du repas pour sortir de table... et qu'ils aident à débarrasser les couverts... »*.

Qu'il y ait fréquemment une rupture dans la transmission des techniques et des savoirs culinaires entre mères et filles n'empêche pas que soit reproduit, plus ou moins solidement d'une génération à une autre, le rôle domestique assigné à la femme. En effet, bien que la répartition des tâches ménagères ait aujourd'hui tendance à être moins hiérarchisée entre les sexes, quand les couples s'installent durablement dans l'ordinaire de la vie quotidienne, les hommes et les femmes s'engagent, souvent sans trop se l'avouer, dans deux trajectoires différentes : *« les hommes se retirant sur la pointe des pieds vers des jeux plus amusants ; les femmes retrouvant le sens du devoir, impulsé par la place laissée vide »*[163].

L'enjeu complexe du partage des tâches domestiques entre conjoints repose bien moins sur des questions de savoirs et de compétences proprement dites que sur l'héritage d'identités sexuées et de représentations sociales, encore difficilement "reformulables" dans la réalité concrète. En ce sens, il ne faut

---

[163] *Ibid.*, pp. 260-261.

donc pas négliger le fait que les femmes sont les héritières d'un rôle socialement fondé sur un « don de soi » et le sens du « devoir familial ». Leur histoire s'enracine dans des générations de cuisinières inscrites dans des rôles orientant leurs conduites et pratiques domestiques, faisant que la passation même des devoirs, ou des pouvoirs dans le domaine culinaire, reste encore problématique[164].

Les formes de la vie quotidienne sont particulièrement *« soumises à un lent modelage inconscient, comme si les objets et les gestes courants se moulaient progressivement, au cours de leur usage, au gré de la disposition d'une collectivité dont les membres se conforment les uns aux autres. Les formes exceptionnelles, au contraire, affichent, dans le sens particulier du groupe, de véritables mutations lorsque l'invention individuelle n'est pas endiguée par une tradition rigide »*[165]. Ceci explique pourquoi rares sont les hommes en couple, à l'image de Thomas (l'un de nos enquêtés[166]), qui cuisinent non pas exclusivement pour des occasions festives ou les jours fériés, mais quotidiennement.

L'installation durable des hommes dans la fonction de responsable du repas familial n'est en général vraiment possible, selon Jean-Claude Kaufmann, *« que lorsqu'elle se dessine dès les premières interactions conjugales. Condition nécessaire mais non suffisante, car il n'est pas rare que l'homme se retire peu à peu après des débuts prometteurs. Les probabilités sont plus grandes quand il s'est engagé de lui-même, bien avant, pris par des envies de faire en accumulant au travers de ses expériences des habilités particulières. L'enfance et la jeunesse dans la famille [...], les séquences de vie en solo avant la mise en couple [...], interviennent de façon décisive »*[167].

---

[164] Sur ce point, cf. J.C. Kaufmann, *Le cœur à l'ouvrage : théorie de l'action ménagère*, Paris, Nathan, 1997.
[165] A. Leroi-Gourhan, *Le geste et la parole. II. La mémoire et les rythmes*, Paris, Albin Michel, 1965, p. 91.
[166] Thomas (37 ans - photographe ; en couple avec Mirabelle - 34 ans - journaliste).
[167] J.C. Kaufmann, *Casseroles, amour et crises, op. cit.*, p. 271.

Thomas a connu un tel parcours. Il nous affirme avoir toujours aimé cuisiner, même quand il était encore chez ses parents. Sa mère lui laissait souvent sa place devant les fourneaux, tout en restant à proximité afin de lui transmettre ses secrets et astuces de cuisinière. Plus tard, lorsque son amie est venue habiter chez lui, il a tout naturellement continué, d'autant plus que Mirabelle, nous dit-il : *« elle préfère clairement que je prépare les repas... Cuisiner, ça ne l'a d'ailleurs jamais vraiment intéressé, contrairement à Candy »*. De fait, il partage aujourd'hui son goût pour l'activité culinaire avec sa fille Candy, âgée de trois ans : *« elle est souvent à mes côtés quand je cuisine et adore mettre la main à la pâte... faut la voir à l'ouvrage : déjà un vrai petit cordon-bleu ! »*.

Mis à part cet exemple, on peut supposer que les schèmes incorporés réactualisent très souvent dans l'histoire conjugale et familiale *« un long passé sédimenté de façon contrasté entre les sexes »*, et que les pratiques relatives au domaine de la cuisine conservent *« une propension forte à être appropriées par les femmes »*[168].

Certes, on peut observer aujourd'hui un réel changement de l'attitude des hommes au regard de leur participation à la tâche ménagère relevant du domaine de la cuisine, ne serait-ce qu'en raison de l'évolution des mentalités concernant l'égalité des sexes dans le domaine professionnel ainsi que dans le cadre domestique. Il n'en reste pas moins que le fait qu'un homme assure la cuisine au quotidien pour sa famille est encore bien singulier[169].

Par contre, accomplie en dehors de la sphère domestique, l'activité culinaire est largement dominée par les hommes. De fait, si la cuisine pratiquée par des femmes a pu donner lieu à l'exercice d'une activité salariée (en particulier dans les maisons bourgeoises), ou bien encore semi-professionnelle

---

[168] J.C. Kaufmann, « Les attitudes domestiques », in *La famille, l'état des savoirs* (dir. F. de Singly), Paris, La Découverte, 1991, p. 130 ; et *Casseroles, amour et crises, op. cit.*, p. 261.
[169] Sur ce point, cf. Alex Miles, *Les hommes qui cuisinent. Le plaisir de partager*, Baume-les-Dames, Agnès Viénot éditions, 2005.

(pour les cuisinières de banquets à la campagne), les connaissances propres au domaine de la cuisine "gastronomique" ont été élaborées et placées sous la responsabilité d'hommes désignés alors comme les seuls détenteurs des savoir-faire et compétences nécessaires à sa pratique.

Chapitre 3
Cuisinier : une profession et un statut à définir

« La salle à manger est un théâtre dont la cuisine est la coulisse et la table, la scène. »[1]

Selon Jack Goody, on ne trouve l'existence d'une cuisine sophistiquée *« que dans quelques sociétés, notamment en Chine, au Moyen-Orient et en France après la Renaissance »*[2]. On peut en effet constater, dans les sociétés d'Asie et d'Europe, des pratiques culinaires différenciées qui renvoient à la forme de leur organisation aussi bien culturelle que politique. Dans ces dernières, l'établissement d'une différenciation entre une cuisine dite "élaborée" et la cuisine "domestique" repose sur un système de stratifications sociales qui, à part quelques exceptions limitées, *« n'existait pas dans l'Afrique noire de l'époque pré-coloniale »*[3].

Toutefois, si l'apparition d'une cuisine de prestige semble bien dépendre d'un processus de distinction entre groupes sociaux, d'autres conditions sont indispensables à sa mise en place, telles que la possibilité d'approvisionnement de denrées alimentaires variées, d'où la nécessité de l'expansion de l'agriculture et du commerce ; la valeur accordée au plaisir de la table ; la publication d'ouvrages et de recettes culinaires ; et, entre autres, la possession de techniques et ustensiles adéquats.

En Égypte, par exemple, l'organisation de « cuisines communes » (réfectoires, monastères, armées, écoles…), liée au développement de « nouvelles techniques de cuisson », alla de pair avec une « spécialisation des tâches culinaires » et une « inversion des rôles domestiques » dans les cuisines des riches.

---

[1] J.P. Aron, *Le mangeur du XIXe siècle*, op. cit., p. 227.
[2] J. Goody, *Cuisines, cuisine et classes*, op. cit., p. 7.
[3] *Ibid.*, p. 164.

Comme le décrit en effet Jack Goody : « *Les murs du tombeau de Ramsès III sont couverts de peintures qui représentent des hommes en train de cuisiner, de garnir le four, de préparer des pièces de viande et de pétrir la pâte, accomplissant des tâches dévolues aux femmes dans la vie domestique ordinaire* »[4]. La distinction qui s'établit alors entre la cuisine de cour, qualifiée de "grande" cuisine, et la cuisine domestique fut associée à une différence entre « *activités culinaires masculines* » et « *pratiques quotidiennes féminines* ». Quant à la nature des mets consommés, l'accent était mis sur la variété, la rareté des produits, le luxe et l'opulence des aliments.

Si dans les grandes cours d'Europe et du monde méditerranéen, ce sont des hommes qui furent employés en tant que « maîtres queux » ou « officiers de bouche »[5], en revanche, en Afrique, la cuisine à la cour du roi était confectionnée par des femmes et les menus se démarquaient relativement peu des recettes de la vie quotidienne. En fait, comme l'explique Jack Goody, « *ces femmes cuisinaient souvent en qualité d'épouses et non de domestiques. C'est seulement à l'époque coloniale que les hommes se sont vu confier la tâche prestigieuse de cuisiner des mets pour les dirigeants étrangers* »[6].

Ce qui fait dire à Jean-François Revel que « *la cuisine procède de deux sources : une source populaire et une source savante, celle-ci nécessairement située dans les classes riches de toutes les époques ; qu'il existe au fil de l'histoire une cuisine paysanne et une cuisine de cour ; [...] une cuisine familiale exécutée par la mère de famille – ou l'humble cuisinière domestique - et une cuisine de professionnels que seuls les chefs fanatisés, entièrement voués à la pratique, ont le temps et la science d'exécuter* »[7]. Cette distinction est également soulignée par Jean-Paul Aron qui écrit, dans *Le mangeur du XIXe siècle*, que « *certes, de longue date, la cuisine en France, mijote et mitonne. Mais, jusqu'à la fin du*

---

[4] *Ibid.*, p. 169.
[5] La « bouche » est le nom donné au lieu où sont préparés les repas, cf. N. Élias, *La société de cour*, *op. cit.*, p. 69.
[6] J. Goody, *op. cit.*, p. 316.
[7] J.F. Revel, *Un festin en paroles*, *op. cit.*, p. 28.

XVIIIe siècle, elle oscille entre deux expériences extrêmes : la paysanne, esclave du lieu et du temps, par conséquent des impératifs naturels ; l'aristocratique rapportant la perfection au produit autant qu'à l'artisan »[8].

Au Moyen Âge, « *la cuisine élaborée, en tant que métier spécifique, se rangeait parmi les produits rares et somptuaires [...], tels ceux fabriqués par les drapiers, les couturiers et les orfèvres* »[9]. Par ailleurs, comme le précise Jean-Marc Vanhoutte, « *une seule structure de travail donnait au cuisinier un statut bien défini : la maison seigneuriale. Peu nombreux étaient les maîtres queux, puisque leur activité supposait des équipements dont seuls les plus riches étaient en mesure de se doter. Dès lors, les compétences de ce type de travailleur ne trouvaient une utilisation que dans un nombre extrêmement limité de maisons* »[10].

Quant au commerce du repas complet, avant que ne soit instauré le « restaurant », au sens moderne du terme, il ne relève pas d'un métier bien défini. Dans l'Ancien Régime, deux types de cuisine coexistent donc : celle de la production culinaire des châteaux et celle fournie par les corporations de l'alimentation.

Les corporations de l'alimentation

À l'époque médiévale, et durant tout l'Ancien Régime, la confection et la vente de plats cuisinés ne relèvent pas de l'exercice d'une activité professionnelle précise. Comme le note Jean-Marc Vanhoutte, « *il suffisait d'avoir le matériel de cuisson ou le monopole de vente de certains produits ou bien encore le droit d'installation et la possession d'un lieu de consommation* »[11].

---

[8] J.P. Aron, *op. cit.*, p. 169.
[9] J.M. Vanhoutte, « Le cuisinier, nouvel animateur de la vie urbaine », *Nourritures : plaisirs et angoisses de la fourchette - Autrement*, n°108, 1989, p. 114.
[10] *Ibid.*
[11] *Ibid.*, p. 113.

Les métiers que l'on qualifie "de bouche" sont en fait organisés en « corporations », c'est-à-dire en associations d'artisans ou de marchands spécialisés qui, relativement puissantes et étroitement fermées les unes aux autres, défendent leur monopole professionnel et leurs intérêts face à la concurrence des commerces voisins. On peut ainsi distinguer plusieurs « corporations de l'alimentation », en particulier :

- les *« chaircuitiers-saulcissiers »*, commercialisant la chair de porc ou autres animaux sous forme de pâtés, charcuteries ou jambon ;
- les *« rôtisseurs »*, habilités à vendre toutes viandes rôties (à l'exception des ragoûts), auxquels viendront s'ajouter les *« traiteurs »*, autorisés quant à eux à proposer toutes sortes de plats cuisinés sous forme de ragoûts, autrement dit accompagnés de "sauces" ;
- les *« poulaillers »*, qui vendent *« polaille et volatille »*, et qui appartiennent à la famille des *« regrattiers »* ou marchands de « regrats », c'est-à-dire de « restes de repas »[12] ;
- les *« pâtissiers-oubloyers »* : les *« oubloyers »* (fabricants d'hosties) proposant entre autres des gaufres et des pâtisseries légères ; les *« pâtissiers »* confectionnant des pâtés de viande, des pâtés au fromage ou au poisson.

Chaque corporation était tenue de commercialiser uniquement les préparations culinaires définies selon son statut. Toutefois, certaines empiétaient largement sur les privilèges des autres. Aussi, comme le précise Alain Drouard, la forte concurrence et les nombreux conflits entre ces différentes corporations des métiers de bouche obligèrent souvent le pouvoir royal à intervenir pour spécifier les droits et les devoirs propres à chacune[13].

---

[12] La commercialisation des restes des repas de maisons aisées était une pratique courante destinée à l'alimentation populaire. Elle offrait l'opportunité aux plus démunis, mais non indigents, de pouvoir goûter à certains produits rares et/ou particulièrement onéreux. Cf. J.M. Vanhoutte, *op. cit.*, p. 116.

[13] Cf. A. Drouard, *Histoire des cuisiniers en France. XIXe-XXe siècle*, *op. cit.*, pp. 16-17.

En outre, s'il devient possible au XVIIIe siècle de pouvoir se restaurer sur place chez les traiteurs, de commander aux aubergistes ou aux taverniers un menu fixe composé de *« pâtés, jambon, bouilli (pot-au-feu), volaille, carbonnées (fines lamelles de porcs grillées), le tout accompagné de pain »*[14], aucun n'est autorisé à vendre un repas "à la carte", à une table individuelle et à toute heure de la journée. De même, nul n'a encore le droit de fournir ou de servir une large variété de mets *« préparés en utilisant toutes les techniques de cuisson possibles »*[15]. En conséquence, pour que des établissements de restauration, à l'image de nos restaurants actuels, puissent être instaurés, il faudra attendre la fin des corporations, décrétée au moment de la Révolution française.

Les premiers restaurants

Le pionnier des restaurateurs semble être un nommé Boulanger, dit *« Champ d'Oiseau »*, qui ouvre en 1765, à Paris (dans la rue des Poulies - actuelle rue du Louvre), un estaminet, sous l'enseigne : *« Boulanger débite des restaurants divins »*[16], pour y servir ce qu'il appelle des *« bouillons restaurants »*, autrement dit des sortes de « pot-au-feu de viande », plus ou moins copieux, censés *« restaurer »*[17] ceux qui les consomment. N'ayant pas le statut de traiteur, il ne peut servir certains plats, tels que des ragoûts. En contrepartie, il propose donc des volailles au gros sel ou bien encore des œufs frais[18].

Ainsi, selon le *Dictionnaire de Trévoux* de 1765 : *« Les restaurateurs sont ceux qui ont l'art de faire les véritables*

---

[14] A. Rowley, *Les Français à table*, *op. cit.*, p. 80.
[15] E. Neirinck et J.P. Poulain, *Histoire de la cuisine et des cuisiniers*, *op. cit.*, p. 48.
[16] A. Rowley, *op. cit.*, p. 80. Le terme « restaurant » est une variante de « restaurat » désignant à l'époque « aliment d'appétit », P. Girodin, *Restaurants et restauration en France*, *op. cit.*, p. 9.
[17] Le *Dictionnaire de l'Académie française* de 1787 définit de fait le restaurant comme un « aliment qui restaure, qui répare les forces », A. Drouard, *op. cit.*, p. 31.
[18] Cf. E. Neirinck et J.P. Poulain, *op. cit.*, pp. 48-49.

consommés dits restaurants ou bouillons de prince et le droit de vendre toutes sortes de crèmes, potages au riz, au vermicelle, œufs frais macaroni, chapon au gros sel, confitures et autres mets salubres et délicats »[19].

Préoccupées par l'installation de Boulanger, et soucieuses de préserver le monopole de leurs préparations culinaires, *« les corporations de l'alimentation se défendirent contre l'intrusion de ce nouveau venu »* en portant l'affaire devant les tribunaux[20]. Mais, la justice ayant en définitive autorisé Boulanger à poursuivre son activité, à son exemple, d'autres s'installèrent alors en tant que restaurateurs dans divers lieux d'assemblées et de réjouissances publiques de la ville de Paris, en particulier dans les galeries de Valois, de Montpensier et de Beaujolais du « Palais-Royal »[21].

L'apparition de ce nouveau style de restauration, l'évolution des modes de vie, mais également et paradoxalement, le caractère relativement onéreux de leurs prestations accréditèrent ces divers établissements, car celui *« qui n'aurait pas osé s'asseoir à une table d'hôte allait payer le même repas au prix fort chez le restaurateur ! »*[22]. Ce qui revient à dire, comme l'exprime par exemple Diderot, en 1767, dans une lettre qu'il adresse à Sophie Volland : *« au restaurant de la rue des Poulies, on y est bien, mais chèrement traité »*[23].

Si l'on peut dénombrer à Paris, en 1780, environ une cinquantaine de restaurateurs[24], le premier "restaurant", tel que nous le concevons aujourd'hui (c'est-à-dire, associant dans un

---

[19] Cf. A. Drouard, *op. cit.*, p. 31.
[20] J.M. Vanhoutte, *op. cit.*, p. 113.
[21] Comme le précise A. Rowley : « Les plus élégants et les plus courus des cafés et des restaurants se concentraient au Palais-Royal, dans les galeries aménagées à des fins tout à fait mercantiles par le duc d'Orléans et son fils, le duc de Chartres. […] Le succès du Palais-Royal tient en une recette : la concentration des plaisirs dans un lieu unique, associée à l'effet de mode », cf. « Les bonnes adresses du Palais-Royal », in *Les Français à table, op. cit.*, pp. 88-89.
[22] E. Neirinck et J.P. Poulain, *op. cit.*, p. 49.
[23] *Ibid.*
[24] Cf. J.M. Vanhoutte, *op. cit.*, p. 115.

même lieu la confection des plats et leur consommation à des tables individuelles), n'ouvrira ses portes qu'en 1782, rue de Richelieu, sous l'enseigne de « *La Grande Taverne de Londres* »[25], dont le propriétaire, Antoine de Beauvilliers, aime se présenter comme « *ancien officier de bouche du comte de Provence* » (qui n'est autre que le futur Louis XVIII)[26].

Toutefois, chez ce dernier, tout comme chez les autres restaurateurs, les clients ne peuvent encore se faire servir que des viandes, des légumes ainsi que des omelettes. L'existence des restaurants ne sera officialisée qu'en 1786, date à laquelle un arrêté autorise pour la première fois les traiteurs et les restaurateurs à ouvrir leurs établissements « *jusqu'à onze heures du soir en hiver, et minuit en été* »[27].

En dépit de la publication d'un édit de Louis XVI, rédigé le 3 février 1776 sous l'influence de Jacques Turgot, qui de fait considère les organisations professionnelles comme « *injustes et funestes* » parce qu'elles ne servent que « *leur intérêt personnel au détriment de celui de la société générale* »[28], les corporations de métiers ne seront abolies que par le décret d'Allarde du 1er avril 1791, auquel s'ajoutera, le 9 mai de la même année, la loi Le Chapelier[29]. Les restaurateurs purent dès lors exercer librement leur activité en proposant sur la carte de leurs établissements toutes sortes d'entrées, de plats et entremets variés, puisque la confection et la vente de certains produits n'étaient plus soumises aux statuts des corporations de l'alimentation.

Cependant, si la prospérité que connut alors ce type de restauration entraîna rapidement sa diffusion, en permettant à un nombre toujours plus élevé de consommateurs d'y avoir accès, elle trouva, tout du moins à ses débuts, une limite à son activité, car elle restait un privilège que seules les personnes

---

[25] A. Rowley, *op. cit.,* p. 81.
[26] Cf. E. Neirinck et J.P. Poulain, *op. cit.*, p. 53.
[27] A. Rowley, *op. cit.,* p. 81.
[28] Cf. E. Neirinck et J.P. Poulain, *op. cit.*, p. 53. On peut souligner que les réformes économiques (liberté du commerce et du travail) de Jacques Turgot (1727-1781), ministre de Louis XVI, vont heurter les privilèges et provoquer sa disgrâce la même année.
[29] Cf. C. Dubar et P. Tripier, *Sociologie des professions*, *op. cit.*, p. 32.

aisées pouvaient se permettre. Au début du XIXe siècle, un repas "moyen" à la table des frères Véry coûte en effet, selon Jean-Marc Vanhoutte, *« trente fois le salaire journalier d'un ouvrier parisien »*[30]. Cela signifie, mais dit autrement, que le dîner que s'offrira à cette même table, Lucien de Rubempré, alors jeune provincial découvrant Paris dans *Les Illusions perdues* d'Honoré de Balzac, lui coûtera la somme de cinquante francs, soit un mois de son existence à Angoulême[31].

Essor et diversité des établissements

Le choc révolutionnaire, l'afflux sur Paris de provinciaux de toutes catégories sociales, l'ivresse de luxe qui s'empare alors de la haute société, ancienne ou récemment enrichie, provoquent, sous le Directoire et le Premier Empire, une prolifération des restaurants. N'atteignant pas la centaine avant la Révolution, ils sont, d'après Alain Drouard, « déjà cinq ou six fois plus nombreux en 1804 »[32], les plus renommés étant généralement tenus par des maîtres queux, anciennement attachés à de grandes maisons aristocratiques, que l'émigration de leurs maîtres a privés d'emploi.

La Révolution française a en effet poussé la noblesse à fuir hors du territoire national. Les maîtres queux se sont par conséquent retrouvés face à une sévère alternative : *« suivre leur maître en exil ou bien rester en France, en opérant une reconversion professionnelle. Ceux qui choisissent l'exil, exerceront leur art et leur influence dans les milieux aristocratiques anglais, suisses, allemands... Les autres tenteront de louer leurs services dans les maisons bourgeoises où les nouveaux tenants du pouvoir mènent grand train, ou bien encore, suivant l'exemple de Beauvillers, ouvriront leur propre restaurant »*[33].

---

[30] J.M. Vanhoutte, *op. cit.*, p. 115.
[31] Cf. en complément, « Les écrivains à table », in A. Rowley, *Les Français à table*, *op. cit.*, pp. 92-93.
[32] A. Drouard, *op. cit.*, p. 31.
[33] E. Neirinck et J.P. Poulain, *op. cit.*, p. 53.

À travers l'essor de la restauration, qui s'affirme dans les premières décennies du XIXᵉ siècle, de nouveaux modes de vie sont apparus, correspondant à l'ascension de la bourgeoise, séduite par la possibilité de pouvoir choisir sur une carte des mets d'une grande variété et de les consommer sur des tables individuelles. Comme l'écrit le docteur Véron : « *J'ai promené mes goûts d'observation chez ces nombreux restaurateurs qui sont une spécialité parisienne. Aucune des grandes capitales de l'Europe n'est décorée de ces somptueux établissements au service luxueux, ouverts le jour et la nuit, où à toute heure un repas vous attend... Il n'est même pas de bourgeois de Paris qui, à certains jours ne se fasse fête de dîner au Café de Paris, aux Frères Provençaux, [...] chez Riche, chez Véry ou chez Véfour* »[34].

Si en 1835, le mot « restaurant » entre dans le *Dictionnaire de l'Académie française* pour qualifier dès lors, non plus un "bouillon" régénérant, mais un "établissement" tenu par un restaurateur « *dont le commerce consiste à offrir au public un festin toujours prêt, et dont les mets se détaillent en portions à prix fixe, sur la demande des consommateurs* »[35] ; et si, à cette époque, une bonne partie de la population parisienne a pris « *l'habitude d'aller au restaurant* »[36], il existe cela dit des catégories d'établissements fort différentes, reproduisant la configuration de la hiérarchie sociale.

Ainsi, les premières "grandes tables", créées à la fin du XVIIIᵉ siècle dans les galeries du Palais-Royal, comme celles des *Véry*, de *Méot*[37] ou des *Frères Provençaux*[38], pour ne citer qu'eux, sont des restaurants très luxueux, tant par leur décor

---

[34] Dr Véron, *Mémoires d'un bourgeois de Paris*, 1857, cité par A. Drouard, *op. cit.*, p. 31.
[35] J.A. Brillat-Savarin, *Physiologie du goût, op. cit.*, p. 276.
[36] Cf. J.M. Vanhoutte, « *Le cuisinier, nouvel animateur de la vie urbaine* », Autrement, n°108, *op. cit.*
[37] Le traiteur Méot ouvrit en 1792 : *Le Bœuf à la Mode*, qui deviendra « l'une des tables parisiennes les plus élégantes sous le Directoire », A. Rowley, *Les Français à table, op. cit.*, p. 92.
[38] Les frères Provençaux, installés dans les galeries dès 1786, firent notamment découvrir aux Parisiens : « la bouillabaisse, la morue à l'ail et les pommes d'amour », *ibid.*, p. 89.

que par les mets qui y sont servis. Fréquentés par des personnages de haute condition sociale, comme des aristocrates, des banquiers, des « ministériels », ou de riches bourgeois de province, par exemple, ces établissements constituent surtout des lieux de sociabilité "masculine", mais non exclusivement puisque que l'on y vient aussi dîner en compagnie de "dames" dans des salons particuliers.

Bénéficiant d'une grande renommée jusqu'au début du XIXe siècle, les restaurants du Palais-Royal perdront progressivement de leur attrait au profit d'autres établissements situés notamment sur les grands boulevards[39]. Sur ces derniers, ainsi qu'autour du Palais-Royal et de la Bourse, on peut également trouver ce que l'on appelle des "tables bourgeoises", qui offrent des salons agréables et des mets variés. La clientèle, plutôt aisée, y retrouve alors les convenances et les agréments auxquels elle est accoutumée.

Parallèlement, on appréciera de plus en plus les restaurants situés dans le quartier des Champs-Élysées, comme celui de *Ledoyen*, fondé en 1848. On s'attablera aussi volontiers chez *Lapérouse*, installé sur les quais de Seine depuis 1850, ou à *La Tour d'Argent*, créée en 1890, quai de la Tournelle. Les artistes se retrouveront boulevard des Batignolles, chez *Jouanne*, ou encore à l'auberge de *La Mère-Sauget*, dans le quartier Montparnasse[40]. Mais c'est au *Grand Véfour*, ancien *Café de Chartres* transformé en restaurant en 1820 par Véfour, que Victor Hugo et Théophile Gautier iront dîner après la première représentation d'*Hernani*. Quant à Edmond de Goncourt, s'il est connu dès 1894 chez *Drouant*, il faudra attendre 1914 pour que le prix littéraire y soit décerné.

---

[39] Dans la première moitié du XIXe siècle, le *Café Turc* et le *Cadran Bleu* (boulevard du Temple), la *Maison Dorée* et le *Café Riche* (boulevard des Italiens), le *Rocher de Cancale* (rue Montorgueil), ou bien encore *Peter's* (rue de Richelieu), deviennent ainsi les lieux les plus convoités, en somme, les plus élégants de la "vie parisienne". Cf. A. Rowley, *op. cit.*, pp. 92-93.

[40] *Ibid.*, pp. 96-97.

Destinés à des classes aux revenus modestes, un nombre considérable de restaurants dits "à prix fixe", tels que les « *bouillons Duval* »[41], proposent des repas complets facturés tout au plus à deux francs. Pour quarante sous, on se restaure alors aisément « *d'un potage, de deux plats de résistance, d'un dessert et d'une demi-bouteille de vin* »[42].

Dans un tout autre style, mais non moins populaires, de nombreuses "guinguettes" des rives de la Marne et des bords de Seine, comme celle de *La Grenouillère* (sur l'île de Croissy près de Bougival), ou celle du *Moulin de la Galette* (peint par Auguste Renoir), attirent « *le bon peuple de Paris, jeunes artistes, peintres et écrivains* »[43]. Ces derniers viennent s'y divertir en dégustant « *fritures, matelotes, fruits et rafraîchissements* »[44].

Quant aux "brasseries", elles se développeront sous le Second Empire[45], surtout après la guerre franco-allemande de 1870. En effet, suivant l'exemple de *Léonard Lipp*, d'autres restaurateurs d'Alsace-Lorraine, qui refusent de devenir allemands, s'implantent en France pour y commercialiser leur bière. Ils ouvrent donc des « *Brasseries* » *(Floderer, Bofinger, Lipp, Zeyer, Jenny, Muller*…) où ils servent également des plats "alsaciens".

---

[41] Les "bouillons" apparaissent à partir de 1840. Le fondateur de ces restaurants à grand débit est Alexandre Duval, le fils d'un boucher, qui acquit une chaîne de douze établissements. Cette formule sera rapidement imitée, notamment par Boulant et Chartier. Cf. A. Rowley, *op. cit.*, p. 14.
[42] *Ibid.*, p. 90. Toutefois, comme le précise Jean-Marc Vanhoutte, « même les restaurants dits populaires, tels les "bouillons", n'étaient pas accessibles à la majeure partie des Parisiens ». Les plus démunis se retrouvent alors dans les « gargotes » et autres « tavernes », *op. cit.*, p. 116.
[43] P. Girodin, *op. cit.*, p. 12.
[44] A. Rowley, *op. cit.*, p. 109.
[45] On compte plus de 200 brasseries à Paris à la fin du Second Empire. Cf. A. Drouard, *op. cit.*, p. 35.

Si à partir des années 1860, des restaurants de Paris (comme *Magny, Bixio, Drouant...*) deviennent réputés pour leur *« dîner-littéraire »*, au début du XXe siècle, une tout autre "formule" est expérimentée, celle du *« dîner-spectacle »*, qui "s'américanise" avec la guerre de 1914. Comme l'écrit Anthony Rowley : *« Venu du music-hall, le poulet aux amandes, à la noix de coco ou aux gombos, rivalise avec les tripes à la mode de Caen et les plats "tipically french". La banane et la papaye enthousiasment comme la ceinture en bananes de Joséphine Baker. [...] Le succès du dîner-spectacle tient à une recette simple : Paris, "les petites femmes" et la gastronomie »*[46].

Progressivement, « dîner et spectacle » ne feront plus qu'un, si bien que dans les années 1960 presque tous les établissements du spectacle (*Le Lido, Le Ba-Ta-Clan, Le Paradis Latin, La Cigale ou La Fourmi...*) offrent des dîners. Si nous les évoquons ici c'est parce que certains d'entre eux font partie de l'histoire de la "gastronomie française", comme celui qui fut servi au *Moulin-Rouge*, le 19 mai 1953, par les brigades des plus grands restaurants parisiens (telle que la brigade de *La Tour d'Argent*, dirigée à l'époque par Claude Terrail), et qui réunit mille deux cents personnalités du monde des arts et du spectacle autour d'un dîner qui, à lui seul, *« fut un spectacle à part entière »*[47].

L'art des cuisiniers est en effet de faire de la table un "spectacle", justifiant par ailleurs, ce qu'Anthony Rowley appelle : *« une forme de transhumance gastronomique »*[48].

Le tourisme gastronomique

Certes, dès la fin du XIXe siècle, les principales stations de cures thermales du sud de la France ont leurs hôtels, palaces et casinos. Comme le soulignent Edmond Neirinck et Jean-Pierre Poulain : *« on va aux eaux, on découvre la Côte d'Azur ; la*

---

[46] A. Rowley, *op. cit.*, p. 92 et p. 154.
[47] Charlie Chaplin, Gary Cooper, Bing Crosby et Lily Pons furent, entre autres, conviés à ce dîner, *ibid.*
[48] *Ibid.*, p. 118.

haute société se montre de palace en palace. [...] Peu à peu se met en place une véritable industrie hôtelière. Ce faisant, les manières de table et le goût français deviennent le modèle international. [...] Partant de Paris où il est né, ce nouvel art de vivre rayonne sur la France, l'Europe, les Amériques et même les empires coloniaux selon un triple itinéraire aquatique : villages d'eaux, stations thermales, paquebots de ligne et de croisières »[49]. Mais, à l'aube du XXᵉ siècle, le tourisme se pratique aussi en automobile.

Apparu avec le siècle, le guide *Michelin* annonce dès la première page de son édition de l'année 1900 son intention *« de donner tous les renseignements qui peuvent être utiles à un chauffeur, voyageant en France, pour approvisionner son automobile, pour la réparer, pour lui permettre de se loger et de se nourrir »*[50]. À ce titre, les haltes gastronomiques proposées par *Michelin* offrent aux voyageurs la garantie de trouver de "bonnes" tables ainsi que des hôtels jugés de qualité.

Si au départ, le "guide Rouge", offert *« gracieusement aux chauffeurs »*, a pour principal objectif de les aiguiller au cours de leur voyage vers de *« bonnes tables »*, en 1920, à l'époque de sa commercialisation, il commence à opérer progressivement sa conversion en « guide gastronomique », de telle sorte qu'en 1931, le classement qu'il effectue entre les divers restaurants sélectionnés établit une hiérarchie entre une cuisine qualifiée : de *« très bonne qualité »* (1*) - *« d'excellente qualité »* (2*) - *« fine et justement renommée »* (3*)[51].

Dans l'entre-deux-guerres, des établissements régionaux vont alors se transformer en de véritables *« temples de la gastronomie visités par le Tout-Paris et les touristes étrangers qui sillonnent la France »*[52]. Ainsi, pour les voyageurs gastronomes, des "tables" deviennent clairement inévitables, en particulier : celle d'Alexandre Dumaine, à Saulieu, dont le

---

[49] E. Neirinck et J.P. Poulain, *op. cit.*, p. 89.
[50] A. Rowley, *op. cit.*, p. 149.
[51] Cf. A. Drouard, *op. cit.*, p. 104.
[52] E. Neirinck et J.P. Poulain, *op. cit.*, p. 102.

restaurant porte le nom du département, *La Côte d'Or*[53] ; celle d'Eugénie Brazier, appelée *Mère Brazier*, au Col de la Luère (près de Lyon)[54] ; celle de Fernand Point, à Vienne (en Isère), qui baptisa son restaurant *La Pyramide*[55] ; et enfin, celle de la *Maison Pic*, tenue par André Pic à Valence (dans la Drôme)[56], autant d'étapes gastronomiques incontournables pour les vacanciers qui empruntent la "route du soleil".

En 1936, date à laquelle André Pic s'installe au bord de la nationale 7, la forte croissance de l'industrie automobile et surtout l'instauration des congés payés entraînent un afflux des touristes sur la "route du Midi". Celle-ci est alors rapidement lotie d'établissements de restauration, d'abord groupés autour des grands centres urbains ou ferroviaires que sont les villes de Lyon et Marseille, puis concentrés, dans les années 1970, sur le bord des plages, notamment à La Napoule, Cannes, Mougins et Monte-Carlo. Dès lors, la route conduisant de nombreux touristes au soleil représentera en quelque sorte une "artère gastronomique" balisée par des "tables étoilées".

Ainsi, en prenant la nationale 7 depuis Paris, l'automobiliste gastronome des années 1970 peut effectuer une première halte chez Marc Meneau, à Vézelay (dans l'Yonne) ; puis faire un détour par la nationale 6 afin d'aller à *La Côte d'Or*, où Bernard Loiseau succède à Alexandre Dumaine ; poursuivre sur cette voie pour déjeuner dans l'Ain chez Georges Blanc, à Vonnas, ou chez Alain Chapel à Mionnay ; ou bien reprendre la nationale 7 pour s'arrêter au restaurant des frères Troisgros à Roanne (dans le département de la Loire).

---

[53] Alexandre Dumaine (1895-1974) s'établit à Saulieu en 1931 et obtient sa troisième étoile Michelin en 1951.
[54] Eugénie Brazier (1895-1977) s'installe au Col de la Luère (à 20 km de Lyon) en 1932. Le guide Michelin lui décerne 3 étoiles en 1933.
[55] Fernand Point (1897-1955) reprend l'auberge de ses parents et crée *La Pyramide* en 1923. Dix ans plus tard, il est triplement étoilé au Michelin.
[56] André Pic (1893-1984) succède à ses parents à l'*Auberge du Pin* (à Saint-Péray) en 1929 et acquiert trois étoiles Michelin en 1934. Il s'installe à Valence en 1936 où il reçoit à nouveau le trio des étoiles en 1939.

Arrivé à Lyon, il aura l'embarras du choix : il peut en profiter pour s'installer à la table de Pierre Orsi, à moins qu'il ne décide de poursuivre son chemin pour aller visiter Collonges-au-Mont-D'Or où officie Paul Bocuse (un ancien élève d'Eugénie Brazier et de Fernand Point). En traversant Valence, il passera devant la *Maison Pic* où Jacques a pris la relève de son père André. Il lui faudra atteindre ensuite Avignon pour se restaurer chez Pierre Hiély. Les Baux-de-Provence et la cuisine de Raymond Thuilier et Jean-André Charrial ne seront alors plus très loin. À son arrivée sur la Côte d'Azur, il pourra profiter des saveurs provençales à la table des frères Outhier (à La Napoule), chez Jacques Chibois (à Cannes), ou bien encore chez Roger Vergé (à Mougins), sans oublier Alain Ducasse (à Monte-Carlo)[57].

Aujourd'hui, le « marché de la cuisine » occupe une place grandissante dans la presse, l'édition et les médias. Certains cuisiniers sont devenus des "célébrités" dont le nom fait vendre, tout comme les "griffes" des grands couturiers. Quant au prestige culturel du culinaire, il n'apparaît pas moins considérable que son marché. De fait, comme le remarque Claude Fischler, les restaurants, leurs chefs et les guides gastronomiques sont dans certaines catégories sociales *« un sujet de conversation presque aussi noble que le cinéma et la littérature ; [et] l'art de voyager est devenu en grande partie l'art de manger ailleurs. Bref, comme l'illustre la revue même où paraissent ces lignes, la cuisine est un objet désormais légitime d'analyse, de réflexion scientifique et littéraire »*[58].

Si de 1975 à 1990, l'émission *Apostrophes*, présentée par Bernard Pivot sur France 2, a notamment contribué à la médiatisation des chefs de cuisine : *« la présentation de leurs livres commentés dans une émission littéraire leur [apportant] une réelle considération »*[59], il ne faut pas oublier que le souhait

---

[57] Cf. en complément, A. Rowley, « La route du Midi », in *Les Français à table. Atlas historique de la gastronomie française, op. cit.*, pp. 118-119.
[58] C. Fischler, « Diaforus et Lustucru », *Nourritures : plaisirs et angoisses de la fourchette - Autrement,* n°108, 1989, p. 126.
[59] A. Rowley, *op. cit.*, p. 132.

de reconnaissance sociale, la quête d'un statut professionnel et l'affirmation du caractère "artistique" de la cuisine ont dominé l'histoire des cuisiniers du milieu du XIXe siècle à nos jours.

En 1856, le décret du 26 juillet établissant la classification des professions ou industries justiciables du Conseil des prud'hommes ne mentionne en effet pas celle des « cuisiniers », parce que ces derniers, placés sous l'autorité des maîtres d'hôtel, qu'ils soient "chefs" de cuisine ou non, sont considérés comme de simples « domestiques » employés au service de patrons (restaurateurs ou particuliers)[60]. Et, au milieu des années 1950, soit un siècle plus tard, Raymond Oliver, chef du *Grand Véfour* à Paris et inventeur du concept des émissions culinaires télévisées en France, déclare encore : « *Mon but est aussi de défendre la double profession de cuisinier et de restaurateur, par trop méconnue... Je demande pour l'un et l'autre une place au soleil et non pas seulement celle que leur confèrent les exigences matérielles : les sous-sols et l'envers du décor... Les cuisiniers, les restaurateurs doivent être pris en considération, au rang qu'ils occupent, faute de quoi le XXe siècle risquerait bien de voir la fin de la grande cuisine* »[61].

Les cuisiniers en quête d'un statut

Sous l'Ancien Régime, comme nous l'avons expliqué précédemment, les métiers de bouche sont organisés en corporations : les rôtisseurs, les « chaircuitiers » (cuiseurs de chair), les poulaillers, les traiteurs, les pâtissiers…, qui ne peuvent réaliser ou commercialiser que les aliments et les

---

[60] A. Drouard, *Histoire des cuisiniers en France, op. cit.*, pp. 23-24.
[61] R. Oliver, *Cuisine pour mes amis*, 1955, cité par A. Drouard, *ibid.*, p. 14. Au côté de la speakerine Catherine Langeais, Raymond Oliver présentera "Art et magie de la cuisine" chaque semaine, de 1953 à la fin des années 1960. Son fils Michel lui succèdera avec "Bonjour, bon appétit", une émission diffusée le week-end dans les années 1970. Plus proche de nous, on peut citer Joël Robuchon, animateur de "Cuisiner comme un grand chef", de 1996 à 1999 sur TF1, et de "Bon Appétit bien sûr", de 2000 à 2009 sur FR3.

préparations autorisés par leur statut[62]. Si le commerce du "repas complet", et donc le métier de cuisinier, ne put véritablement s'organiser qu'à partir de la suppression des corporations de l'alimentation qui, rappelons-le, date de la Révolution française, ces dernières ont toutefois continuée à servir de modèle de référence aux cuisiniers du XIXe siècle.

Comme le souligne Alain Drouard, *le costume du cuisinier : veste blanche, bonnet, tablier de même couleur et couteau au côté*, a peu changé depuis l'ordonnance d'Henri II du 15 juillet 1549 qui obligeait chaque métier à porter un costume spécial. Seul le bonnet sera remplacé sous le règne de Louis Philippe (1830-1848) par la *« toque »*, c'est-à-dire une bande de toile blanche entourant la tête et surmontée d'une calotte de même étoffe[63]. Tantôt amidonnée et toute en largeur, tantôt allongée perpendiculairement (toque dite *« à la Tour Eiffel »*), elle finira par qualifier le cuisinier lui-même[64].

De même, les cuisiniers parlent souvent de *« corporation »* ou de *« corps de métier »* pour désigner leur activité. À la corporation sont associées les notions "d'apprentissage" du métier ainsi que celle d'étapes à franchir avant de pouvoir accéder "à la maîtrise" et d'être reconnu comme *« maître »* en la matière. L'idée même de la création d'un "chef-d'œuvre" est d'ailleurs toujours présente dans les concours de cuisine, tels

---

[62] Le statut d'une corporation était attribué par lettres patentes émanant du roi lorsqu'il s'agissait d'un métier « juré », c'est-à-dire dont les membres avaient prêté serment en accédant à la maîtrise. Ces lettres fixaient de façon précise les droits et devoirs de chaque corporation, les conditions d'exercice de son activité, les modalités et la durée de son apprentissage. Dans chaque corps de métier des membres étaient désignés pour exercer les fonctions de jurés chargés « de garantir la qualité et l'honnêteté des travaux et de faire appliquer les règles de passage à la maîtrise : apprentis, compagnons et maîtres formaient un groupe travaillant, vivant ensemble et unis souvent par le culte d'un saint patron », A. Drouard*, op. cit.*, pp. 15-16.
[63] *Ibid.*, p. 19.
[64] Á titre d'exemple, le nom de l'association « Étoiles et Toques du Doubs » créée le 24 décembre 2004.

que le *Meilleur Ouvrier de France*, le *Bocuse d'Or* ou encore le *Trophée du Challenge européen de la gastronomie*[65].

Aux corporations appartient également le terme "d'ouvrier". Mais ce dernier sera l'objet de nombreux débats qui mettront en avant la question de la place et du statut du cuisinier dans la société. Comme le souligne Philéas Gilbert en 1887 dans *Le Progrès des cuisiniers* : « *À dire vrai, que sommes-nous encore à l'heure actuelle dans la société ? Les uns se disent artistes, les autres se dénomment simplement ouvriers. Des deux appellations laquelle est la vraie ?... Sommes-nous ouvriers ? Oui ! Sommes-nous considérés comme tels par la loi ? Non ! Possédons-nous des artistes dans toute l'acception du mot ? Oui ! Leur accorde-t-on la considération due aux artistes ? Non ! Alors [...] ni ouvriers ni artistes : Que sommes-nous ? Rien. Qu'aspirons-nous à devenir ? L'un et l'autre... Cuisiniers qui ambitionnez le titre d'artistes, obtenez d'abord celui d'ouvriers... »*[66].

Le statut revendiqué par les cuisiniers ne peut toutefois être assimilé à celui de l'ouvrier d'usine. Á leurs yeux, le "bon ouvrier" est celui qui réalise une "œuvre" ou qui est "capable de bien faire". Accomplissant cette œuvre avec ses mains, le « *cuisinier* » est un « *artisan* », maître de son art ; un créateur de chefs-d'œuvre, autrement dit un « *artiste* ».

Parallèlement au problème d'attribution d'un statut au cuisinier et de sa reconnaissance, sera débattue en cette fin du XIXe siècle la question de la qualification de l'activité même du

---

[65] Selon Alain Drouard, des règlements de corporations du XVIIIe siècle précisent en effet les obligations des futurs cuisiniers et tout d'abord la règle de l'apprentissage, au terme duquel l'apprenti doit subir un examen et produire un « chef-d'œuvre ». Plus tard, l'ouvrier sacré compagnon ou artisan doit, pour prétendre au titre de maître, prouver sa valeur en réalisant un nouveau « chef-d'œuvre », *op. cit.*, p. 18.
[66] P. Gilbert, « L'arbitrage : ouvriers ou artistes ? », *Le Progrès des cuisiniers,* 1887, cité par A. Drouard, *ibid.*, p. 19. Luttant pour l'amélioration des conditions de travail des cuisiniers, Philéas Gilbert (1857-1943) fondera en 1880 *Le Progrès des cuisiniers*, un journal de revendications et d'études culinaires.

cuisinier : la cuisine est-elle une science, un art, ou les deux à la fois ? Pour Chatillon-Plessis, la cuisine est une science parce que « *l'art du cuisinier exige une somme de connaissances que très peu de professions savantes atteignent et dépassent* »[67]. Mais la cuisine est avant tout un « *art* », à la fois au sens technique et au sens esthétique ; un art, certes "éphémère", qui emprunte aux autres arts pour s'accomplir[68].

La littérature gastronomique

Apparue juste après la Révolution française, la « *littérature gastronomique* » s'adresse alors aux classes bourgeoises et plus précisément aux « parvenus » ou nouveaux riches qui, à défaut d'éducation, sont nombreux à ignorer les bonnes manières et usages de table. Ce nouveau genre littéraire vise par conséquent à leur faire acquérir les « *éléments de politesse gourmande* » qui leur manquent[69]. En d'autres termes, « *la gastronomie remplit une fonction sociale de réconciliation entre l'ancienne classe dirigeante : l'aristocratie, et la nouvelle : la bourgeoisie* »[70].

Plus qu'un art de faire "bonne chère", la gastronomie se présente donc comme un moyen d'acquérir un statut social et de le faire reconnaître. Comme l'illustre bien ce poème de Joseph de Berchoux : « *S'il est un rôle noble et digne d'envie... Un agréable emploi dans le cours de la vie... C'est celui d'un*

---

[67] Chatillon-Plessis, *La Vie à table au XIXe siècle*, 1894, cité par A. Drouard, *ibid.*, p. 19.
[68] On peut noter que si au début du XIIIe siècle « art » a le sens « d'activité professionnelle et manuelle », à partir du XVIe siècle, cette valeur est appuyée par le terme « artisan ». De ces emplois médiévaux, le français moderne a retenu des syntagmes du modèle "l'art de" (et infinitif) ainsi que des locutions comme : « c'est du grand art ». Cf. *Dictionnaire historique de la langue française* (dir. Alain Rey), Paris, Le Robert, 1995.
[69] Selon Alexandre Balthazar Grimod de La Reynière, *Manuel des Amphitryons, contenant un Traité de dissection des viandes à table, la nomenclature des menus les plus nouveaux pour chaque saison et des Éléments de politesse gourmande*, Paris, Capelle et Renaud, 1808.
[70] A. Drouard, *op. cit.*, p. 29.

mortel qui fait en sa maison... Les honneurs de sa table en digne Amphitryon ». Aussi, prodigue-t-il à ce dernier ces conseils : « *En formant la maison dont vous avez besoin... Au choix d'un cuisinier mettez tout votre soin. Voilà l'homme important, le serviteur utile... Qui fera fréquenter et chérir votre asile... Et par qui vous verrez votre nom respecté... Voler de bouche en bouche, à l'envi répété !* »[71].

Alexandre Balthazar Grimod de La Reynière et Jean-Anthelme Brillat-Savarin sont considérés comme les pères fondateurs de la littérature gastronomique[72]. Si le premier cherche à enseigner à la nouvelle classe dirigeante les usages et manières de l'ancienne, le second met quant à lui l'accent sur la « *physiologie du goût* » afin que la gourmandise devienne « *une qualité sociale agréable à l'amphitryon, profitable aux convives, utile à la science* », et que les gourmands soient envisagés comme « *tous les autres amateurs qui ont aussi un objet commun de prédilection* »[73]. Rappelons sa définition de la gastronomie : « *La gastronomie est la connaissance raisonnée*

---

[71] Joseph de Berchoux, *La Gastronomie*, chant I, 1819, cité par A. Drouard, *ibid*., pp. 27-28. Soulignons que dans une société où les hiérarchies sociales se réorganisent « *le paraître doit devenir une façon d'être* », comme ce fut déjà le cas en France sous l'Ancien Régime. De fait, les grands seigneurs qui, à partir du XVIIe siècle, ont perdu l'essentiel de leurs anciens pouvoirs, vont dès lors donner au rôle de la « consommation ostentatoire » une importance accrue dans leur mode de vie, et notamment au "luxe de la table" une fonction de distinction sociale. Cf. en complément, Jean-Louis Flandrin, « La distinction par le goût » et Jacques Revel, « Les usages de la civilité », in P. Ariès et G. Duby, *Histoire de la vie privée*, t. 3, *De la Renaissance aux Lumières*, Paris, Seuil, 1986, ainsi que S. Mennell, *Lettre d'un Pâtissier Anglois, op. cit.*
[72] Grimod de La Reynière (1758-1837), fils d'un fermier général (financier chargé du recouvrement des impôts), devient avocat-journaliste au terme de ses études à Paris. Brillat-Savarin (1755-1826), fils d'un procureur du roi et seigneur dans l'Ain, devient magistrat après ses études. En 1800, il est nommé procureur à la Cour de Cassation.
[73] J.A. Brillat-Savarin, *Physiologie du goût, ou méditations de gastronomie transcendante, op. cit.*, p. 275.

de tout ce qui se rapporte à l'homme, en tant qu'il se nourrit. Son but est de veiller à la conservation des hommes au moyen de la meilleure nourriture possible. Elle y parvient en dirigeant, par des principes certains, tous ceux qui recherchent, fournissent ou préparent des choses qui peuvent se convertir en aliments »[74].

Par ailleurs, avec l'*Almanach des gourmands, ou Calendrier nutritif servant de guide dans les moyens de faire excellente chère...*, Grimod de La Reynière souhaite organiser le monde de la restauration. En ce sens, il espère encourager les talents culinaires de l'époque et crée à cette fin les "jurys dégustateurs" où *« tout artisan, préalablement sélectionné, vient soumettre son savoir-faire afin d'obtenir une légitimité à paraître dans le répertoire de l'Almanach des gourmands »*[75]. En établissant cette sélection et en rendant publiques les conclusions des jurys dégustateurs, Alexandre Balthazar Grimod de La Reynière est ainsi le précurseur des guides gastronomiques contemporains.

D'autres gourmets deviendront quant à eux *chroniqueurs gastronomiques*, comme l'écrivain Alexandre Dumas ou bien Charles Monselet, l'un des fondateurs, à la fin du XIXe siècle, de la revue gastronomique *Le Gourmet*[76]. En dehors de la diversité de leurs écrits, le point commun à tous les gastronomes est d'être venu briser le silence et l'indifférence qui entouraient les cuisiniers, en encourageant, dès le début du XIXe, ce qu'ils ont appelé la *« gastronomie française »*. Cette action a entraîné un ensemble de relations de dépendance réciproque entre les cuisiniers et les critiques gastronomiques.

---

[74] *Ibid.*, Méditation III. Le terme « gastronomie », apparu en 1800 et suivi de « gastronome » en 1803, entrera dans le *Dictionnaire de l'Académie française* en 1835.
[75] Cf. I. Terence, *Le monde de la grande restauration en France : la réussite est-elle dans l'assiette ?*, *op. cit.*, pp. 99-100. L'*Almanach des gourmands* contient en effet un recueil d'adresses et de commentaires à propos des commerces de bouche intitulé : *Itinéraire nutritif, promenade d'un gourmand dans divers quartiers de Paris*.
[76] C. Monselet (1825-1888) est aussi l'auteur d'un *Almanach des gourmands*, publié de 1868 à 1870, et de *La cuisine poétique*, Paris, Hetzel Lévy, 1859.

Comme l'écrit Raymond Oliver : « *Les cuisiniers ne peuvent se passer des gastronomes. Mais l'inverse est tout aussi vrai* »[77].

Non professionnels de la cuisine, mais journalistes ou écrivains, les gastronomes "font" ou "défont" à travers leurs ouvrages la réputation même des cuisiniers. Ces derniers, tout en ayant besoin des premiers pour se faire connaître, n'hésitent toutefois pas à contester les compétences des gastronomes à porter un jugement sur leur cuisine. Si depuis Antonin Carême, le premier à remettre en cause ceux qui osaient le critiquer ou même écrire sur sa cuisine[78], les controverses entre les professionnels de la cuisine et les critiques gastronomiques n'ont jamais cessé[79], les relations entre cuisiniers et gastronomes sont cela dit bien plus complexes, puisqu'il n'est pas rare que les premiers sollicitent les seconds pour préfacer ou rédiger leurs ouvrages, à l'exemple de Jean-François Revel pour *L'Atelier de Alain Ducasse*[80]. Les amitiés et les collaborations entre les professionnels de la cuisine et les journalistes gastronomiques semblent en fait assez difficiles à éviter, simplement parce qu'ils se retrouvent souvent à l'occasion de manifestations ou de concours culinaires, les uns pour présenter leur savoir-faire, les autres pour couvrir l'événement[81].

---

[77] R. Oliver, *Cuisine pour mes amis*, 1955, cité par A. Drouard, *op. cit.*, p. 14.

[78] Dans le « Discours préliminaire » du *Pâtissier royal* de Carême, on peut en effet lire : « Eh bien ! Messieurs, en dépit de tous vos titres illusoires de poètes, d'hommes de lettres, d'artistes et de chefs de cuisine [...], je veux vous dire et vous prouver que vous ne savez tout au plus faire la cuisine que pour des fortunes médiocres, comme vous le dites fort bien vous-mêmes », A. Drouard, *ibid.*, p. 30.

[79] À ce propos, voir le Dossier spécial : « Faut-il manger la critique gastronomique ? Cuisiniers, historiens et journalistes passent à table », *GaultMillau*, n°1, 2003, pp. 26-35. Comme le souligne I. Terence, la critique gastronomique est « *un monde peu organisé, sans formation de base type ni réelle déontologie professionnelle* », *op. cit.*, p. 151.

[80] Cf. *L'Atelier de Alain Ducasse*, Paris, Hachette, 1998, pp. 10-41.

[81] En complément, cf. I. Terence, « Les faiseurs de goûts », in *op. cit.*, pp. 96-174.

Au début du XIXe siècle, la naissance de la littérature gastronomique correspond à l'époque où les restaurants se multiplient, notamment à Paris, pour satisfaire la demande d'une clientèle bourgeoise, séduite par la possibilité de consommer sur des tables individuelles les mets les plus variés et de les choisir en connaissant leur prix. L'essor des restaurants s'accompagnant inévitablement d'une augmentation des effectifs des cuisiniers, un marché du travail va se créer sous le contrôle de « bureaux de placement ».

Les bureaux de placement

Les bureaux de placement - au statut privé - fournissaient aux restaurants ainsi qu'à des particuliers des cuisiniers et cuisinières pour des places fixes ou des « extras »[82]. À Paris ces bureaux, pour la plupart groupés autour des Halles, faisaient payer leurs services au personnel de cuisine à la recherche d'un emploi. L'État tenta de réglementer et de contrôler leur activité à plusieurs reprises. Supprimés en 1848, ils furent néanmoins rétablis en 1852, un décret impérial les officialisant, tout en fixant le « tarif moyen de leurs services »[83].

Toutefois, *« si dans l'esprit du législateur de 1852, il était entendu que cette somme était payée pour l'année, dans la pratique, les bureaux de placement ne l'entendaient pas ainsi et l'exigeaient souvent à chaque nouveau placement opéré au cours de l'année »*[84]. Ce procédé permettant aux bureaux de s'enrichir facilement, les cuisiniers dénoncèrent leurs pratiques et tentèrent de les réformer ou de les remplacer, voire de les supprimer. L'action qu'ils engagèrent contre eux eut de réelles répercussions sur l'organisation même de leur profession. De fait, animés par l'esprit de solidarité des corporations et l'idée

---

[82] Est appelé « extra » un cuisinier qui n'appartient à aucune maison et que l'on sollicite en cas de besoin.
[83] Selon A. Drouard, « 3% sur les gages annuels d'un domestique, 5% sur les gages annuels d'un employé, 2% calculés sur un mois de gage d'un ouvrier », *Histoire des cuisiniers en France*, *op. cit.*, pp. 37-38.
[84] *Ibid.*

mutualiste, ils créèrent dans les années 1840 leurs premières sociétés de secours mutuels.

La *Société de secours mutuels des cuisiniers de Paris*, formée le 1ᵉʳ avril 1840, fut ainsi reconnue officiellement par le décret impérial du 10 mars 1856 sous le nom de *« Société de secours mutuels et de retraite des cuisiniers »*[85]. Les subventions gouvernementales qu'elle put obtenir grâce à cette reconnaissance lui permirent, dès l'année 1866, de prendre en charge la retraite ainsi que les risques de maladie et de chômage des cuisiniers.

Cependant, malgré la création d'autres sociétés de secours mutuels, comme *La Saint Laurent*, établie en 1842, ou *La Persévérance*, fondée en 1876, les cuisiniers étaient encore bien loin de constituer, dans la seconde moitié du XIXᵉ siècle, une corporation unie. Non seulement les différentes sociétés de secours mutuels se faisaient concurrence, mais plus de la moitié des cuisiniers n'adhéraient à aucune d'entre elles, cette faible participation s'expliquant par le fait que ces dernières n'étaient pas parvenues à remplacer les bureaux de placement, et surtout parce qu'elles satisfaisaient avant tout les exigences des patrons, c'est-à-dire des restaurateurs et des chefs de cuisine.

Aussi, face au droit reconnu par la Société des cuisiniers de Paris de renvoyer les ouvriers « sans délai et sans indemnités », nombre d'entre eux protestèrent et quittèrent cette société pour fonder la *« Chambre syndicale des cuisiniers »*[86].

La Chambre syndicale des cuisiniers

La *Chambre syndicale des cuisiniers*, créée le 20 septembre 1872, connut quelques débuts difficiles. Un an après sa création, et afin de recruter davantage de membres, elle lança cet appel à tout le personnel des hôtels, restaurants et cafés : *« Le but de la chambre syndicale est ainsi défini : établir des rapports constants entre tous les ouvriers de ces corporations pour leur apprendre à se connaître et à s'apprécier ; chercher*

---

[85] *Ibid.*, p. 41.
[86] *Ibid.*, p. 44.

tous les moyens possibles de se procurer du travail sans l'intermédiaire des bureaux de placement ; tâcher d'obtenir l'assentiment des patrons pour régler à l'amiable [...] les différends qui pourraient survenir dans la profession... »[87].

Cet appel à l'unité ne fut guère entendu, d'autant que les bureaux de placement, menacés par sa concurrence, avaient réagi en refusant de placer les ouvriers syndiqués. Beaucoup hésitaient donc à y adhérer.

Dans les années 1880, la Chambre syndicale des cuisiniers prit l'initiative de relayer les sociétés de secours mutuels soupçonnées d'immobilisme et d'indifférence. Aussi, *« pour mener son combat émancipateur et faire ce qu'elle appelle du "socialisme pratique", [elle] se dota d'un journal dont le titre : "Le Progrès des cuisiniers", était à lui tout seul un programme, et le sous-titre : "Organe de la Chambre syndicale ouvrière des cuisiniers", rappelait la fonction »*[88].

En se mettant à son service, *Le Progrès des cuisiniers*, qui parut tous les mois à partir de l'année 1886, milita non seulement contre la pratique des bureaux de placement mais également pour la reconnaissance des droits sociaux des cuisiniers. Comme on peut le lire dans le numéro de juin 1886, ses objectifs sont précis : *« 1 : abolition des bureaux de placement ; 2 : un jour de repos par mois ; 3 : admission de la Corporation au Conseil des prud'hommes ; 4 : hygiène des cuisines »*[89].

À la fin du XIXe siècle, les membres de la profession dénoncèrent en effet l'état d'insalubrité des cuisines : *« Il y a des quantités de cuisines à Paris où il n'y a pas un atome d'air qui se renouvelle. Avec cela un fourneau devant l'ouvrier et derrière lui une broche qui chauffe au charbon de terre ou au bois ; soit une chaleur totale de 65 à 70 degrés. Est-il possible de résister longtemps à de pareils travaux ? [...] Ce n'est pas trop exigeant, on en conviendra, que de demander un peu d'air pour les travailleurs de nos cuisines dont les journées se chiffrent par quatorze heures et dont les moments de chômage*

---

[87] *Ibid.*, p. 46.
[88] *Ibid.*, p. 47.
[89] *Le Progrès des cuisiniers,* juin 1886, cité par A. Drouard, *ibid.*

sont les seuls moments de repos »[90]. Les cuisiniers supportent "le feu" de la cuisine qui, comme l'écrivait déjà Antonin Carême, les dévore et les tue : *« Le moment du service est au delà de toute expression de peine et de fatigue. Nous sommes à l'heure et à la minute, et nous ne pouvons différer le moment du service. L'honneur commande [...]. Il faut obéir lors même que les forces physiques manquent ; mais c'est le charbon qui nous tue »*[91].

En alertant les pouvoirs publics sur les conditions de travail des cuisiniers, la Chambre syndicale entendait à la fois promouvoir une réforme indispensable pour le bien-être des membres se sa corporation et démontrer qu'ils étaient des ouvriers comme les autres, et qu'ils devaient, en tant que tels, relever du Conseil des prud'hommes. Comme on peut le lire dans *Le Progrès des cuisiniers* du 1er août 1886 : *« Quelle différence peut-on établir entre nous et les ouvriers des autres corporations qui ont sur nous l'avantage de relever de cette juridiction spéciale (le Conseil des prud'hommes) ? Comme eux nous dépendons d'un patron, comme eux nous devons pouvoir en cas de conflit savoir où nous adresser et avec les mêmes avantages que les ouvriers des autres corps d'état »*[92].

Mais les chefs de cuisine, qui refusaient de considérer les cuisiniers comme des ouvriers, protestèrent lorsque ces derniers furent admis, en 1890, à siéger dans la juridiction du Conseil des prud'hommes : *« Le titre d'ouvrier accordé par la loi n'élève pas le cuisinier. Il le classe tout simplement, et il le classe plus bas qu'il n'est désirable. Quoi qu'on dise et quoi qu'on fasse [...], la Cuisine – bien pratiquée – est un art, non un métier. Le cuisinier doit donc être [considéré comme] un artiste, non un ouvrier. C'est par le talent [qu'il] reprendra la place qui lui est due dans l'estime publique et non par l'admission au prud'hommat... La corporation culinaire a des traditions absolument spéciales qui la distinguent de toutes les*

---

[90] Cet énoncé est issu d'une Commission d'initiative particulière de la Chambre syndicale, *ibid.*, p. 48.
[91] A. Carême, *Le Pâtissier Royal*, 1815, cité par A. Drouard, *op. cit.*, p. 20.
[92] *Le Progrès des cuisiniers*, août 1886, cf. *ibid.*, p. 52.

corporations et lui assignent un rang naturel dans les professions libérales »[93].

Les ouvriers syndiqués n'en abandonnèrent cela dit pas moins leur engagement en faveur d'une amélioration de leurs conditions de travail et pour la reconnaissance de leurs droits.

De 1887 à 1896, cinq congrès ouvriers vont ainsi être organisés dans les villes de Paris, Bordeaux, Marseille et Alger. En dehors des questions portant sur la constitution d'un organe fédératif ; l'admission de la corporation au Conseil des prud'hommes ; l'amélioration des conditions de travail (horaires, repos mensuel, hygiène des cuisines…) ; les salaires ainsi que la mise en place d'allocations de chômage et de pensions de retraite, les cuisiniers vont se pencher sur les modalités de l'apprentissage et la création d'écoles professionnelles. Lors du congrès de 1893 à Paris, il est à noter que si l'ensemble des participants approuva le principe de « l'enseignement ménager »[94], en revanche, il se déclara opposé, selon Alain Drouard, à *« l'admission des apprenties femmes dans les grandes cuisines »*[95].

L'enseignement et l'école de cuisine

Dès les années 1880, la nécessité d'une meilleure formation professionnelle, mais aussi générale, fut l'objectif visé par tous les groupements et associations de cuisiniers.

Dans *L'Art culinaire* de septembre 1885, le cuisinier Philéas Gilbert explique que l'enseignement technique doit être privilégié pour *« savoir et pouvoir, connaître et transformer, en un mot, posséder à fond les connaissances du métier »*[96]. Quant

---

[93] Chatillon-Plessis, « Le cuisinier-ouvrier », *L'Art culinaire*, 1890, cité par A. Drouard, *ibid.*, p. 53.
[94] Comme nous l'avons dit précédemment, les cours d'enseignement ménager et d'économie domestique connaissent un essor considérable à la fin du siècle, conjointement à l'exaltation des valeurs familiales et des vertus du travail féminin au foyer.
[95] Cf. A. Drouard, *op. cit.*, p. 54.
[96] P. Gilbert, « Considérations sur les apprentis », *L'Art culinaire*, 1885, cité par A. Drouard, *ibid.*, p. 59.

à la Chambre syndicale des ouvriers, il lui semble utile que la cuisine soit intégrée dans les arts libéraux et que l'on ne parle plus d'apprentis mais "d'élèves". Comme elle le souligne dans le *Progrès des cuisiniers* : « *La dénomination d'élèves est plus rationnelle dans les professions qui supposent divers talents, une instruction assez soignée, de l'imagination, voire même un certain génie, et la cuisine est au nombre de celles-ci* »[97].

Les initiatives prises par les cuisiniers pour la reconnaissance de leur profession et la réforme de son apprentissage vont se concrétiser non seulement par la création d'une *« Académie de cuisine »*[98] ; l'organisation de multiples *« Expositions et concours culinaires »*[99] ; la fondation d'une école professionnelle et la mise en place de cours de vulgarisation de l'art culinaire, tels que *Le Cordon bleu* ou le *Cours spécial de cuisine et de pâtisserie pour dames et demoiselles du monde* d'Auguste Colombié[100] ; mais aussi par la publication, dans les années 1890, de revues destinées aux maîtresses de maison : *Le Gourmet, La Cuisine pour tous* ou

---

[97] *Le Progrès des cuisiniers,* 1886, cf. *ibid.*

[98] Les statuts de l'Académie, fondée le 18 février 1893, précisent : « Peut faire partie de l'Académie toute personne exerçant ou ayant exercé l'une des professions suivantes : cuisinier, pâtissier, confiseur, glacier, charcutier, fabricant de conserves alimentaires [et ce depuis 8 ans au moins]. La limite d'âge est de 25 à 50 ans », A. Drouard, *op. cit.*, p. 60.

[99] Comme le souligne Alain Drouard : « Vitrines de la haute cuisine française, les expositions avaient aux yeux de leurs promoteurs d'autres fonctions. Elles devaient permettre de professionnaliser le métier en démontrant au public sa dimension artistique. Mais elles devaient aussi procurer des ressources pour la création de la future École professionnelle », *ibid.*, p. 69. Si la première exposition culinaire a eu lieu à Francfort en 1878, c'est en 1882 que s'ouvre à Paris la première exposition officielle. Auguste Escoffier y présenta des "fleurs de cire" et publia en 1885 un ouvrage à ce sujet, *Les Fleurs de cire*, Paris, Éditions Art Culinaire, (réédité en 1910), *ibid.*, p. 68.

[100] Cf. A. Colombié, *École de cuisine. Éléments culinaires à l'usage des demoiselles*, Paris, 1893.

Le Pot-au-feu, sans oublier celles professionnelles comme *L'Art culinaire* ou *La Cuisine française*[101].

Si l'*Académie de cuisine* entendait promouvoir l'art et la science culinaire, l'objectif principal des cuisiniers initiateurs de *L'Art culinaire* était la création d'une école professionnelle de cuisine. Comme le précise Philéas Gilbert : *« Nous souhaitons ardemment la fondation de cette École, où les grands principes culinaires ne reposeront plus seulement sur des théories, mais sur des faits tangibles [...]. Les maîtres et profanes, débutants et classés, tous viendront chercher dans l'étude et l'application immédiate les justes notions d'un travail à la fois artistique et hygiénique, le sentiment du beau et du bon en rapport avec l'utile »*[102].

L'ensemble des membres de la corporation n'adhérait toutefois pas à ce projet de création d'une école professionnelle de cuisine, notamment parce que l'apprentissage permettait de trouver une main-d'œuvre bon marché, pour ne pas dire gratuite. Les cuisiniers initiateurs du projet durent donc insister sur l'intérêt de leur objectif : *« Nous revenons sur le but poursuivi par la Société des cuisiniers français [...]. Nous craignons de ne pas avoir été bien compris, dans le sens que nous attribuons à cette école, par nos collègues qui voient dans sa création un préjudice porté dans un temps plus ou moins long aux intérêts de la corporation... »*[103].

Le 8 février 1883, le cuisinier Thomas Génin présenta ainsi l'école professionnelle : *« Nous voulons un établissement modèle, dans le centre de Paris et construit de manière que les cuisines et les laboratoires (en demi sous-sol) soient suffisamment éclairés [...] ; au-dessus des cuisines, une grande salle d'attente où seront exposés tous les produits fabriqués dans l'établissement : cuisine, pâtisserie, comestibles et confiseries [...]. Sur les côtés, deux salles à manger, où [...] le public sera admis et devra se faire inscrire (le plus tôt*

---

[101] *L'Art culinaire* date de 1883 ; *La Cuisine française,* de 1891.
[102] P. Gilbert, « l'École professionnelle », *L'Art culinaire*, 1883, cité par A. Drouard, *op. cit.*, p. 61.
[103] *Ibid.*

possible). Le service de ces tables devra être fait par les élèves sous la direction des professeurs. [...] Au premier étage, une grande salle de banquet [ainsi que] différents salons particuliers pour les repas de famille ou de société [...]. Au deuxième étage [...] une salle de réunion où des conférences publiques, théoriques et pratiques seront organisées ; la femme sera admise à suivre ces cours[104]. *Une bibliothèque contenant tous les ouvrages sérieux anciens et modernes sera à la disposition des élèves ; plusieurs salles de récréation (avec billard et autres jeux) où le cuisinier trouvera quelques distractions en sortant de son travail et pourra être en rapport avec les membres de la corporation »*[105].

Si tous les membres de la corporation n'adhéraient pas au projet de l'établissement d'une école professionnelle, pour de nombreux cuisiniers également, le dessein d'une école mixte était totalement irrecevable.

Enseigner aux femmes ?

Lorsque fut créé, en 1887 à Rouen, l'un des premiers cours publics de cuisine gratuits à l'usage des femmes, rares furent les cuisiniers à ne pas y réagir. Certes, comme le diront certains : « *C'est un service immense à rendre aux femmes que de les initier et les rendre capables de faire une cuisine simple et bonne, et nous ne le disons pas les premiers : c'est souvent par la porte de la cuisine qu'entrent dans le ménage des ouvriers le bonheur et la prospérité...* »[106]. Mais pour la grande majorité des cuisiniers, que les femmes aillent au-delà et visent ce que Philéas Gilbert appelle la *« cuisine transcendante »*, c'est-à-dire la cuisine des chefs, n'est pas envisageable, pour la simple

---

[104] Il nous semble bon de le souligner.
[105] T. Génin, « Projet d'école professionnelle » (extrait du discours prononcé devant mille cuisiniers), cité par A. Drouard, *op. cit.*, p. 62.
[106] Cf. A. Drouard, *ibid.*, p. 63.

raison qu'il leur semble *« impossible qu'une femme, eut-elle reçu les meilleurs leçons, puisse atteindre la perfection »*[107].

Le cuisinier Marius Berte n'était pas de cet avis et fut le seul au sein de la corporation à défendre la cuisine des femmes tout en annonçant l'avenir brillant des cuisinières. Comme il l'explique dans un article du *Progrès des cuisiniers* du 15 janvier 1887 : *« Je suis en position de garantir que je n'ai jamais eu la bonne occasion de voir dans les restaurants des boulevards, qui ont rang de premier ordre, le délicieux mets Bœuf en daube que nos charmantes provençales confectionnent avec un goût particulier. Nos gros bonnets*[108] *[...] nous confectionnent du macaroni – dit à l'italienne – qui ne ressemble en rien au délicieux macaroni que l'on prépare en province et à Gênes ; les ménagères qui sont les cuisinières sont aussi les amphitryons... J'entends tous les jours dire : les femmes ne feront jamais le travail que nous faisons : matériellement non ; intellectuellement oui. [...] Votre ridicule idée de ne vouloir la femme aux écoles professionnelles m'oblige à vous dire que dans un avenir très prochain, la femme occupera le premier degré de cet art »*[109].

Un mois plus tard, Philéas Gilbert répliqua vivement à ces propos : *« Moi qui crois fermement en la venue de cette école je ne puis admettre un tel non-sens. Je dis et beaucoup le disent avec moi : "L'école aux cuisiniers et rien que pour eux"... Je ne suis pas, je n'ai jamais été partisan de donner aux femmes une éducation culinaire autre que celle strictement indispensable à la conduite de leur ménage, et il y a longtemps que j'ai déposé des conclusions en ce sens »*[110].

---

[107] *Ibid.*
[108] Nom que l'on donnait à l'époque aux chefs de cuisine.
[109] M. Berte, « Les Écoles professionnelles », *Le Progrès des cuisiniers*, 1887, cité par A. Drouard, *op. cit.*, p. 63.
[110] P. Gilbert, *Le Progrès des cuisiniers*, 1887, cf. *ibid.*, pp. 63-64.

L'école professionnelle

Le projet de l'*École professionnelle de cuisine et des sciences alimentaires*, souhaité et soutenu par la Société des cuisiniers français, vit le jour le 20 mars 1891 à Paris (au 16 rue Bonaparte, dans les locaux d'une succursale du Mont-de-Piété). Or, si le Président de la République lui accorda son soutien, et que le ministère du Commerce et de l'Industrie lui versa une subvention de mille francs, l'École ne fut pas reconnue officiellement comme le demandaient effectivement les cuisiniers[111].

Les objectifs de cette école, précisés dans son règlement intérieur, étaient de former des praticiens dans toutes les branches de l'art culinaire et des sciences de l'alimentation : *cuisine, pâtisserie, confiserie, liqueur, office, sommellerie, charcuterie et conserves alimentaires*. L'enseignement, « réservé aux hommes »[112], devait permettre d'obtenir des diplômes professionnels appelés *« brevets de capacité professionnelle »*[113].

Á l'initiative du cuisinier Charles Driessens, l'École organisait en plus des « cours de cuisine et d'économie domestique », autrement dit, des *« cours préparatoires et élémentaires publics »* à l'intention *« des jeunes filles et des maîtresses de maison »*. Ayant pour principal objectif de former des « ménagères », ces cours prirent alors le nom *« d'enseignement ménager »*[114].

Les grands cuisiniers de l'époque se préoccupaient par ailleurs de la formation des ménagères. Dans la préface de son

---

[111] Cf. A. Drouard, *op. cit.*, p. 64.
[112] Il nous apparaît important ici de le souligner.
[113] Cf. A. Drouard, *op. cit.*, p. 65.
[114] Soulignons que le terme « ménagère » avait à cette époque deux sens. Soit il désignait « une femme de condition populaire - une femme du peuple - qui apprenait les techniques culinaires de la classe bourgeoise et les mettait ensuite en pratique pour le bien-être de sa famille et la défense de l'ordre social » ; soit il « renvoyait à la "maîtresse de maison" d'appartenance bourgeoise – petite ou moyenne bourgeoisie – qui connaissait la cuisine ou l'apprenait pour être capable de diriger une cuisinière à son service », *ibid*.

ouvrage *La Nouvelle Cuisine bourgeoise,* Urbain Dubois précise les principes d'économie sur lesquels doit reposer l'enseignement adressé aux ménagères : « *J'ai tenu à éviter cet écueil de produire des recettes qui ne pourraient être pratiquées ni par les ménagères ni par les cuisinières... L'ambition d'une bonne ménagère doit viser à ce résultat méritoire de faire bien avec peu ; le but est certainement difficile à atteindre, mais elle pourra cependant y parvenir si elle ne dédaigne pas de s'initier aux pratiques que j'enseigne, [...] si elle ne veut pas oublier qu'en cuisine les aliments les plus coûteux sont toujours ceux qui, préparés sans mesure et en l'absence des connaissances nécessaires, ne donnent ni satisfaction ni profit* »[115].

Parallèlement, comme nous l'avons évoqué auparavant, à la fin du XIXᵉ siècle, l'État porte grand intérêt à l'instauration d'une discipline garante de « l'ordre social »[116]. Aussi, en 1891, bien que l'inauguration de l'École de cuisine ait été pour Jules Simon, alors Président du Conseil, l'opportunité de rappeler son engagement en faveur de l'enseignement ménager (qui fut d'ailleurs intégré la même année dans le système d'enseignement primaire public), cette école, fautes d'élèves et de ressources, fermera ses portes quinze mois seulement après son ouverture. En effet, alors que les cours gratuits d'enseignement ménager de Charles Driessens étaient fortement plébiscités, les chefs de cuisine et les patrons de restaurants, par

---

[115] Urbain Dubois, *La Nouvelle Cuisine Bourgeoise,* 1888, cité par A. Drouard, *op. cit.,* p. 66.
[116] De nombreux rapports officiels évoquent la fonction de défense de l'ordre social et politique de l'enseignement ménager, à l'exemple de l'extrait de ce *Mémoire sur l'enseignement ménager* présenté à l'exposition internationale d'hygiène de Londres de 1884 : « L'enseignement ménager (hygiène, couture, cuisine...) est pour ainsi dire l'adjuvant le plus puissant de la morale théorique [...]. Bien instruites à ces différents points de vue, les jeunes filles se préparent plus efficacement à leurs devoirs de gardiennes du foyer. Elles feront des familles fortes et, comme c'est de la famille que dépend le progrès moral de la société, elles contribueront à la paix, au bonheur de l'humanité même », *ibid.*

crainte quant à eux de perdre une main-d'œuvre bon marché, ne laissèrent pas leurs apprentis suivre les cours professionnels que l'École proposait. Comme l'explique Philéas Gilbert : « *Notre profession ne peut se comparer à d'autres. Il n'y a chez nous aucune heure fixe, aucune limite, il n'y a rien que le travail qui commande en souverain maître et qui ne connaît pas d'heures. [...] À moins d'une entente formelle entre les chefs et les patrons, d'abord ; entre ceux-ci et l'administration de l'école ensuite, il nous semble impossible que les jeunes gens de nos cuisines puissent suivre les cours de l'école qui ne seront dans ce cas profitables qu'à quelques-uns et ne pourront par conséquent rendre de bien grands services* »[117].

Être cuisinier en France à la fin du XIXᵉ siècle

À la fin du XIXᵉ siècle, les cuisiniers ne constituaient toujours pas une corporation unie. En soulevant de nombreux débats et désaccords, le projet de la création d'une école avait en outre conduit à de nouvelles divisions. Les cuisiniers des maisons bourgeoises et ceux des restaurants s'ignoraient en affirmant qu'ils ne pratiquaient pas le même métier. Les deux principales sociétés représentant les cuisiniers - la *Société des cuisiniers de Paris* et la *Société des cuisiniers français* - étaient en conflit avec la *Chambre syndicale des ouvriers*, les chefs et les restaurateurs n'ayant pas la même conception de la cuisine que les ouvriers syndiqués. Ces discordes affaiblissaient la corporation, d'autant plus que la suppression tant espérée des bureaux de placement se faisait attendre[118].

La condition sociale des cuisiniers n'en était pas moins contrastée, si bien que de nombreux chefs et cuisiniers partaient faire carrière à l'étranger, soit pour s'attacher au service des Cours européennes, soit - la plupart - pour travailler dans les

---

[117] P. Gilbert, cité par A. Drouard, *op. cit.*, p. 67.
[118] Les cuisiniers ne s'affranchiront de la tutelle des bureaux de placement qu'en 1945, date à laquelle l'État, selon l'ordonnance du 24 mai relative au placement des travailleurs et au contrôle de l'emploi, les interdira, cf. A. Drouard, *ibid.*, p. 111.

brigades de grands hôtels ou de nouveaux palaces construits à cette époque pour accueillir une clientèle particulièrement aisée. Ce fut le cas d'Auguste Escoffier - celui que l'on surnomma le « roi des cuisiniers » et « cuisinier des rois » - qui, associé à César Ritz, dirigea à Londres l'*Hôtel Savoy* (de 1890 à 1897), puis l'*Hôtel Carlton* (de 1899 à 1909)[119].

À cela s'ajoute le fait, qu'en France, la concurrence des cuisinières réduisait la demande d'employés masculins. Comme l'écrit Pierre du Maroussem : « *Le succès s'est franchement décidé en faveur de leurs rivales. Ménages de la classe moyenne, voire même offices de châteaux, où les "chefs" sont moins nombreux qu'on ne le suppose ; traiteurs et restaurants inférieurs, elles ont tout envahi, diminuant le domaine de l'homme* »[120]. Rivalité à tous les niveaux puisqu'il y avait, en particulier à Paris, plusieurs catégories de cuisinières. En effet, selon *Le Gaulois*, cité dans *L'Art culinaire* de 1884 :

« *Il y a d'abord le "cordon-bleu professant", celui qui a suivi des cours, qui a fait des études sérieuses dans les plus grandes cuisines privées ou [...] maisons importantes comme Bignon ou le Café Anglais.*

Puis la "cuisinière pratiquant", à laquelle il faut ses aises, à qui rien ne doit manquer ; il ne convient pas de la chicaner sur la cherté des ingrédients qu'elle emploie... Cette artiste vient souvent de la province ; elle est restée longtemps dans la famille où tout le monde l'entoure de respect car elle fait honneur à la maison dont elle est partie intégrante ; c'est la Sophie célèbre du Dr Véron...

[Pour finir] vient la cuisinière plus "modeste", celle des ménages qui sont obligés de compter. Elle rôtit comme ses chefs hiérarchiques qu'elle tient en profond mépris, sait économiquement fabriquer elle-même les fonds de cuisine, des roux sans farine, des jus de viande... »[121].

---

[119] En complément, cf. B. de L'Aulnoit et P. Alexandre, « Escoffier, le compère de Ritz », in *Des fourchettes dans les étoiles,* Paris, Fayard, 2010, pp. 261-275.
[120] P. du Maroussem, *L'Alimentation à Paris,* Tome I, 1893, cité par A. Drouard, *op. cit.*, p. 72.
[121] *Le Gaulois,* in *L'Art culinaire*, 1884, cf. *ibid.*, p. 73.

Impuissants face à cette concurrence, certains cuisiniers réagirent vivement par la publication d'écrits méprisants à l'égard des cuisinières. Philéas Gilbert, qui s'était d'ailleurs farouchement opposé à la création d'une école professionnelle de cuisine mixte, protesta une nouvelle fois. Dans un article de *L'Art culinaire*, paru en 1884, il déclare de fait que la cuisinière est à ses yeux « *la scorie de la profession. Produit malsain d'un temps pratique, avide et vulgaire, qui préfère la quantité à la qualité, qu'un luxe effréné temporise et dont depuis trop longtemps nous subissons les désastreux effets...* »[122]. À la même époque, Chatillon-Plessis explique quant à lui que : « *Carême (et tout cuisinier avec lui) est créateur ; Sophie (et toute cuisinière avec elle) n'est qu'une virtuose plus ou moins parfaite, très souvent médiocre* »[123].

Si pour le cuisinier Gustave Garlin, « *il ne faisait pas de doute que les rôles de cuisinier de maison bourgeoise et de cuisinier de restaurant étaient interchangeables* »[124], en revanche, il est évident que le monde de la cuisine n'a pas échappé à la division sexuelle du travail : aux femmes, la "cuisine ménagère" ; aux hommes, la "haute cuisine". En 1883, dans le premier numéro de *L'Art culinaire*, Philéas Gilbert exprime clairement le point de vue de la corporation à ce sujet : « *Certains ont dit que la cuisine était l'apanage des femmes. Je l'accorde dans une certaine mesure, car, comme il y a fagot et fagot, il y a cuisine et cuisine, et nous ne songeons pas à contester aux ménagères le pot-au-feu et le ragoût de mouton traditionnel. [Mais] que la majeure partie des cuisinières s'en tienne là et ne prétende pas s'immiscer dans nos travaux, d'abord trop fatigants pour leur complexion de femmes, ensuite beaucoup trop étendus pour leurs faibles connaissances, et dont*

---

[122] P. Gilbert, cité par A. Drouard, *op. cit.*, p. 73, note 37.
[123] Chatillon-Plessis, cité par J.P. Aron, *Le mangeur du XIXe siècle*, *op. cit.*, p. 329.
[124] A. Drouard, *op. cit.*, p. 76, en référence à G. Garlin, *Le cuisinier moderne*, 1887.

elles ne peuvent rendre, quoi qu'elles fassent, qu'une très imparfaite, je dirais même une très mauvaise imitation »[125].

Cette distinction entretenue tout au long du XIXᵉ siècle par les cuisiniers eux-mêmes aura, comme nous allons le voir, des répercussions sur la légitimité des femmes à exercer le métier.

De la fin du XIXᵉ siècle à nos jours le statut des cuisiniers a considérablement évolué. Certains chefs, aujourd'hui célèbres dans l'histoire de la profession, gagneront leur indépendance en devenant propriétaires de leur restaurant. Tel fut le cas de Fernand Point (1897-1955), créateur de *La Pyramide* de Vienne en 1923 ; d'Alexandre Dumaine (1895-1974), de *La Côte d'Or* de Saulieu en 1931 ; et d'André Pic (1893-1984) à Valence en 1936. Mais ce fut aussi le cas de cuisinières de maison bourgeoise comme Eugénie Brazier (1895-1977), dite la *mère* Brazier, qui s'installa au col de la Luère (dans les Monts Lyonnais) en 1932 ; de la *mère* Poulard (1851-1931) établie, dès 1888, au Mont-Saint-Michel ; ou encore des *mères* Filloux, Blanc, Bourgeois et Léa, pour ne citer qu'elles[126]. Dans l'entre-deux-guerres, ces établissements régionaux, alors étoilés par le guide Michelin, vont se métamorphoser, comme nous l'avons souligné, en de véritables *« temples de la gastronomie »*[127], attirant le Tout-Paris et plus d'un voyageur gastronome de la "route du Midi" sans oublier les nombreux touristes étrangers qui visitent la France.

Tout autre signe de reconnaissance sociale des cuisiniers à cette époque : alors que Prosper Montagné (1865-1948) est promu Chevalier de la légion d'honneur en 1922[128] ; Auguste Escoffier (1846-1935) est quant à lui le premier chef à être élevé, en 1928, au rang d'Officier de cet ordre national, une

---

[125] P. Gilbert, « Cuisiniers, cuisinières et journaux », *L'Art culinaire*, 1883, cité par J.P. Aron, *op. cit.*, p. 329.

[126] Cf. G. Blanc et C. Jobard, *La cuisine de nos mères*, *op. cit.*

[127] Pour reprendre l'expression de Neirinck et Poulain, *op. cit.*, p. 102.

[128] Auteur notamment du *Grand Livre de cuisine* (1929) et du *Larousse gastronomique* (1938), Prosper Montagné fut aussi rédacteur en chef de la *Revue culinaire*, créée en avril 1920. Le *Club Prosper Montagné* sera fondé en 1950 par son ami René Morand (restaurateur à Paris).

nomination qui fut vécue par la corporation comme une promotion collective[129].

Á partir des années 1960, tandis que le statut des cuisiniers de maisons bourgeoises s'aligne progressivement sur celui des « salariés »[130], de plus en plus de cuisiniers de restaurants se mettent à leur compte et affirment ainsi leur autonomie professionnelle en se détachant de la tutelle des restaurateurs[131].

Si le mouvement d'émancipation professionnel des cuisiniers s'accélère ensuite très rapidement et que certains, à l'image des chefs d'orchestres de la « Nouvelle cuisine »[132] des années 1970 : *Alain Chapel, Marc Haeberlin, Michel Guérard, Jacques Manière, Bernard Loiseau, Alain Senderens, Roger Vergé*, entre autres, accèdent vite à la notoriété, il ne faut pas oublier que la plupart des cuisiniers ne sont pas devenus propriétaires de leur restaurant, mais sont des salariés, dont plus

---

[129] Comme on peut le lire dans la *Revue culinaire* de 1928 : « Le banquet organisé par la Société des cuisiniers pour célébrer l'élévation du Maître Escoffier à la dignité d'Officier de la légion d'honneur a revêtu le caractère d'une manifestation grandiose et émouvante en l'honneur de la cuisine française et de son plus digne représentant », A. Drouard, *Histoire des cuisiniers en France, op. cit.*, p. 96.

[130] Si les cuisiniers de maisons bourgeoises, classés dans la catégorie des « gens de maison » (et relevant comme tel de la convention collective du travail des employés de maisons bourgeoises), bénéficièrent à partir des années 1960 des mêmes droits que les autres salariés, ils durent toutefois attendre la fin des années 1970 pour que leur « statut de salarié » (contrat de travail écrit, délivrance d'un bulletin de paie, jour fixe de repos, congés payés, retraite) soit pleinement reconnu. Cf. A. Drouard, *op. cit.*, pp. 110-111.

[131] De fait, dans les années 1970 : 250 chefs sont aussi propriétaires de leur restaurant, *ibid.*, p. 113.

[132] L'expression « Nouvelle cuisine » apparaît dans un article intitulé « Vive la Nouvelle Cuisine française », publié en octobre 1973 dans la revue *GaultMillau* (n°54). Caractérisée notamment par l'évolution des cuissons (vapeur, papillote, sous-vide), le déclin des sauces et des préparations traditionnelles, la mise en valeur des poissons, des légumes et des fruits, cette vision de la cuisine annonçait les préoccupations diétético-esthétiques qui n'ont cessé de s'affirmer depuis. En complément, cf. C. Fischler, « Les apôtres de la nouvelle cuisine », in *L'Homnivore, op. cit.,* pp. 247-253.

de la moitié travaillent actuellement dans le secteur de la restauration collective[133].

Comme le souligne Alain Drouard au début des années 2000 : « *Le décalage est grand entre les représentations collectives et les réalités de la profession. Aux yeux des Français, le cuisinier, c'est le chef du restaurant, pour ne pas dire le grand chef. Cette image médiatisée est celle du chef qui porte la toque, le tablier blanc ou la veste blanche taillée sur mesure par de grands couturiers et bordée du liséré tricolore de Meilleur Ouvrier de France* »[134].

Cela dit, de plus en plus d'émissions donnent aujourd'hui la parole à des chefs moins connus, comme « *Oui, chef !* » qui fit connaître en 2004 Cyril Lignac[135]. Par ailleurs, en mettant en compétition de jeunes professionnels, « *Top Chef* »[136] a entre autres contribué, depuis 2010, à en révéler d'autres et ce : « aussi bien hommes que femmes ». Si ces dernières ont

---

[133] La restauration collective est même devenue le principal employeur de cuisiniers en France. Sur ce sujet, on peut consulter S.A. Mériot, *Compétences et identité d'un groupe professionnel : les cuisiniers de la restauration collective*, op. cit.

[134] A. Drouard, *op. cit.*, p. 21.

[135] Suite à l'émission "Oui, chef !", Cyril Lignac ouvre en 2005 son restaurant *Le Quinzième* à Paris (15e) pour lequel il a reçu sa première étoile Michelin en février 2012. Devenu aujourd'hui une figure médiatique grâce à sa participation à plusieurs programmes de la chaîne M6 (*Chef, la recette ! - Vive la cantine ! - Le Chef contre-attaque - M.I.A.M. ! : Mon invitation à manger – Le Chef en France – Le Meilleur pâtissier*), il joue aussi, depuis 2010, le rôle de *coach* dans l'émission "Top Chef".

[136] Le jury de "Top Chef" (sur M6) est composé de Ghislaine Arabian, *Les Petites Sorcières* (Paris, 14e) ; Christian Constant, *Le Violon D'Ingres* (1* Michelin, Paris, 7e) ; Thierry Marx, *Sur Mesure par Thierry Marx* (2* Michelin, Paris, 1er) ; et Jean-François Piège, *La brasserie Thoumieux* (2* Michelin, Paris, 7e). Sur le même concept, mais avec des cuisiniers et cuisinières non professionnels, "MasterChef" (TF1) est animé par Frédéric Anton, *Pré Catalan* (3* Michelin, Paris, 16e) ; Yves Camdeborde, *Relais Saint-Germain* (Paris, 6e) ; Sébastien Demorand, journaliste - critique culinaire ; et, depuis 2013, Amandine Chaignot, chef des cuisines de l'hôtel *Raphael* (Paris, 16e).

davantage de visibilité et que certaines professionnelles ont réussi à se faire une place dans le monde particulier qu'est la restauration de luxe, leur intégration dans un univers dominé par les hommes ne s'est pas faite sans poser de réelles difficultés.

« *Le propre de tous les arts est l'importance de l'exécution, dont la conception seule ne peut donner aucune idée. La conception est certes capitale. Elle distingue l'inventeur du bon cuisinier ou du précieux cordon-bleu qui transmettent les savoir-faire d'une tradition, rôle inappréciable, indispensable [...]. Mais la tradition même se dégraderait sans l'invention qui, périodiquement, la ranime, la prolonge, la rajeunit tout en la ramenant à ses sources et en en reprenant les bases. Et l'invention tournerait à vide sans la tradition.* », Jean-François Revel, *L'Atelier de Alain Ducasse*.

Chapitre 4
Derrière les toques et les pianos : *« Où sont les femmes ? »*

L'apprentissage du métier

Bien qu'il ne soit guère possible, jusque dans les années 1950, de retracer l'histoire de l'enseignement scolaire du métier de cuisinier tant le secteur de la restauration est lié à celui de l'hôtellerie et du tourisme, on peut néanmoins fournir quelques indications relatives à la création des premières écoles proposant un enseignement professionnel de cuisine.

Certes, une première école ouvre bien ses portes à Paris en 1891 mais, comme nous l'avons expliqué au chapitre précédent, elle ne put fonctionner que quinze mois. Par conséquent, les apprentis-cuisiniers continuent à être formés en étant placés sous les ordres de leurs aînés. La transmission des savoir-faire propres au métier est donc liée à l'appartenance au groupe familial, ou corporatif, et constitue l'une des manifestations de l'autonomie professionnelle puisqu'elle régule l'accès au marché du travail. Dans ce contexte, l'apprentissage du métier est une formation pratique qui s'effectue *« sur le terrain »*, sur le mode du *« voir-faire »* et de l'imitation du « maître qui sait faire » par un apprenti qui « apprend à faire ».

Il faut attendre l'année 1912 pour que soit créée à Thonon-les-Bains (en Haute-Savoie), la première école hôtelière, du moins considérée comme la première de cette nature en France. Revenir sur son origine éclaire bien la situation du secteur hôtelier avant la première guerre mondiale.

Au début du XXe siècle, comme l'explique Jean Ravinet : *« l'hôtellerie à travers le monde, et notamment en Europe, revêt déjà un caractère affirmé. Cette activité commerciale est une nécessité économique et sociale parce qu'elle fonctionne en parallèle avec le tourisme naissant, les réunions d'affaires, les séjours climatiques et thermaux [...]. En outre, l'hôtellerie ne se limite plus aux auberges d'autrefois et aux exploitations artisanales, elle se développe dans tous les domaines et tous les lieux géographiques. Mieux encore, elle se hiérarchise, se développant de la petite exploitation familiale jusqu'à la création de palaces, en passant par les moyennes maisons »*[1]. Il devient par conséquent indispensable que le personnel, cadres ou employés, ait une formation professionnelle valable. Or, il apparaît que l'apprentissage chez des petits patrons est insuffisant et que l'hôtellerie allemande ou suisse ont déjà résolu ce problème par la création de deux écoles. Face à ce constat : *« le gouvernement et l'Instruction publique (l'Éducation nationale de l'époque) font des projets [et] des propositions. Paris est évidemment la première ville visée pour une telle innovation. Hélas, des malentendus, des oppositions issues des hôteliers eux-mêmes font échouer cette initiative. L'État [sollicite alors] Dijon, réputée pour sa gastronomie, son œnologie, ses qualités d'accueil et sa situation de carrefour routier et ferroviaire. [Mais craignant] de déplaire à la capitale en se substituant à elle, [la municipalité de Dijon décline tout projet de création d'une école hôtelière] »*[2].

En 1911, Fernand David, député socialiste de la Haute-Savoie, devient ministre du Commerce et, toujours selon Jean Ravinet, il est à ce titre contacté par *« le ministre de l'Instruction Publique qui lui annonce qu'un collège municipal (presque trop vaste pour la ville) vient d'être créé à Thonon-les-Bains, [et que ce dernier] pourrait éventuellement contenir une section hôtelière. Monsieur David s'associe immédiatement à cette proposition d'autant plus que Thonon-les-Bains est une ville thermale, sous-préfecture, voisine de la Suisse par le célèbre lac Léman, peu éloignée de l'Italie et facilement accessible du reste de la France »*[3]. En 1912, annexée au

---

[1] J. Ravinet est l'auteur d'un manuscrit, daté de 1957, sur l'origine de la création de l'École hôtelière de Thonon-les-Bains (archive non publiée).
[2] *Ibid.*
[3] *Ibid.*

collège municipal, s'ouvre donc à Thonon-les-Bains une section professionnelle hôtelière[4].

Une seconde école sera construite à Nice, deux ans plus tard, avec soixante-cinq élèves[5], et d'autres initiatives de création d'écoles verront le jour dans les années 1930. Par exemple, la Chambre de commerce et d'industrie de Paris est à l'origine de la création d'un Atelier-École destiné à former des ouvriers qualifiés aux métiers de boucher, charcutier, cuisinier, épicier, boulanger et pâtissier ; le terme "Atelier-École" précisant que la formation se veut indissociable de la pratique du métier. L'Atelier-École des métiers de l'alimentation, qui sera inauguré au cours de l'année scolaire 1931-1932, est aujourd'hui connu sous le nom de Ferrandi : l'École supérieure de cuisine française[6].

Par ailleurs, l'Association professionnelle des hôteliers, restaurateurs et limonadiers lancera quant à elle en 1934, avec le concours de l'État, la construction d'une école pouvant accueillir trois cents élèves, dont cent internes. Deux ans plus tard le Président de la République Albert Lebrun viendra inaugurer l'École Jean Drouant, située dans le 17e arrondissement de Paris[7].

---

[4] En 1935, la section hôtelière sera transférée dans de nouveaux locaux édifiés par la ville de Thonon-les-Bains. Pour plus sur cette école, cf. www.ecole-hoteliere-thonon.com

[5] L'École hôtelière et de tourisme Paul Augier accueille à présent 1200 élèves (étudiants, apprentis et stagiaires).

[6] En 1958, l'Atelier-École se transformera en École des métiers de l'alimentation et s'installera 11 rue Ferrandi dans le 6e arrondissement de Paris. Rebaptisée "Ferrandi" : l'École supérieure de cuisine française, elle se situe aujourd'hui au 28 rue de l'Abbé Grégoire.

[7] En 1994, d'importants travaux d'agrandissement et de rénovation permettront à l'École de porter ses effectifs à 900 élèves et d'élargir l'éventail de ses formations, tant dans les secteurs de la production culinaire que dans ceux du service en salle et de l'hôtellerie. Cette école, située 20 rue Médéric, s'appelle aujourd'hui Lycée des métiers de l'hôtellerie Jean Drouant.

Face au développement de l'enseignement scolaire relatif aux métiers de « l'hôtellerie-restauration », la formation professionnelle ne concerne plus exclusivement les hommes de métier. Comme le souligne Guy Brucy, la création des diplômes professionnels, notamment celle du CAP[8], est une étape importante de l'histoire de la formation professionnelle : celle où s'effectue *« la transition entre un mode traditionnel de régulation de l'accès aux moyens de formation et de travail, et un mode de régulation dans lequel formation et certification se déroulent de manière autonome dans le cadre de l'institution scolaire d'État »*[9]. Dans ce contexte, *« l'institution scolaire fonctionne simultanément comme appareil "technique" de production de qualifications et appareil "juridique" de leur garantie »*[10].

Toutefois, dans le cadre de l'apprentissage, depuis 1971, date à laquelle l'entreprise est reconnue comme lieu de formation, les professionnels participent pleinement à la validation des diplômes[11]. Deux voies permettent dès lors d'acquérir une formation diplômante : la voie scolaire, avec des stages d'application en milieu professionnel ; la voie de l'apprentissage, où alternent des périodes de formation en établissement d'enseignement professionnel et en entreprise formatrice[12]. Autrement dit, l'apprenti-cuisinier a la possibilité

---

[8] Bien que la loi Astier du 29 juillet 1919 ait posé l'obligation de cours professionnels pour les apprentis et prévu de sanctionner la formation reçue en apprentissage par le Certificat d'aptitude professionnel (CAP), l'obligation de faire passer un CAP à tout apprenti ne date en fait que de 1938. Cf. B. Bouyx, *L'enseignement technologique et professionnel*, Paris, La Documentation française/CNDP, 1997, p. 10.

[9] G. Brucy, *Histoire des diplômes de l'enseignement technique et professionnel (1880-1965),* Paris, Belin, 1998, p. 8.

[10] *Ibid.*

[11] Cf. B. Bouyx, *op. cit.*, pp. 9-10.

[12] La loi Legendre du 12 juillet 1980 sur les formations professionnelles définit l'alternance comme suit : « Les formes alternées associent selon une progression méthodique et une pédagogie particulière des enseignements généraux et technologiques (…) et des connaissances et des savoir-faire acquis dans l'exercice d'une activité professionnelle sur les lieux de travail ». En d'autres

de préparer son diplôme professionnel soit, dans le premier cas, sous statut scolaire ; soit, dans le second cas, en étant employé, c'est-à-dire avec un statut de salarié.

Aujourd'hui, le nombre d'établissements professionnels (écoles, lycées et centres de formation des apprentis) dans lesquels il est possible de préparer un diplôme de cuisinier est considérable. Au début des années 1990, plus de deux cents établissements proposaient le CAP cuisine, environ trois cents, le BEP hôtellerie-restauration, et plus de cent cinquante offraient la possibilité de passer le baccalauréat professionnel[13].

L'activité du cuisinier renvoie à un acte de travail : celui de cuisiner, et à un milieu professionnel d'exercice de cette activité, caractérisé par un espace spécifique : le restaurant. L'apprentissage du métier apparaît comme l'étape indispensable qui permet à celui qui souhaite devenir cuisinier d'acquérir les savoir-faire et les techniques de base essentiels à la pratique de la cuisine professionnelle. Mais pour exercer ce métier, il ne s'agit pas simplement de savoir faire la cuisine, l'appartenance au groupe professionnel suppose avant tout que le cuisinier soit reconnu comme compétent dans l'application de son métier.

Du petit commis au grand chef :
« parcours typique du cuisinier »

Du chef étoilé par le guide Michelin à l'employé d'un restaurant de quartier, le métier de cuisinier recouvre des réalités bien différentes. Toutefois, avant de porter la toque[14],

---

termes, « on peut dire qu'il y a formation en alternance dès lors qu'un établissement de formation et une ou plusieurs entreprises participent alternativement et concomitamment à la formation d'une personne », M. Maudit-Corbon, *Alternances et apprentissages*, Paris, Hachette, 1996, p. 24.

[13] Cf. *Les métiers de l'hôtellerie-restauration : « Cuisinier »*, Cahiers de l'ONISEP, avril 1994.

[14] Dans une brigade de cuisine, les toques sont de hauteur variable et rappellent la hiérarchie des postes. Le "chef" est donc celui qui porte la plus haute toque.

voire d'être "étoilé", le cuisinier commence souvent sa carrière derrière les fourneaux en tant que "commis", un simple poste d'exécutant en cuisine.

Au cours de son apprentissage, le cuisinier en herbe doit impérativement se plier aux règles implicites qui régissent le métier, en particulier l'obéissance et la discipline. Cet apprentissage lui permet de se familiariser avec les valeurs : « *amour du métier* » - « *recherche du meilleur* » - « *respect de la hiérarchie* », avec le langage et les expressions propres au métier, et de se construire ainsi un plan de carrière. Il doit en outre accepter de ne pas compter ses heures, de travailler quand les autres se reposent, et savoir oublier la fatigue engendrée par la dureté physique du travail.

Dès lors, il faudra qu'il s'habitue à exécuter rapidement les tâches qui lui sont confiées, tout en s'accoutumant à l'atmosphère étouffante qui règne au sein de la cuisine et à la tension ambiante provoquée par le "coup de feu". Grégoire, chef de cuisine depuis une quinzaine d'années, nous explique : « *En cuisine, il ne faut pas faire attendre le client trop longtemps, l'apprenti doit donc comprendre qu'il ne peut pas se permettre de recommencer quinze fois son plat, tu n'en as pas le temps ni les moyens... Il faut que l'apprenti apprenne rapidement à savoir réaliser ses tâches vite et bien... un plat doit être bon et présentable au client très rapidement* ».

L'apprenti-cuisinier calque alors son comportement sur celui de ses pairs en imitant leurs attitudes et leurs gestes. Il s'adapte et se conforme aussi au milieu professionnel en assimilant un important vocabulaire culinaire désignant précisément chaque opération de travail ou technique culinaire[15]. Il acquiert de fait

---

[15] À la fin de son apprentissage, en dehors du nom des ustensiles et appareils de cuisine, l'apprenti est censé maîtriser le vocabulaire professionnel. Si Roger Lallemand et Roger Pruilhère indiquent en 1983, dans *Le livre de l'apprenti cuisinier*, un registre d'environ 150 mots, une vingtaine d'années plus tard, on peut déjà estimer ce nombre à plus de 230, notamment en raison de l'apparition de nouvelles techniques culinaires. Cf. M. Maincent, *La cuisine de référence : techniques et préparations de base*, Paris, BPI, 2001, et en particulier le « vocabulaire professionnel », pp. 600-607.

progressivement la langue du métier et utilise les expressions qui y sont liées.

En s'écriant : *Oui, chef !* - *Ça marche !*[16] - *Chaud devant !*[17], il prouve non seulement son acquisition des automatismes langagiers et gestuels, mais marque ainsi son intégration au sein du collectif de travail. Comme le souligne Agathe (cuisinière depuis une dizaine d'années) : « *Moi, j'ai commencé sur le tard, j'ai pas fait d'école hôtelière... quand j'ai voulu monter mon resto, mes amis m'ont conseillé de faire une formation pour adulte et pour la valider, il fallait que je trouve un stage en cuisine... c'est là que j'ai vraiment découvert le métier... mais le plus dur pour moi, ça n'a pas été le rythme du travail, je m'y suis vite habituée... au début, ce qui a été le plus dur, c'était de comprendre les termes techniques qu'ils employaient, et on m'a bien fait remarquer que je ne les maîtrisais pas... un peu comme si j'étais une étrangère...* ».

C'est à travers la langue du métier que s'opère la distribution du travail en cuisine. Les instructions succinctes transmises grâce à un vocabulaire spécifique désignent des opérations précises à effectuer. Instrument d'organisation du travail, la langue du métier régule ainsi les rapports que les cuisiniers établissent entre eux au sein de leur activité. En l'utilisant à son tour, l'apprenti notifie donc son adhésion et son appartenance au groupe professionnel. L'accès à un langage technique commun permet en effet de « *comprendre les gens avec qui on travaille et de partager un ensemble de valeurs avec eux* »[18].

Au terme de son apprentissage, le jeune cuisinier sera employé en tant que "commis". Les fonctions du commis, généralement préposé à la confection des entrées et aux préparations de base[19], dépendent cependant de la taille de

---

[16] Traduire : « le bon de commande a bien été enregistré en cuisine ».
[17] Autrement dit : « *Dégagez le passage !* ».
[18] C. Dubar, *La socialisation. Construction des identités sociales et professionnelles*, Paris, Armand Colin, 1991, p. 233.
[19] Par exemple, émincer les légumes, "fileter" (lever les filets) des poissons, vider ou farcir les volailles, préparer les pièces de viande, etc.

l'établissement dans lequel il travaille. Dans les petits restaurants, il est fréquent que le chef de cuisine lui confie davantage de responsabilités, surtout si le commis prouve une certaine expérience. Il arrive aussi que le commis se retrouve seul en cuisine avec son chef. Dans ce cas, il peut le seconder en travaillant avec lui « au chaud »[20], ou même le remplacer en cas d'absence. En revanche, dans les grands établissements, les employés sont nombreux et les fonctions plus hiérarchisées. Les commis, puisqu'il y en a souvent plusieurs, travaillent sous les ordres des "chefs de partie" (poissonnier, rôtisseur, entremetier, saucier et chef du garde-manger)[21], et se forment successivement auprès de chacun. Par ailleurs, il est d'usage que les commis assurent, après le service, le rangement du matériel de cuisine ainsi qu'une grande partie de l'entretien des locaux.

Si le commis doit accepter l'autorité de son supérieur hiérarchique, il ne doit pas pour autant rester passif et effacé. En effet, l'esprit d'initiative, en plus de la rapidité et de l'organisation, est une des qualités vivement appréciées dans le métier. Comme nous l'explique André (cuisinier-restaurateur, 45 ans d'activité) : *« Quand tu es commis, il ne faut pas attendre que le chef te sollicite, c'est toi qui dois demander ce que tu dois faire... il ne s'agit pas de rester dans son coin à attendre les ordres et à regarder les alouettes... il faut toujours être actif... devancer le travail, car y'a beaucoup de travail en*

---

[20] Travailler « au chaud » signifie « effectuer la cuisson » des plats.
[21] Le poissonnier apprête et cuit les poissons (sauf grillés et frits) ; le rôtisseur officie aux grils, friteuses et salamandres (pour caraméliser le dessus des plats), prépare les viandes rôties, les grillades de poisson et de viande ; l'entremetier s'occupe des légumes, œufs, potages et entremets (desserts excluant la pâtisserie) ; le saucier confectionne les sauces et les plats en sauce, braisés, sautés ou pochés. Enfin, le chef du garde-manger veille au stockage des denrées, crues ou cuites, aux conditions de rangement dans le garde-manger et les réfrigérateurs. Certaines maisons emploient aussi un pâtissier ou une pâtissière, qui est souvent considéré(e) plus comme un chef à part entière que comme un chef de partie, la pâtisserie exigeant une formation distincte de celle de la cuisine.

cuisine, chacun a son rôle et doit le remplir... sinon c'est pas la peine de venir en cuisine ».

La fonction de commis reste souvent un passage obligé pour le cuisinier débutant qui, pour évoluer dans le métier et accéder à des postes supérieurs, devra accumuler les expériences afin de se perfectionner et prouver ensuite ses compétences.

Conscient que sa progression dans le métier (nouvelles responsabilités et nouveaux statuts) s'inscrit dans le temps, et que l'évolution de sa carrière dépend étroitement des expériences qu'il va faire dans différents établissements, le jeune cuisinier commence alors la "tournée des maisons", choisies en fonction de leur réputation et de celle de leur chef de cuisine. En ce sens, il sait aussi que le "nom" de son maître d'apprentissage lui apportera une "valeur" négociable sur le marché du travail, et que faire ses classes auprès d'un professionnel connu est la reconnaissance d'un certain niveau de compétences[22].

Fort de ses expériences, il pourra se spécialiser en accédant à un poste de chef de partie et gérer par conséquent la préparation d'une catégorie de plats ou partie d'un menu. Cuisinier expérimenté et reconnu compétent, le chef de partie doit également savoir diriger et dynamiser une équipe, ainsi que former des apprentis. Un cran au-dessous du chef de cuisine, il est appelé à le seconder et à le remplacer dans toutes ses fonctions en cas de besoin.

Il convient de souligner que les postes de chef de partie, qui donnent accès à un statut de "second" du chef, ne se trouvent que dans les grands restaurants et l'hôtellerie de luxe, dans lesquels le passage du statut de commis à celui de chef de cuisine peut prendre une dizaine d'années, parfois davantage[23].

---

[22] Comme le note en effet Isabelle Terence, « dans les établissements de grande renommée, ce sont les certificats de travail et surtout les recommandations du maître d'apprentissage et des anciens employeurs qui permettent d'être pris à l'essai », *Le monde de la grande restauration en France : la réussite est-elle dans l'assiette ?*, *op. cit.*, p. 37.
[23] Cf. S. Le Gall, *Les métiers de l'hôtellerie-restauration,* Levallois-Perret, Éditions Jeunes-Studyrama, 2001, p. 74.

D'autant plus que dans ce monde particulier qu'est la grande restauration, la sélection des employés est des plus rigoureuses, si bien que ses portes s'ouvrent certainement plus facilement à ceux qui y ont fait leurs classes.

On peut en effet constater que les jeunes chefs les plus médiatisés ont fait la tournée des maisons de "grands" chefs ayant eux-mêmes été formés au métier par des cuisiniers de grand renom. Jean-François Piège, par exemple, considéré comme l'un des *« plus talentueux représentants de la jeune garde des chefs français »*[24], a eu notamment pour maître Alain Ducasse, le chef le plus étoilé par le guide Michelin[25], lequel a lui-même fait ses classes auprès de cuisiniers réputés : Michel Guérard et Roger Vergé, avant de rencontrer Alain Chapel : *« son maître spirituel »*[26].

La carrière d'un cuisinier se construit en effet par étapes stratégiques et pour réussir dans le métier, trois « règles du jeu »[27] sont à respecter.

La première : *« l'amour du métier »*, fonde la légitimité des cuisiniers qui la respectent. Elle les aide non seulement à accepter les conditions et les contraintes professionnelles, mais elle les encourage aussi à se perfectionner et à abolir la frontière qui sépare leur vie publique de leur vie privée pour *« faire de leur métier, leur vie »*. Á cette règle est associée la *« conscience professionnelle »*, que l'on peut définir en ces dix termes : *« amabilité, dévouement, obéissance, participation, politesse, ponctualité, propreté, respect, sobriété, volonté »*.

---

[24] Cf. TGV magazine, n°98, octobre 2007, p. 34. Après son passage chez Alain Ducasse, Jean-François Piège devient en 2004 le chef des *Ambassadeurs, hôtel de Crillon* (Paris, 8ᵉ) où il obtient 2 étoiles au guide Michelin. En 2009, il rachète avec Thierry Costes la *Brasserie Thoumieux* (Paris, 7ᵉ) et ouvre au 1ᵉʳ étage, en 2010, le restaurant qui porte son nom, et pour lequel il est à nouveau doublement étoilé.
[25] Alain Ducasse est, depuis 1998, deux fois triplement étoilé pour son restaurant *Le Louis XV* de Monte Carlo (Monaco) et pour le *Plaza Athénée* de Paris (8ᵉ).
[26] Cf. *L'Atelier de Alain Ducasse*, op. cit.
[27] Expression que nous empruntons à J.D. Reynaud, *Les règles du jeu*, Paris, Armand Colin, 1989.

Ainsi, pour Simon (27 ans, cuisinier depuis neuf ans) : « *Mon métier, c'est ma passion... je ne me verrais pas faire autre chose... j'y consacre tout mon temps... toute mon énergie... je cherche constamment à m'améliorer, à perfectionner ma technique, à tester des recettes... on peut dire que je passe la plupart de mes journées en cuisine* ». Quant à Bernard Loiseau, il disait : « *La cuisine, c'est beaucoup d'amour. J'aime mon métier plus que tout au monde. Je suis un passionné. Je suis parti de zéro dans la vie. Mon but était d'arriver en haut de ma profession* »[28].

La « *recherche de la perfection* » est la deuxième "grande règle" du métier. Elle fédère les pratiques et les discours des cuisiniers. Souvent reprises par les professionnels, ces phrases de Fernand Point : « *Je suis heureux seulement si on me donne le meilleur. (...) Mais il faut des années de pratique avant que le résultat ne soit parfait* », illustrent la quête perpétuelle qui oriente les pratiques, la culture et l'éthique professionnelle. Aussi, comme l'écrit Isabelle Terence : « *Le monde de la restauration se scinde alors en deux grandes catégories : les "élus", ceux qui recherchent constamment les produits et les fournisseurs de meilleure qualité ainsi que les employés les plus qualifiés... et les autres* »[29]. Bernard Loiseau affirmait encore : « *Il n'y a pas de petits et de grands cuisiniers ; il n'y a que des bons et des mauvais* »[30].

La troisième "grande règle" : le « *respect de la hiérarchie* », est celle qui permet à tout apprenti-cuisinier d'acquérir les savoir-faire et les valeurs nécessaires à sa progression

---

[28] Cité par J.C. Renard, *La grande Casserole. Coulisses de la gastronomie, op. cit.*, p. 77. Bernard Loiseau (1951-2003) fait son apprentissage en 1960, à l'âge de 16 ans, chez les frères Troisgros, à Roanne (Loire). En 1972, il reprend le restaurant de *La Côte d'Or*, créé en 1931 par Alexandre Dumaine. Le guide Michelin lui décerne une étoile en 1977, la seconde en 1981, et la troisième en 1991. On peut souligner qu'il sera le premier cuisinier à être coté en bourse, dès 1998.
[29] I. Terence, *op. cit.*, p. 75.
[30] B. Loiseau, cité par J.C. Renard, *op. cit.*, p. 76.

professionnelle. Le commis, devenu chef de cuisine, témoigne ainsi très souvent de l'estime qu'il accorde à ses maîtres. Par exemple, Patrick Ogheard, chef de la *Ferme Saint-Simon* à Honfleur (en Basse-Normandie), dit à propos d'Alain Ducasse : *« Monsieur Ducasse, c'est l'excellence, la découverte de produits exceptionnels... Sept ans avec monsieur Ducasse, c'est extraordinaire. C'est quelqu'un qui vous pousse au-delà de vos limites pour voir jusqu'où vous pouvez aller au plus profond de vous, et qui vous donne les moyens de le faire... »*[31]. Et, vis-à-vis de Jacques Maximin : *« C'est ma seconde rencontre importante avec un vrai professionnel ; lui c'est un génie, capable de créer des recettes que l'on n'a jamais vues ailleurs... »*[32]. Quant à Philippe Groult, chef de l'*Amphyclès* (Paris, 17ᵉ), il retient de son maître Joël Robuchon : *« Il m'a appris la rigueur, l'ambition, la volonté, le respect des produits et le travail bien fait »*[33].

Le respect de ces trois règles, certes non officielles, mais effectives, est intégré par tout cuisinier qui les préserve et les transmet à son tour. Véritable socialisation professionnelle, l'apprentissage sur le terrain est une première étape de sélection qui permet d'écarter ceux qui ne s'adaptent pas au monde de la restauration.

Après quelques années d'expérience, le jeune cuisinier peut aussi envisager de s'établir à son compte, soit en créant *« sa maison »*[34], soit en reprenant l'entreprise familiale quand il y en a une. L'installation ou la reprise d'un établissement signifie dès lors pour lui de pouvoir s'exprimer plus librement, puisqu'il n'est plus "sous la coupe de". Comme l'explique Bertrand

---

[31] P. Ogheard, cité dans *Proche de vous*, n°106, 2006.
[32] *Ibid.*
[33] P. Groult, cité dans *Proche de vous*, n°87, 2004.
[34] Cette expression que l'on retrouve souvent dans les paroles des cuisiniers traduit nettement la fusion qui s'établit entre vie professionnelle et vie privée, le restaurant formant « un espace public » et « le domaine privé » du cuisinier. Nombreux sont en effet ceux qui vivent dans une partie annexe de leur restaurant ou à proximité. Comme le dit l'une de nos enquêtées : *« Mon restaurant, c'est plus que mon lieu de travail, c'est la moitié de ma maison »*.

Bluy : *« J'ai le plus grand respect des maisons, des collègues et des chefs que j'ai côtoyés. Mais je voulais être libre, continuer à être au top, sans contrainte »*[35].

Pour le cuisinier, c'est donc la fin de son statut d'employé et le début de sa carrière de « cuisinier-restaurateur ». Désormais, à lui de valoriser son apprentissage en déployant les multiples savoir-faire et "tours de main" qu'il a acquis auprès de ses maîtres. Mais surtout, à lui d'affirmer sa propre personnalité pour légitimer l'existence de son restaurant, le rentabiliser puis en assurer la pérennité.

Les premiers temps, le nouvel installé connaît une période d'instabilité financière, liée à une fréquentation irrégulière, qui peut varier de six mois à deux ans. Qu'il soit fils de restaurateur ou non, et bien que familiarisé avec la dureté et les règles du métier, il sait qu'il lui faut surmonter cette épreuve pour réussir. *« L'amour du métier »* et le *« don de soi »* lui permettent alors de persévérer, de tout sacrifier à son travail, y compris sa vie privée.

Généralement, les cuisiniers-restaurateurs travaillent avec leur compagne ou épouse, rencontrée souvent à l'école hôtelière, sur le lieu de travail ou d'apprentissage. Quand ce n'est pas le cas, c'est fréquemment un membre de la famille (une mère, une sœur), parfois un ou une ami(e), en quelque sorte un "double", qui accompagne l'ouverture du restaurant. De fait, comme l'évoque Nicolas (29 ans, installé depuis trois ans) : *« au début c'est ma sœur qui s'est chargée du service… à l'époque je n'avais pas les moyens d'employer quelqu'un… »*. Quant à Olivia (34 ans, autodidacte), elle nous explique : *« l'année dernière, le jour de l'ouverture de mon restaurant, j'ai recruté tous mes amis disponibles… je ne pouvais pas à la fois assurer la cuisine et le service… »*.

Quand l'installation est l'affaire du couple, tandis que le cuisinier se consacre à *« son piano »*[36], son épouse le représente côté salle. Comme le dit Véronique Abadie : *« Je suis les yeux*

---

[35] B. Bluy, *Les Papilles* (Paris, 5ᵉ), cité dans *Proche de vous*, n°86, 2004.
[36] Autrement dit : « ses fourneaux ».

de Jean-Paul dans la salle »[37]. Martin, l'un des chefs que nous avons rencontrés, souligne également que son épouse est *« indispensable à la bonne marche du restaurant. Elle accueille les clients, gère le service en salle... me fait part des commentaires des clients sur tel ou tel plat... ça me permet de rectifier s'il le faut, d'améliorer la recette, de m'adapter aux goûts de la clientèle... je n'inscris d'ailleurs jamais un nouveau plat sur la carte sans l'y avoir fait goûter auparavant, j'aime avoir son avis »*. Ailleurs, comme le précise Jean-Claude Renard : *« Mmes Gagnaire et Bocuse passent régulièrement en salle saluer les clients..., les épouses d'Olivier Roellinger, de Michel Bras, d'Henri Faugeron, de Jacques Maximin, (...) de Michel Rostang, de Christian Constant ou d'Yves Camdeborde, à la manière de Mado Point, femme orchestre de La Pyramide à Vienne, sont maîtresses d'hôtel dans leurs établissements. [...] C'est là une nécessité économique, certes, pour les chefs de cuisine installés dans leurs murs. C'est aussi la marque d'une (...) gastronomie qui fonctionne en famille »*[38].

Claude Dubar et Pierre Tripier, suite aux travaux de François Gresle sur l'artisanat et la petite industrie, constatent en effet que *« même si l'acception juridique du terme "indépendant" renvoie à l'image d'un travailleur isolé, l'indépendance suppose, presque obligatoirement, la présence active d'une famille qui entoure l'indépendant, l'oriente et le soutient »*[39].

Au sein du couple-restaurateur, chacun s'attache activement les premières années à fidéliser une clientèle, à faire parler de leur établissement. Il n'est donc pas rare qu'il fasse le sacrifice de son confort domestique au profit de celui de ses clients, que sa vie de famille passe après son travail. Aujourd'hui à la retraite, Roland explique : *« la première année avec ma femme*

---

[37] V. Abadie, citée dans *Cuisine et vins de France*, n°100, 2004, p. 56. Jean-Paul Abadie et son épouse sont depuis plus de 25 ans les propriétaires de l'*Amphitryon*, à Lorient (Morbihan), pour lequel ils ont deux étoiles Michelin.

[38] J.C. Renard, *La grande Casserole, op. cit.*, p. 35.

[39] C. Dubar et P. Tripier, *Sociologie des professions*, *op. cit.*, p. 188 ; en référence à F. Gresle, *L'Univers de la boutique. Les patrons du Nord (1920-1975)*, 1981.

c'était des journées non stop… même si on n'ouvrait pas le dimanche, on travaillait dans le restaurant, fallait finir les travaux d'aménagement… on a attendu cinq ans avant d'envisager de fonder une famille… et nos premières vacances on les a prises avec ma femme à la naissance de notre premier gamin ».

Une fois l'entreprise stabilisée et rentable, si le couple peut entreprendre à ce moment quelques nouveaux investissements (rénover le restaurant, s'équiper de matériel supplémentaire, employer un ou plusieurs commis et du personnel pour le service en salle), il doit cependant rester vigilant afin de "maintenir le cap". Il s'agit alors pour lui, tout en continuant à soigner l'accueil, le service et la cuisine, de savoir renouveler sa "carte" pour conserver les habitués et séduire de nouveaux clients, partant du principe selon lequel : « *Un client satisfait en parle à trois ; un client mécontent à dix* », parole de chef ! Et, comme le dit Pierre Gagnaire, chef trois étoiles pour son restaurant de Paris (8e) : « *C'est un combat perpétuel pour garder le cap sur l'émotion, trouver le ton juste, basé sur la qualité. Il faut convaincre chaque jour, rendre heureux chaque jour* »[40].

Á la reconnaissance des clients viendra s'ajouter, pour certains, celle des critiques gastronomiques, l'ultime consécration étant les « trois étoiles *Michelin* » que seuls vingt-sept chefs détiennent à ce jour[41]. Mais si les distinctions attribuées par les guides entraînent un afflux de clientèle, et de ce fait une augmentation du chiffre d'affaires[42], en contrepartie,

---

[40] P. Gagnaire, cité par J.C. Renard, *op. cit.*, p. 104.

[41] Dans l'édition 2013 du guide Michelin, sur les 596 restaurants alors distingués : 27 chefs sont de fait triplement étoilés pour leur « cuisine exceptionnelle - cette table vaut le voyage » ; 82 obtiennent 2* (« cuisine excellente - cette table mérite un détour »), et 487 reçoivent 1* (« une très bonne cuisine dans sa catégorie »).

[42] À ce propos, on peut souligner l'impact financier des étoiles Michelin. Dans l'émission « Combien ça coûte ? », présentée par J.P. Pernaut (en janvier 1994, sur TF1), Pierre Orsi (Lyon ; 1*, ancien 2*) précisait que sa 1re étoile avait entraîné une hausse de 30 à 40% de son chiffre d'affaires ; la 2e, de 20 à 30% ; et que la perte d'une étoile n'était pas proportionnelle, puisque le retrait de sa 2e étoile s'était

pour conforter leur renommée, sous peine de la perdre, voire espérer s'élever dans le classement réévalué chaque année par les critiques gastronomiques, les restaurateurs sont inévitablement conduits à engager des frais supplémentaires dans leurs établissements (petits ou grands travaux d'agrandissement, d'embellissement ; achat de matériel et de produits "haute gamme"). Bernard Loiseau soulignait qu'il avait appris « *que la cuisine ne représentait que 45% de la réussite d'un restaurant, la qualité de l'accueil, le décor et l'ambiance étant déterminants* »[43]. D'ailleurs, selon Henri Gault et Christian Millau, critiques gastronomiques, un restaurant deviendrait meilleur en changeant de décor car « *il se crée une sorte d'état de grâce qui touche le personnel tout entier et donne au chef des raisons de s'améliorer* »[44].

Certes, comme le note Jean-Claude Renard : « *Tout se passe comme si, pour se maintenir à la tête d'un établissement gastronomique, il fallait véritablement en passer par là : toujours plus... [Mais] ceux qui n'en ont pas la capacité ou les moyens ont mille difficultés à conserver cet équilibre instable dans lequel se trouve aujourd'hui la grande cuisine. La vaisselle, le nappage, le personnel et, naturellement, le produit ont un coût très élevé* »[45].

Devenu patron d'une véritable entreprise, "chef d'orchestre" d'une plus ou moins grande « brigade »[46], le cuisinier-restaurateur est souvent appelé à diversifier ses activités. Et il ne pourra « sortir de sa cuisine » que parce qu'il s'est entouré de collaborateurs compétents, d'hommes de confiance à qui déléguer ses pouvoirs. S'il peut alors sûrement s'absenter de ses

---

traduit par une baisse de 15% de son chiffre d'affaires. Quant à Pierre Gagnaire (Paris, 8ᵉ), il estimait à 45% l'augmentation de son chiffre d'affaires suite à sa 3ᵉ étoile.

[43] B. Loiseau, cité par P. Girodin, *Restaurants et restauration en France, op. cit.*, p. 102.
[44] H. Gault et C. Millau, cités par P. Girodin, *ibid.*
[45] J.C. Renard, *op. cit.*, p. 217.
[46] « Les brigades les plus importantes se trouvent dans les "trois étoiles", dont plus de 64% emploient entre 50 et 99 personnes », I. Terence, *op. cit.*, p. 30.

fourneaux[47], il ne doit pas trop s'en éloigner, car sa présence en cuisine rassure les clients en salle. Certains cuisiniers préfèrent donc ne pas trop se diversifier pour se consacrer exclusivement à la renommée de leur maison. Par exemple, Henri Faugeron, chef doublement étoilé pour son restaurant à Paris (16e), n'avait pas d'autre établissement que celui de la rue de Longchamp, ne vendait pas de produit à son nom et tenait à descendre chaque mois en Provence car, pour lui, il ne s'agissait pas *« de faire fortune en billets de banque, mais de profiter de cette fortune qu'est l'art de vivre »*[48].

Toutefois, quelles que soient leur réputation et la hauteur de leurs ambitions, tous les chefs aspirent à faire connaître leur savoir-faire. Ainsi, quand certains créent des associations régionales, comme les *Toques blanches Lyonnaises* ou *Étoiles et Toques du Doubs*[49], d'autres en fondent des nationales : les *Maîtres cuisiniers de France*, la *Chambre syndicale de la haute cuisine française*[50], les *Jeunes restaurateurs de France,* ou encore *Génération.C,* dont les membres se retrouvent

---

[47] Selon Alain Ducasse, un chef écrit une partition qui « peut être interprétée au meilleur niveau par des brigades parfaitement entraînées », *L'Atelier de Alain Ducasse, op. cit.*, p. 39.

[48] H. Faugeron, cité par J.C. Renard*, op. cit.*, p. 65. Henri Faugeron a pris sa retraite en 2004.

[49] Créée en décembre 2004, cette association de professionnels « soucieux de faire connaître leur savoir-faire pour le plus grand plaisir des gourmets et des gourmands » organise des "Ateliers des saveurs" et propose des interventions dans les écoles hôtelières. Cf. *Étoiles et Toques du Doubs*, tiré à part du magazine *Pays Comtois*, n°62.

[50] Fondée en 1986 par des cuisiniers étoilés, la Chambre syndicale de la haute cuisine française fut reconnue officiellement par les ministères de la Culture, de l'Agriculture et du Tourisme qui la subventionnèrent. Intervenant à la Commission nationale des Labels, elle travaille également auprès de l'INRA (Institut national de la recherche agronomique). Par ailleurs, l'École nationale des Arts culinaires l'a consultée pour l'élaboration de son programme pédagogique et a signé avec elle une convention de formation en 1990, cf. I. Terence, *op. cit.*, p. 87.

notamment une fois par an à l'*Omnivore Food Festival*[51]. Des chefs donnent des cours de cuisine[52], publient des livres[53], participent à des manifestations culinaires, comme celle de la Foire internationale et gastronomique de Dijon[54], et les plus grands vendent leur nom en passant des contrats avec des entreprises agroalimentaires[55].

---

[51] L'association *Génération.C* (le C majuscule pour *Cuisine, Création et Culture*), présidée par Gilles Choukroun (chef à Paris, 17ᵉ), a été créée à la fin de l'année 2005 (on peut consulter la liste de ses membres sur le site de la "jeune cuisine" : www.omnivore.fr). Le premier *Omnivore food festival* (organisé par Luc Dubanchet et Laurent Séminel, les fondateurs d'*Omnivore*, le journal de Génération.C) s'est tenu au Havre en 2006.

[52] Outre les chefs, à l'image de Benoît Witz (*L'Hostellerie de l'Abbaye de La Celle* dans le Var), qui donnent des cours de cuisine au sein de leur établissement, on peut également indiquer ici la création en 1990 de l'*Institut Bocuse à Lyon* et, en 2004, de l'*École de cuisine Alain Ducasse* à Paris (16ᵉ).

[53] On peut noter que jusqu'à la fin des années 1970, les livres de cuisine sont plutôt assez rares et l'œuvre d'une poignée de chefs (A. Dumaine, R. Oliver, les frères Troisgros, P. Bocuse et M. Guérard). On trouve aussi à leur côté ceux de cuisine "ménagère" de Ginette Mathiot ou de Françoise Bernard, qui restent parmi les plus connus. À partir des années 1980, leur nombre va rapidement s'accroître, notamment depuis l'année 2000. En effet, à l'instar de nombreux chefs renommés ou de professionnels moins connus, des femmes comme Julie Andrieu ou Sophie Dudemaine, pour ne citer qu'elles, publient leurs recettes de cuisine, et de nombreuses maisons d'édition (Hachette, Marabout, First, Artémis, Minerva, Romain Pages, SAEP, Solar,...) se lancent dans des collections. Il suffit de s'arrêter au "rayon culinaire" d'une libraire pour s'en rendre compte.

[54] Dans laquelle se déroulent, depuis 1998 : *"Les rencontres gourmandes de Lucullus",* qui ont pour objectif de mettre en scène le savoir-faire des professionnels des métiers de bouche. On y organise entre autres des animations et dégustations gourmandes ainsi que des concours culinaires coordonnés par l'*Amicale des cuisiniers de la Côte-d'Or.*

[55] Michel Guérard est le premier à avoir conclu en 1976 un contrat avec Nestlé (Findus). Joël Robuchon a suivi son exemple en confectionnant des plats cuisinés pour Fleury Michon. Parmi les chefs en contrat avec des entreprises agroalimentaires, on peut également

Désormais, bien rares sont les chefs qui, à l'image de Bernard Pacaud, triplement étoilé pour l'*Ambroisie,* son restaurant à Paris (4ᵉ), ne collaborent pas avec l'industrie agroalimentaire car, comme l'explique Alain Senderens, alors chef du *Lucas carton* (Paris, 8ᵉ) : « *En gastronomie nous sommes actuellement dans la situation de la Haute couture qui perd de l'argent sur son activité principale et se rattrape sur le prêt-à-porter* »[56]. Cette alliance avec l'industrie agroalimentaire permet donc aux "grands" chefs de faire face aux coûts d'exploitations de leur établissement et de financer les investissements souvent considérables qu'ils y effectuent[57]. Il faut dorénavant distinguer chez le même homme, Alain Drouard le note : « *le grand cuisinier entouré de sa brigade travaillant comme un artisan qui prépare un chef-d'œuvre et le consultant des grands groupes de l'agroalimentaire qui cherche à financer des investissements très coûteux [en justifiant] sa participation à l'industrie par le désir de "démocratiser" la grande cuisine en la mettant à la portée [de tous] et par un souci d'amélioration des produits de l'industrie* »[58].

Alain Ducasse, le cuisinier le plus étoilé de France, définit la gastronomie comme une "nouvelle industrie de luxe" en expliquant que "son groupe" est composé de cinq divisions : « *les restaurants Alain Ducasse (les établissements de très haute gastronomie), les autres restaurants (concepts et bistrots), les métiers de l'hôtellerie [avec] une division destinée aux professionnels, les éditions et, enfin, le centre de formation [avec] une division grand public. À la tête de l'ensemble, nous avons mis en place une structure de direction qui comporte toutes les fonctions communes de management, de ressources humaines, de communication et d'achats* »[59]. Pour exister, cette

---

citer Paul Bocuse, qui travaille pour William Saurin, Alain Senderens pour le groupe Carrefour, Pierre Troisgros pour Casino et Guy Martin pour Monoprix.
[56] A. Senderens, cité par P. Girodin, *op. cit.*, p. 122.
[57] Selon A. Drouard, « ces investissements se chiffrent par dizaine de millions de francs chez certains restaurateurs »*, Histoire des cuisiniers en France, op. cit.*, p. 128.
[58] *Ibid.*, p. 125.
[59] A. Ducasse*, Enjeux*, déc. 1999, cité par A. Drouard, *ibid.*, p. 127.

industrie de luxe repose sur une stratégie de développement incluant certes la compréhension des consommateurs mais aussi l'innovation, c'est-à-dire la "créativité". De fait pour Alain Ducasse : « *Si je ne créais pas, j'aurais le sentiment de m'étioler, de me trahir moi-même. Je ne peux pas m'imaginer vivre sans ce défi constant du renouvellement, de la découverte de nouvelles idées* »[60].

Les chefs hautement étoilés par le guide Michelin, qui représentent le monde de la restauration de luxe, ne constituent cependant qu'une minorité face aux nombreux autres cuisiniers. Tous les chefs n'ont pas le même statut et on peut notamment distinguer, comme le note Jean-Claude Renard, trois cas de figure : « *il y a ceux qui n'ont pas encore d'image et qui travaillent d'arrache-pied à s'en fabriquer une : ils sont [nombreux] et la tâche est difficile. Il y a ceux qui en ont une et qui travaillent d'arrache-pied à la conserver, et ils ont beaucoup de mal à s'en sortir. Enfin, il y a ceux qui ont [garanti] une image et qui travaillent d'arrache-pied à en construire d'autres dont la fonction sera de valoriser la première...* »[61].

Si l'image médiatisée du "grand chef" masque la réalité d'une profession où les cuisiniers n'ont pas tous le même statut, les représentations collectives véhiculées par cette industrie de luxe laissent également penser que "la gastronomie" ne peut relever que du savoir-faire "masculin", d'autant que si les femmes "chefs" font bien partie de la profession, rares sont celles présentes dans le palmarès établi par des guides de références, tel le *Michelin* ou le *GaultMillau*. De fait, dans l'édition 2006 du guide Michelin, on peut estimer que les femmes ne représentent que 2% des chefs distingués, soit dix femmes pour plus de cinq cents hommes. Mais il faut surtout souligner que sur les vingt-six chefs triplement étoilés, on ne trouve aucune femme ; que sur les soixante-dix chefs doublement étoilés, seules Hélène Darroze, à Paris (6ᵉ) et Anne-Sophie Pic, à Valence (dans la Drôme), obtiennent cette

---

[60] *Ibid.*
[61] Cf. J.C. Renard, *op. cit.*, p. 212.

distinction. Quel que soit le guide, la sous représentation des femmes primées est manifeste, et se constate encore mieux lorsque l'on s'élève dans la hiérarchie des distinctions[62].

Citée en 2006 dans la catégorie des « *meilleurs espoirs pour la troisième étoile Michelin* », Anne-Sophie Pic, en obtenant cette reconnaissance en 2007, devient à l'âge de trente-sept ans la *quatrième* femme à être ainsi distinguée. Avant elle, Eugénie Brazier (ou *mère* Brazier) et Marie Bourgeois (dite aussi *mère* Bourgeois) avaient reçu trois étoiles en 1933 ; Marguerite Bise, en 1951. De l'année 1957, date à laquelle cette dernière passe le relais à son fils, à 2007, aucune femme - *en trente ans* - n'avait à nouveau obtenu cette troisième étoile[63].

Cette minorité de femmes ne s'observe pas uniquement dans le monde dit de la « grande restauration ». Le nombre de cuisinières d'établissements plus modestes est aussi nettement inférieur à celui des hommes. Par exemple, sur plus d'une centaine de « restaurants traditionnels »[64] recensés dans la ville de Besançon (dans le Doubs), nous avons constaté que seules sept femmes ont le statut de chef de cuisine et que, parmi ces dernières, cinq sont propriétaires de leur établissement. Elles sont assurément plus nombreuses à l'échelle régionale de la Franche-Comté, « soit 10% »[65], et représentent, au niveau

---

[62] En 2006, d'après nos calculs, le pourcentage de femmes primées, que ce soit dans le *GaultMillau* ou le *Bottin Gourmand*, est également de 2%. Elles sont toutefois plus nombreuses dans le *Champérard*, soit 5%. Dans ces guides, comme pour le Michelin, plus on s'élève dans les distinctions, plus rares sont les femmes. Les femmes distinguées sont, à quelques exceptions près, souvent les mêmes d'un guide à l'autre.

[63] En 2013, malgré l'augmentation des restaurants sélectionnés par le guide Michelin, le pourcentage de femmes primées reste stable, soit environ 2%. Anne-Sophie Pic demeure l'unique triplement étoilée et il n'y a plus de femme doublement étoilée, Hélène Darroze ayant perdu sa deuxième étoile en 2010.

[64] C'est-à-dire ne dépassant pas le seuil de 10 salariés. Soulignons que ce type d'établissement est une des caractéristiques du secteur de l'hôtellerie-restauration en France. Cf. S. Le Gall, *op. cit.*, p. 19.

[65] Selon notre analyse des guides gastronomiques de Franche-Comté.

national, « 25% de la profession »[66]. Néanmoins, ce dernier pourcentage incluant l'ensemble des établissements de restauration, toutes catégories confondues, tout nous laisse penser, suite à notre analyse, que les deux tiers de ces 25% correspondent à des emplois dans des restaurants de collectivités. Dans les établissements de restauration dite "traditionnelle", les postes en cuisine semblent en effet occupés en grande majorité par des hommes.

Certes, jusqu'au milieu du XIXe siècle, la cuisine a pu faire l'objet d'une activité domestique essentiellement féminine. Il n'en reste pas moins qu'aujourd'hui le métier de cuisinier est largement dominé par les hommes. Comme nous l'avons expliqué dans le chapitre précédent, les cuisiniers renforcent leur statut non seulement en écartant les femmes des postes les plus prestigieux, mais aussi en leur refusant l'accès à la pratique professionnelle. Par conséquent, il fut longtemps bien difficile pour une femme d'être admise dans un restaurant, ne fut-ce que pour un simple stage en cuisine. Si les cuisiniers se montrent à présent moins hostiles à la présence des femmes au sein de leur cuisine, bien des difficultés demeurent quand il s'agit de les employer. Il est donc fréquent de constater que les femmes se lancent dans la profession en « autodidactes »[67]. Peu de femmes chefs ont en effet suivi un apprentissage "dans les règles".

La « production » de chefs-cuisiniers

Si les classes de cuisine sont aujourd'hui ouvertes aux filles, ce ne fut pas toujours le cas. Les anciens élèves et les « chefs de travaux »[68] de lycées hôteliers avec lesquels nous nous sommes

---

[66] Cf. *Les Métiers de demain*, Pratique n°13 (hors série), Alternatives Économiques, 2004, p. 100.

[67] Autrement dit, sans être diplômées et en étant propriétaires de leur établissement. À ce propos, il faut préciser que sur les 30 trajectoires de professionnelles que nous avons particulièrement analysées, 23 n'ont pas fait d'école ou de lycée hôtelier et n'ont donc pas de diplôme de cuisine.

[68] Un « chef de travaux » a pour principale fonction de coordonner les enseignements « technologiques et professionnels ». Il joue un rôle

entretenue n'ont pas le souvenir d'avoir vu une seule fille en section cuisine avant les années 1980. Quand les unes racontent avoir déjà été mises en garde par leur entourage, comme l'une de nos enquêtées : « *mes parents ne voyaient pas d'un très bon œil mon choix d'orientation… en fait, ils étaient plutôt inquiets car le travail en cuisine est un métier très difficile, en particulier pour les filles…* », les autres avouent ne pas avoir reçu non plus beaucoup d'encouragements de la part des membres du corps enseignant.

Pour Flora Mikula, chef du restaurant *Flora* à Paris (8e), entrer à l'école hôtelière d'Avignon, il y a trente ans, ne fut effectivement pas simple. Dans cet établissement qui, en raison de sa dépendance de la Chambre de commerce et d'industrie, emploie de nombreux enseignants, anciens professionnels reconvertis, on la considère un peu comme une "curiosité" : « *On hésite à l'inscrire… on cherche à en savoir plus sur ses motivations… Une cuisine, ses fourneaux, ses pianos… : Est-ce bien une place pour une femme ?* »[69].

En effet, comme nous le confirme le proviseur adjoint du lycée professionnel Condé de Besançon : « *Jusqu'il y a une quinzaine d'années, l'école, les professeurs eux-mêmes étaient les premiers à décourager les jeunes filles à s'orienter vers la cuisine car il y avait très peu de débouchés pour elles sur le marché du travail. Sachant donc que le marché était très réticent à l'égard des femmes, les professeurs ne les incitaient pas dans cette voie, et même, leur déconseillaient vivement de s'y orienter* ». Les jeunes femmes pour qui le métier restait une "évidence" ont donc dû persévérer et prouver qu'elles avaient, tout autant que les garçons, leur place dans les classes de cuisine.

Bien que les filles accèdent maintenant plus facilement à des formations diplômantes, leur pourcentage dans les effectifs des candidats au CAP cuisine reste bien inférieur à celui des

---

majeur dans le développement des relations entretenues avec le milieu professionnel dont il est l'un des interlocuteurs privilégiés puisqu'il s'occupe de l'organisation des stages et périodes de formation des élèves en entreprise.
[69] Extrait du magazine *Proche de vous*, n°88, 2004.

garçons, même s'il a tendance à progresser depuis quelques années[70]. Certes, elles sont plus nombreuses à préparer un BEP des métiers de la restauration et de l'hôtellerie ou un Baccalauréat professionnel (Bac pro.) restauration. Mais il convient de souligner que ces diplômes, d'une durée de deux ans, délivrent une formation polyvalente dans le domaine de « la cuisine » et « du service ». La première année, les élèves reçoivent un enseignement à part égale dans ces deux domaines, puis se spécialisent, dans l'un ou l'autre, la seconde année. Or, si la parité semble bien "s'installer" dans ces deux diplômes, il en est tout autrement lorsque l'on mesure réellement la proportion de filles dans l'option cuisine. S'il existe assurément un manque d'informations précises à l'échelle régionale et nationale, nous pouvons toutefois estimer, en fonction des indications que nous ont fournies des chefs de travaux, qu'environ un tiers des filles choisissent la cuisine.

Par ailleurs, s'il semble à présent plus facile pour une jeune femme de trouver un stage en entreprise, ce ne fut également pas toujours le cas. De nombreux obstacles ont dû être franchis, à commencer par la réticence des cuisiniers-restaurateurs à prendre comme stagiaire, « une fille ». En effet, quand certains évoquaient les divers problèmes liés alors à la possibilité de les héberger, comme nous l'explique le chef de travaux du lycée professionnel Condé : « *dans les établissements accueillant des élèves stagiaires, aucune structure (vestiaire ou chambre) n'était prévue pour recevoir une jeune fille, et les propriétaires de ces établissements n'étaient pas tous prêts à investir dans des travaux d'aménagement* » ; d'autres craignaient qu'une fille ne vienne "perturber" l'ambiance régnant dans leur brigade parce qu'en cuisine : « *ce qui compte, c'est le rendement... pas le temps de batifoler !* »[71].

---

[70] De fait, en 2003, si 27,8% des candidats au CAP cuisine sont des filles, en 2008, elles représentent 35% des effectifs (à noter que les filles ont tendance à avoir un meilleur taux de réussite à l'examen que les garçons). Pourcentages établis à partir des chiffres donnés par le *Ministère de l'Éducation nationale, de l'enseignement supérieur et de la recherche*.

[71] Propos d'un cuisinier-restaurateur, d'après le chef de travaux du lycée professionnel Condé de Besançon qui souligne que les brigades

Bien que recommandées auprès des professionnels par leur lycée qui se portait garant de leurs capacités égales à celles de leurs homologues masculins, l'entrée des jeunes femmes dans le monde des cuisines fut loin d'être simple. De fait, investir un espace professionnel associé à l'affirmation sociale de la masculinité relève d'une véritable « conquête pratique ». Tel le témoignage de Charlotte (élève du lycée Condé de Besançon) : « *Le premier contact au téléphone avec un professionnel a toujours été très froid. Mais, quand je me présente, le chef est un peu plus rassuré... je suis plutôt costaud et je me présente toujours sans bijoux et maquillage car je sais très bien ce qu'il faut éviter. En arrivant dans une grande maison à Chamonix, en même temps qu'un garçon, on m'a quand même fait patienter plus longtemps avant de pouvoir approcher du piano... Quelle que soit la maison, à chaque fois, c'est pareil ! Il faut vraiment faire preuve de caractère car les autres ont tendance à vous utiliser : va me chercher ceci... et puis, porte ça là... Et quelle que soit la tâche, on a vraiment l'impression de devoir prouver sa valeur bien plus que les garçons...* ».

Si tous les stagiaires sont testés à leur entrée en entreprise, il apparaît clairement que les filles le sont bien plus que les garçons. N'échappant pas aux corvées traditionnelles et au bizutage, elles sont mises à l'épreuve de façon plus systématique. Sous le feu constant des regards, elles subissent de façon particulière la vigilance des cuisiniers qui les entourent. Un professeur de cuisine du lycée Condé reconnaît en effet que « *pour réussir en cuisine, une fille doit être vraiment plus que très motivée parce qu'on la met à l'épreuve tout de suite... on ne va absolument rien lui pardonner... alors qu'on va donner à un garçon un délai beaucoup plus long pour s'adapter...* ». Autrement dit, comme il le souligne : « *une femme doit être performante tout de suite* ».

étant constituées d'un personnel très jeune et souvent célibataire, certains chefs redoutaient que la présence d'une femme au sein de leur équipe n'engendre des « rapports de séduction » et ne porte préjudice au bon déroulement du travail en cuisine.

Les préjugés des professionnels à l'encontre des femmes en cuisine s'appuient sur les difficultés du terrain. Ils mettent fréquemment en avant les qualités masculines exigées par leur métier, en particulier la capacité physique à endurer les conditions de travail, surtout au moment du "coup de feu" où la cadence peut s'accroître parfois brutalement. Aux yeux de certains professionnels, une femme apparaît *« plus fragile », « bien moins robuste »* qu'un homme. Or, si la pénibilité du travail devant les fourneaux existe bien réellement, les nouveaux matériels de cuisine la réduisent considérablement. Pour autant, comme l'indique la jeune Charlotte : *« on nous taxe encore de ne pas être assez fortes physiquement et moralement... d'être beaucoup trop émotives pour pouvoir être dirigées en cuisine comme les hommes ».* De son côté, Vincent (43 ans, cuisinier-salarié depuis 25 ans) explique que *« la force physique n'est plus un problème. Les ustensiles de cuisine sont modernes et ne pèsent plus des tonnes. Ça peut être juste à peine plus difficile pour certaines quand le rythme s'accélère très vite au moment du coup de feu... mais j'ai vu des filles s'y habituer presque plus vite que les garçons ».* Ce que nous précise effectivement Jocelyne Lotz-Choquart, alors chef du *Mungo Park* à Besançon : *« Les contraintes du métier n'ont évidemment pas changé. Dans ce métier à haut stress, où la performance est jugée sur pièce, de nos jours, les jeunes femmes, formées à l'endurance et à la rigueur, assurent incontestablement ! ».*

Ceux qui ont tentés l'expérience hésitent donc moins à prendre en stage des filles, en avouant même parfois qu'elles se montrent souvent plus *« rigoureuses et travailleuses »* que certains garçons, des qualités très appréciées en cuisine. Mieux encore, ils leur font confiance en leur déléguant davantage de responsabilités. Suite au stage qu'elle a effectué au sein d'une brigade de trois cuisiniers, Clémentine (élève du lycée Condé) raconte ainsi : *« Ce fut vraiment une expérience très riche d'enseignement... ».* Le chef, poursuit-elle, *« m'a fait confiance très vite et, contrairement à ce que j'appréhendais, je n'ai pas passé mon temps à éplucher les patates ou à être réduite aux corvées de la plonge. Et les autres, je peux pas dire, ils ont été aussi plutôt sympa... et j'ai pas été forcement plus bizutée qu'un garçon... C'est vrai que le fait d'être en Bac pro. prouve déjà que l'on a une certaine expérience sur le terrain... mais c'est quand même la première fois qu'un chef m'accorde la possibilité de préparer seule des plats directement envoyés aux clients en salle ».*

En prouvant qu'elles pouvaient nettement, au sein même d'une brigade, tenir leur poste avec des compétences techniques et professionnelles comparables à celles des hommes, les jeunes femmes ont en outre démontré que le problème de la mixité évoqué par certains était infondé.

Les brigades de cuisine sont certes des univers professionnels traditionnellement masculins, mais elles sont aussi, et de façon caractérisée, un milieu "jeune", puisque la moyenne d'âge se situe, selon notre enquête, autour de vingt-cinq ans. Or, la jeunesse est maintenant familière de la mixité. Les brigades s'inscrivent donc dans le prolongement d'espaces de socialisation où la mixité est "banalisée", y compris aujourd'hui dans le cadre de l'apprentissage du métier.

La présence des femmes en cuisine, sans perturber le rendement du travail, va même induire des réaménagements dans l'ordre de la sociabilité au quotidien. En précisant qu'il a toujours eu des femmes au sein de sa brigade, c'est-à-dire depuis l'année 1980, Guy Savoy affirme ainsi : « *Cela ne pose aucun problème. Bien au contraire. Leur présence crée une émulation positive dans la brigade et, grâce à elles, la civilité s'installe* »[72]. Comme le souligne également Jocelyne Lotz-Choquart : « *Lorsque la femme paraît dans toute sa simplicité et sa sobriété, un respect s'installe dans la brigade... La brutalité des rapports entre hommes et femmes s'efface pour faire place à l'équilibre* ».

Mixité ne veut bien entendu pas dire parité. Dans les brigades mixtes, le nombre de femmes reste bien inférieur à celui des hommes, quand il n'est pas totalement marginal. Il

---

[72] Guy Savoy, chef trois étoiles depuis 2002 pour son restaurant de Paris (17e), cité dans « Au compte-gouttes », *Revue technique des hôtels et restaurants*, déc. 1992, p. 74.

nous semble alors possible de considérer que le maintien d'un nombre restreint de femmes au sein d'une brigade de cuisine est l'une des conditions nécessaires pour préserver l'identité d'un univers professionnel encore marqué profondément par la domination masculine. Afin de s'y intégrer, les femmes ont "camouflé", autant que possible, leur féminité et l'ont contrôlée en calquant leurs comportements sur celui des hommes.

En adoptant la tenue typique du cuisinier : pantalon façon pied-de-poule, veste et tablier blancs, tour de cou[73] et toque[74], les femmes ont mis de côté les traits spécifiques qui auraient pu trahir leur identité féminine et donc, éventuellement, menacer la légitimité de leur appartenance à ce groupe professionnel. Comme l'explique Jocelyne Lotz-Choquart : *« Une femme doit prouver qu'elle est une professionnelle en laissant au vestiaire fards, colifichets, humeurs... et demeurer en complet état "d'inséduction". La brigade, encore en majorité masculine, ne s'en remettrait pas ! »*.

Or, si les femmes contrôlent délibérément la manifestation de comportements considérés socialement comme typiquement féminins : la fragilité, l'émotivité…, leur identité féminine ressurgit néanmoins discrètement. En effet, la sensibilité dite "féminine" n'a pas pu totalement disparaître sous la "carapace d'homme" que les femmes ont choisi de revêtir, elle est simplement "détournée" pour s'exprimer plus librement dans le registre culinaire. Au stade de l'apprentissage du métier, les jeunes cuisinières vont ainsi manifester leur "féminité" en particulier dans l'application qu'elles accordent aux diverses tâches qui leur sont confiées. En reconnaissant alors que la plupart de leurs apprenties se montrent généralement plus *« soigneuses »*, plus *« méticuleuses »* que leurs apprentis, les

---

[73] Le « tour de cou » est un triangle en tissu très léger permettant d'absorber la transpiration. Certaines femmes, en le détournant de sa fonction afin de nouer leur chevelure, évitent ainsi d'introduire en cuisine un accessoire appartenant au registre vestimentaire féminin tel qu'un foulard.

[74] La toque peut aussi être remplacée par une charlotte (en papier) ou par un calot.

cuisiniers légitiment eux-mêmes des aptitudes à forte connotation féminine.

Toutefois, bien que ces aptitudes puissent éventuellement conférer aux femmes un léger avantage sur les hommes, il s'avère que la manifestation sociale de la différence de genre au sein d'une brigade ne peut se maintenir sans un réaménagement du travail entre hommes et femmes. En ce sens, la "féminité" des femmes est exploitée et instrumentalisée par les hommes qui ont en effet tendance à attribuer à la gent féminine les tâches nécessitant un doigté et une délicatesse toute particulière, comme la décoration des plats par exemple. À la hiérarchie des postes (commis, chef de partie, second et chef) se superpose dès lors une division sexuelle du travail : aux hommes, les opérations les plus techniques ainsi que les fonctions les plus valorisées ; aux femmes, les rôles davantage secondaires et/ou nécessitant le plus de soin, la plus grande minutie.

S'il semble aujourd'hui plus facile pour les jeunes femmes apprenties d'être placées en stage, et si leur apprentissage du métier apparaît également moins rude qu'avant, leur entrée sur le marché du travail reste parfois encore problématique.

Au début des années 1990, Michel Maincent, chef et professeur de cuisine au lycée Jean Drouant à Paris constate : *« Pour les stages, nous n'avons aucun problème à placer les filles. Mais quand il s'agit de signer un contrat d'embauche, il y a plus de réticences. Ce sont surtout les grandes brigades qui les emploient [...] souvent pour un travail bien déterminé. On ne les mettra pas aux sauces ni à un poste dur à la chaleur. On leur confiera plutôt [...] un poste subalterne qui exige de la minutie, comme le dressage, les salades ou le garde-manger. Ces jeunes filles ont pourtant reçu la même formation que les garçons et ont les mêmes capacités. Alors, au bout de quelques années, démotivées parce qu'elles n'ont pas occupé dans les brigades les postes qu'elles attendaient, pour peu qu'elles se marient, elles abandonnent la profession »*[75].

---

[75] M. Maincent, cité dans « Y a-t-il une fille en cuisine ? », *Revue technique des hôtels et restaurants*, déc. 1991, p. 81.

La légitimité que ces jeunes femmes ont acquise lors de leur apprentissage reste donc incertaine face à l'emploi. Le chef Jacky Fréon le reconnaît : « *J'ai formé des jeunes filles, en pâtisserie en particulier. Il est d'usage après l'apprentissage de changer de maison pour aller voir ce qui se fait ailleurs. Et bien, je n'ai pas pu leur trouver de place. Heureusement les choses bougent* »[76]. Certes, mais il semble que pour les femmes, et de nos jours encore, leur bon droit à exercer le métier ne repose que sur des assises fragiles. De fait, si elles trouvent apparemment plus facilement qu'avant un emploi dans la restauration commerciale dite traditionnelle, leur acceptation au sein d'une brigade de cuisine suppose cependant toujours la conquête d'un espace fortement associé à l'affirmation d'une identité masculine.

Un marché du travail fermé aux femmes ?

Selon l'un des professeurs de cuisine que nous avons rencontrés, à la fin des années 1990, de nombreuses élèves de son lycée sont fréquemment obligées de partir en Allemagne, au Luxembourg et en Suisse pour signer un premier contrat d'embauche[77]. Leur intégration dans une brigade est encore plus difficile quand il s'agit de la grande restauration. Comme l'explique cette professionnelle : « *Très vite mon ambition a été de travailler dans de grands restaurants. Mais quand je suis sortie de l'école hôtelière, [en 1985], j'ai eu beaucoup de mal à trouver du travail dans les restaurants parisiens étoilés. Un grand chef m'a même dit : Vous savez que vous êtes une femme ? Vous ne réussirez jamais dans ce métier ! C'est dire si la présence d'une femme dans une brigade [...] était rare à*

---

[76] Jacky Fréon, alors chef au *Grand Hôtel-Café de la Paix* de Paris (9ᵉ), cité dans « Y a-t-il une fille en cuisine ? », *ibid*. Ce cuisinier est aussi connu pour avoir remporté le 1ᵉʳ Bocuse d'Or, autrement dit en 1987, l'année de sa création.

[77] Ce professeur, depuis 1974 au lycée professionnel Condé de Besançon, estime même (en 2007) que 80% des anciennes élèves du lycée travaillent dans des pays limitrophes.

cette époque. Puis, un autre grand chef m'a fait confiance, et il m'a ainsi permis de me sentir plus à l'aise dans ce milieu d'hommes »[78].

Suivant Angelina Brygoo, « l'industrie hôtelière » se distingue des autres secteurs d'activités par *« cinq grandes caractéristiques »*[79] :
1. C'est une industrie de service où la demande de prestations est fonction du client, sans régularité dans cette demande et dont l'exploitation est en dents de scie ;
2. La forme d'exploitation est très variable : [...] de la petite exploitation familiale, sans salarié, à la grande chaîne hôtelière, en passant par l'exploitation en franchise ;
3. Le système de rémunération est très différent selon les catégories du personnel ;
4. Les petites et moyennes entreprises représentent plus de 80% de l'activité, les chaînes 15% ;
5. C'est une activité [qui comptabilise] chaque année de nombreuses ouvertures et fermetures d'établissements. La création d'un établissement (hôtel ou restaurant) ne nécessite aucun diplôme particulier.

Cette absence de réglementation à l'entrée dans la profession et la diversité des entreprises qui ne se ressemblent ni par leurs conceptions du produit vendu, ni par leurs exigences, ont incité les restaurateurs réputés à établir un marché spécifique, et à le protéger en régulant notamment le flux de main-d'œuvre dans ce secteur particulier qu'est la restauration de luxe.

En instaurant leurs propres règles, les professionnels ont ainsi créé un « marché du travail fermé »[80], qui leur permet, tout

---

[78] Témoignage de Béatrice Lacarin (*L'Ardoise gourmande*, à Luçon en Vendée), extrait de *Santé magazine*, n°356, août 2005, p. 75.
[79] Cf. A. Brygoo, *Politique de recrutement : le cas de l'hôtellerie – Dossier de recherche*, n°32, Centre d'études de l'emploi, 1990, p. 7.
[80] « La création d'un monopole de marché est subordonnée à la reconnaissance d'une compétence spécifique », qui engendre et justifie les avantages (matériels et symboliques) dont bénéficient les membres de ce marché, cf. C. Paradeise, « Les professions comme

en se protégeant d'une trop forte concurrence, de limiter le nombre de ses « élus », c'est-à-dire de créer la rareté des grands restaurants et de leurs chefs de cuisine. Ne travaille pas qui veut dans ces établissements luxueux[81], et là, plus qu'ailleurs, il faut faire ses preuves pour accéder à des postes de responsabilités, en particulier quand on est une femme. De fait, bien que le nombre de femmes soit en progression dans les cuisines des établissements renommés, elles sont loin d'être représentées dans les postes à forte responsabilité, tels ceux de chefs de partie, de seconds et surtout de « chef »[82].

Par ailleurs, l'intégration des femmes dans des associations professionnelles ne fut pas sans poser de réelles difficultés. À titre d'exemple, si pour faire partie du cercle très fermé des *Maîtres cuisiniers de France,* posséder au moins le CAP est une des conditions requises, le règlement de l'association souligne clairement, jusqu'en 1997, qu'il ne faut pas être *« une femme »*. Malgré la suppression de cette mesure discriminatoire, et l'admission de Lydia Egloff, *La Bonne Auberge* à Stiring-Wendel (en Moselle) et de Nicole Fagegaltier, *Hôtel Restaurant du Vieux Pont* à Belcastel (en Aveyron), la candidature d'Anne-Sophie Pic, pourtant étoilée par le guide Michelin, fut rejetée en 2001[83]. Il faudra attendre 2013 pour que cette dernière y soit intronisée avec Babette Lefebvre, cuisinière de *La Cambuse* à Strasbourg[84].

---

marchés du travail fermés », *Sociologie et sociétés*, vol. XX, n°2, 1988, p. 13.
[81] Comme l'écrit Isabelle Terence : « On n'entre pas dans ce milieu par hasard mais pas choix, choix paternel ou du maître. On n'exerce pas par habitude mais par volonté », *Le monde de la grande restauration en France, op. cit.*, p. 71.
[82] Dans l'article : « Deux femmes chefs bousculent les classiques », *Le Monde* du 12 janvier 2006, on peut en effet lire : « Les femmes en cuisine ne sont plus l'exception ; mais elles sont encore rares, en tant que salariées, à la tête d'une brigade ».
[83] Cf. *L'Express*, 17 avril 2003.
[84] L'association des Maîtres cuisiniers de France, créée en 1949, rassemble aujourd'hui environ 300 chefs dont un tiers exercent à l'étranger. Devenir membre se fait sur dossier et avec le parrainage de

De nombreuses chefs sont autodidactes et ne bénéficient donc pas de l'influence des réseaux professionnels construits dans les écoles hôtelières ou en cuisine. D'où l'importance pour elles d'adhérer à des associations afin d'obtenir une indispensable visibilité. Á défaut de pouvoir rejoindre des collectifs existants, dont la plupart regroupent essentiellement des hommes, certaines femmes créent alors leur propre association. En 1975, suite au refus constant des Maîtres cuisiniers de France d'accepter sa demande d'adhésion, Annie Desvignes, chef des cuisines de *La Tour du Roy* à Vervins (dans l'Aisne), fonde l'*Association des Restauratrices-Cuisinières* (l'ARC)[85]. D'autres groupements verront aussi le jour comme l'*Association des restauratrices d'Auvergne* ou celui des « *Nouvelles mères cuisinières* »[86].

On peut également souligner la rareté des femmes lauréates de concours réputés, puisque Andrée Rosier, *Les Rosiers* à Biarritz, est la première cuisinière à recevoir, en 2007, le titre de

---

deux chefs adhérents. Jusqu'à présent, à notre connaissance, une poignée de femmes y ont été admises, si l'on compte, en plus de celles citées précédemment, Anne Ernwein, chef de *L'Agneau* à Pfaffenhoffen (Alsace). Cf. www.maitrescuisiniersdefrance.com

[85] Au début des années 1990, l'ARC regroupe 75 adhérentes, de toutes les régions de France et de quelques pays européens. Le "Trophée des mères", concours qu'elle organise pour les jeunes femmes qui travaillent en cuisine et les élèves des écoles hôtelières, a été remporté en 1991 par Reine Sammut, chef de *L'Auberge de La Fenière* à Lourmarin (Vaucluse), que nous présenterons plus loin. Cf. *Revue technique des hôtels et restaurants*, déc. 1991, p. 80 et déc. 1992, p. 73.

[86] Ce club informel, créé en 2002, rassemble Ariane Daguin (le *D'Artagnan*, à New York) ; Hélène Darroze (*Hélène*, à Paris) ; Christine Ferber (la *Maison Ferber*, en Alsace) ; Caroline Rostang (*L'Absinthe*, à Paris) ; Elena Arzak (restaurant *Arzak*, en Espagne) ; Judith Baumann (*La Pinte des Mossettes*, en Suisse) et Léa Linster (au Luxembourg). Cette association qui est, selon Christine Ferber : « juste des copines qui se parlent et donnent de leur temps », organise entre autres de « *Fabuleux Festins sur l'herbe* » pour faire découvrir et partager leur cuisine. Cf. *Saveurs, le magazine de l'art de vivre gourmand*, n°145, déc. 2005-janv. 2006, pp. 30-40.

Meilleur ouvrier de France (établi depuis 1924), et Léa Linster (au Luxembourg), la seule femme - à ce jour - à avoir remporté en 1989 le *Bocuse d'Or* (créé en 1987)[87].

La légitimité des femmes à exercer ce métier, même en tant qu'indépendantes, n'a également pas toujours été facile, voire possible. En effet, l'un(e) des professeurs avec qui nous nous sommes entretenue explique : « *J'ai fait un apprentissage professionnel, mais je n'ai pas pu poursuivre, uniquement parce qu'aucun banquier voulait me faire crédit afin que je puisse m'établir à mon compte. Dans les années 1970, une fille qui voulait ouvrir un restaurant n'était pas prise au sérieux. À l'époque, ça paraissait encore inimaginable. Alors j'ai fait des demandes pour travailler en cuisine, mais là, je n'ai eu absolument aucune réponse... sauf de la part d'un lycée privé hôtelier qui m'a fait une proposition d'emploi, et c'est comme ça que je suis devenue professeur* ». Lydia Egloff, qui a pourtant fait l'école hôtelière de Strasbourg ainsi qu'un stage au *Negresco* à Nice, fut elle aussi confrontée à cet obstacle. En 1980, alors qu'elle décide avec sa sœur Isabelle d'ouvrir un restaurant, selon Alain Piveteau : « *pas une banque française ne voulait mettre un sou dans l'affaire. C'est une banque allemande qui a financé* »[88].

Quel que soit leur parcours, les femmes ont été longtemps soupçonnées de ne pas être pas à la hauteur de leur ambition. Comme le prouve encore ce témoignage de Françoise Donzé, cuisinière à Isle-sur-la-Sorgue (dans le Vaucluse) : « *Quand j'ai créé mon restaurant dans mon mas en 1981, j'ai été en butte aux moqueries des confrères établis et diplômés. Plus qu'un obstacle, c'était un challenge. Aujourd'hui, ils ne se moquent*

---

[87] Conçu à l'initiative de Paul Bocuse, ce concours d'envergure international est le premier en date à se dérouler « en direct sous les yeux du public », tous les deux ans à Lyon, au SIRHA (Salon international de la restauration, de l'hôtellerie et de l'alimentation).

[88] A. Piveteau, gérant du restaurant des sœurs Egloff, cité dans « Enfin une auberge de femmes ! », *L'Est magazine : Cahier de L'Est Républicain,* n°415, nov. 1998, p. 16.

plus. Au contraire, ils me demandent de leur envoyer des clients quand je suis complète »[89].

Bien entendu, les réticences à l'égard des femmes prétendant exercer le métier de cuisinier se sont aujourd'hui largement estompées, et la nouvelle génération de chefs, tels ceux de l'association *Génération.C*, revendique davantage d'égalité entre les sexes aux fourneaux. Il n'en reste pas moins que les femmes ont souvent fait leurs preuves en autodidactes, autrement dit, nombreuses sont celles ayant des parcours professionnels atypiques.

Parcours « atypiques » de femmes « chefs »

Si l'on considère comme « atypique » le parcours d'un professionnel n'ayant pas fait de formation dans une école ou un lycée hôtelier et de « tournée des maisons », alors ces cinq exemples de parcours de femmes "chefs" sont atypiques, bien que deux d'entre elles soient filles de cuisiniers-restaurateurs réputés.

- **Reine Sammut**,
Auberge La Fenière, à Lourmarin (dans le Vaucluse) :

Originaire des Vosges (en Lorraine ; son père y était douanier), c'est en rencontrant Guy Sammut et sa belle-famille que Reine met un pied en Méditerranée. Pour elle, qui est alors étudiante en médecine à Montpellier, les premiers pas en cuisine correspondent simplement à l'envie d'aider son mari dans la création de son restaurant.

Au départ, la restauration, comme l'explique Reine Sammut : *« c'est juste une histoire d'amour d'homme et de femme. Mon mari a décidé de créer un restaurant, et comme personne d'autre que sa maman ne faisait la cuisine, c'est elle qui a cuisiné à l'ouverture [du restaurant] en 1975. Puis, j'ai commencé à réaliser les choses qu'elle m'apprenait. [Mon mari*

---

[89] F. Donzé, citée dans « Au compte-gouttes », *Revue technique des hôtels et restaurants*, déc. 1992, p. 72.

et moi], on ne pensait pas que ça allait être notre métier toute notre vie. On s'est passionné d'année en année »[90].

Á *La Fenière*, sa belle-mère, d'origine maltaise et tunisienne, laisse d'abord Reine pâtisser, décorer les plats, puis s'aventurer dans la confection d'autres préparations. Elle lui enseigne en fait progressivement la cuisine méditerranéenne afin qu'elle prenne le relais. Mais c'est aussi en se perfectionnant elle-même que Reine Sammut devient celle qui est considérée aujourd'hui comme l'une des meilleures interprètes de la cuisine provençale au cœur du Luberon, le guide Michelin lui accorde d'ailleurs une étoile depuis 1995.

Suite à cette étoile, Reine et Guy Sammut décident de transférer *La Fenière*, alors située au centre de Lourmarin, à la sortie du village, route de Cadenet, dans une auberge entourée par un vaste espace vert d'une quinzaine d'hectares. Aujourd'hui, l'*Auberge de La Fenière* est un restaurant-hôtel s'ouvrant sur un grand parc avec un potager auquel est aussi annexé un "Bistrot" (*La cour de la ferme*)[91]. Et si Reine Sammut n'aime pas trop s'éloigner de son *Auberge*, comme elle nous le confie lors de notre rencontre, c'est parce qu'elle préfère cultiver, avec son mari, l'art de vivre - ou "philosophie de vie" - qu'ils ont construit et souhaitent partager au sein de leur établissement[92].

- **Sonia Ezgulian**,
l'*Oxalis*, à Lyon (1er)[93] :

Bien qu'attirée par les métiers de bouche, Sonia Ezgulian décide à l'âge de quinze ans de ne pas tenter l'école hôtelière parce qu'il lui semble finalement *« inconcevable de cuisiner*

---

[90] Extrait de *Proche de vous*, n°94, 2005.
[91] Pour plus, vous pouvez visiter son site : www.reinesammut.com
[92] En complément, on peut lire : *La Cuisine de Reine, Heures et saveurs méditerranéennes*, Paris, Hachette, 1997 ; *Reine Sammut à la Fenière de Lourmarin*, Paris, éd. du Chêne, coll. « Mes cours de cuisine », 2011.
[93] Sonia Ezgulian est issue d'une famille de maraîchers.

pour des gens que l'on ne connaît pas »[94]. Elle entreprend donc des études de communication, quitte Lyon, sa ville natale, pour Paris, où elle devient journaliste à l'hebdomadaire *Paris-Match*, au sein duquel elle finit par réaliser la rubrique gastronomique qu'elle souhaite animer et qu'elle appelle : « *Carnets Gourmands* ».

Toutefois, pour ne rien regretter, elle repart l'année de ses trente ans à Lyon pour ouvrir un restaurant avec son époux[95]. Alors que ce dernier cherche un lieu où s'installer, Sonia Ezgulian tente une formation accélérée auprès des professionnels du piano. Stéphane Gaborieu, chef de la *Villa Florentine*, sera le seul des quinze chefs lyonnais contactés à répondre favorablement à sa demande. Puis, comme elle l'explique : « *Après une courte période de bizutage, l'équipe m'a prise sous son aile et m'a formée au métier en six mois* »[96].

Acquéreur en 1999 d'un petit bistrot qu'il rebaptise *Oxalis*[97], le couple paie d'abord très cher son inexpérience, d'autant qu'il n'est pas facile d'imposer une cuisine qui se veut différente des traditions culinaires lyonnaises[98]. Mais Sonia Ezgulian saura affirmer sa personnalité et son propre style culinaire, si bien que l'*Oxalis* est présenté dans l'*Express* du 9 février 2004 comme « *l'un des restaurants les plus créatifs de Lyon* ».

Seule côté cuisine, pendant que son mari gère les seize couverts disponibles en salle, Sonia Ezgulian, qui refuse le titre de "chef", se présente comme une "cuisinière" dont la

---

[94] Cf. *Saveur, le magazine de l'art de vivre gourmand*, n°141, 2005, p. 26.
[95] Emmanuel Auger, photographe de profession, travaillait aussi pour *Paris-Match* où il réalisait les clichés de la rubrique "Art de vivre".
[96] Cf. *Saveur, le magazine de l'art de vivre gourmand*, ibid., p. 27.
[97] Nom d'une plante de la famille de l'oseille.
[98] Brillat-Savarin écrit en 1825 : « Lyon est une ville de bonne chère ; sa position y fait abonder avec une grande facilité les vins de Bordeaux, ceux de l'Hermitage et ceux de Bourgogne ; le gibier des coteaux voisins est excellent ; on tire des lacs de Genève et du Bourget les meilleurs poissons du monde ; et les amateurs se pâment à la vue des poulardes de Bresse dont cette ville est l'entrepôt », cité par A. Rowley, *Les Français à table*, op. cit., p. 141.

motivation au quotidien est simplement de faire partager à ses clients ses découvertes culinaires, teintées de multiples influences du bassin méditerranéen : « *Mes petits plats à moi toute seule, résume-t-elle, dans la lignée de ceux que ma grand-mère arménienne nous préparait tous les jours* »[99].

- **Jocelyne Lotz-Choquart**,
  le *Mungo Park,* à Besançon (dans le Doubs) :

Née dans le vingtième arrondissement de Paris, Jocelyne Choquart entre très jeune dans le monde de l'hôtellerie-restauration pour subvenir à ses besoins, après le décès de ses parents[100]. Au début des années 1970, elle cumule ainsi les "petits boulots" : secrétaire dans la journée - préposée le soir au vestiaire du restaurant de l'*Atelier Maître Albert*. Lors d'un « extra » au *Mercure Galant*, elle rencontre Gérard Lotz, alors maître d'hôtel.

En 1977, le couple, qui a décidé de voyager, tient un premier établissement à Port-au-Prince. De retour en France quelques années plus tard, ils se rapprochent de la ville natale de Gérard et s'installent à Besançon où ils inaugurent, en 1984, le restaurant qu'ils ont baptisé du nom d'un voyageur anglais du XVIIIe siècle : « *Mungo Park* ».

---

[99] Cf. *L'Express* du 9 février 2004. Sonia Ezgulian est également l'auteur d'ouvrages de cuisine assez orignaux, souvent illustrés par ses propres croquis ou des photos de son mari. Une vingtaine de ses livres sont publiés aux éditions de l'Épure (parmi lesquels *La Sardine, L'Oxalis, Les Agrumes, Le Carré Frais*...). Elle a lancé en 2003 : « *La sardine fait son intéressante* », un concours de cuisine appelé en 2005 : « *Le maquereau fait son cador* », qui est ouvert aussi bien aux élèves des écoles hôtelières qu'aux chefs amateurs. Cf. *Saveurs, le magazine de l'art de vivre gourmand*, n°141, 2005, pp. 26-28. Après sept ans passés derrière les fourneaux de l'*Oxalis*, Sonia Ezgulian et son mari choisiront de se consacrer exclusivement à l'édition culinaire et à du *consulting* en hôtellerie-restauration et agroalimentaire. Vous pouvez consulter leur site : www.lessardinesfilantes.fr

[100] Son père était plombier-couvreur et sa mère concierge.

Jocelyne Lotz-Choquart est en salle avec son mari, jusqu'au jour où, en 1985, un cuisinier tombe malade. Obligée de le remplacer, elle entre en cuisine « à titre provisoire ». Initiée par son chef Bruno Rotschi, elle prend vite goût à la cuisine, se passionne, et décide finalement de ne plus quitter les fourneaux pour laisser libre cours à sa créativité. La reconnaissance des guides ne tardera pas à venir, puisque cinq ans après l'ouverture du *Mungo Park,* Jocelyne Lotz-Choquart obtient une étoile au guide Michelin[101].

- **Hélène Darroze**,
Hélène Darroze, à Paris (6ᵉ) :

Née en 1967 à Mont-de-Marsan dans les Landes, Hélène Darroze entre à l'École Supérieure de Commerce de Bordeaux après son baccalauréat. Pour parfaire sa formation, elle postule dans les « Relais & Châteaux »[102] et les grandes maisons de couture. Mais c'est finalement Alain Ducasse qui l'accueille, en

---

[101] En 1998, Jocelyne Lotz-Choquart sera choisie pour encadrer - en compagnie de Marie-Claude Gracia (*La Belle Gascogne*, à Poudenas dans le Lot-et-Garonne) et Reine Sammut - la semaine gastronomique offerte aux grandes personnalités mondiales (décideurs politiques, industriels, financiers et stars du show-business), qui s'est tenue au palace du *Duxton,* à Singapour. En 2000, elle est à nouveau promue pour celle organisée au *Raffles Hotel,* avec Anne-Sophie Pic et Léa Linster. Deux ans plus tard, en partenariat avec la *Lufthansa* et la *Lsg Sky Chefs*, elle élabore des recettes pour les plateaux-repas de la "business class" sur les vols européens. En 2006, elle annonce la vente de son établissement en soulignant que la cuisine est un métier très exigeant : *« La cuisine demande une très grande force physique, nous sommes des athlètes. Quand, en plus, il faut être chef d'entreprise, gérer le personnel, les commandes, les courses, les pannes de matériel…, c'est vraiment très prenant »*, citée dans l'*Est Républicain* du 16 février 2006. Jocelyne Lotz-Choquart donne désormais des cours de cuisine à l'*Académie culinaire* de Besançon, créée en 2006 par le chef Jean-François Maire.

[102] Créé dans les années 1950, « Relais & Châteaux » est un réseau d'hôtels et de restaurants indépendants qui rassemble aujourd'hui près de 500 membres en France et à l'étranger.

décembre 1990, dans son restaurant le *Louis XV* à Monaco. Commis de cuisine pendant quatre mois, elle est ensuite employée comme responsable administrative du *Bureau Alain Ducasse*, où elle gère le personnel, les relations clients et la presse, tout en discutant avec le chef du renouvellement de la carte et des menus[103].

En 1993, elle rentre seconder son père dans le restaurant familial (Relais & Châteaux) de Villeneuve-de-Marsan. Mais leurs conceptions de la cuisine s'opposent très vite, si bien que Francis Darroze lui laisse la direction de l'établissement en janvier 1995. Reconnue alors comme la *« Jeune Chef de l'année »* (par le guide Champérard), et qualifiée de *« Grand de demain »* (par le GaultMillau), Hélène Darroze décide en 1999 de s'installer à Paris, car pour avoir des étoiles dit-elle : *« il faut un public qui vous suit et vous encourage »*[104]. Un an plus tard, le guide Michelin lui décerne une étoile, puis une seconde en 2003.

À la tête d'une brigade de vingt personnes, dont six femmes, Hélène Darroze vient de réaliser un parcours d'une rapidité atypique. Mais comme l'explique Alain Ducasse : *« En cuisine, on peut commencer tard si la passion est là. Hélène a une patte, un goût, une sensibilité liés à son enracinement dans le Sud-Ouest. Il y a des cuisiniers d'effets, sa cuisine a du fond »*[105].

De son côté, Hélène Darroze souligne : *« J'ai eu la chance de naître dans une famille de cuisiniers. Mes grands-parents étaient de fins gourmets, tout comme mes arrières grands-parents hôteliers-restaurateurs »*[106].

---

[103] Cf. *Proche de vous*, n°82, 2004.
[104] *Ibid.*
[105] Cf. *Le Monde,* 13 janvier 2006.
[106] Cf. *Proche de vous*, n°82, 2004. Soulignons que si Hélène Darroze perd une étoile en 2010 pour son restaurant parisien, elle en regagne deux (la 1er en 2009 - la 2e en 2011) pour *The Connaught*, un établissement Londonien dont la direction lui fut confiée en 2008.

• **Anne-Sophie Pic**,
Maison Pic, à Valence (dans la Drôme) :

Jeune diplômée de l'Institut Supérieur de Gestion, Anne-Sophie Pic réalise, à l'âge de vingt-deux ans, que le monde de l'entreprise n'est pas fait pour elle. Elle rentre chez ses parents et déclare à son père qu'elle souhaite se consacrer à sa vraie passion : « la même que la sienne »[107]. Jacques Pic met donc sa fille en cuisine et envisage même de l'envoyer en apprentissage dans une école hôtelière. Ce projet ne verra jamais le jour car peu de temps après, en septembre 1992, son père décède. C'est alors Alain, le frère d'Anne-Sophie, qui prend la relève du père devant les fourneaux.

Anne-Sophie essaie bien de trouver sa place en cuisine, mais préfère en réalité s'occuper de toutes les autres fonctions liées au bon fonctionnement de l'affaire familiale. Son mari, David Sinapian, chargé de la direction générale de l'établissement, l'incite toutefois à s'impliquer davantage en cuisine. En 1995, avec l'appui de sa mère Suzanne et à la stupéfaction générale, Anne-Sophie "franchit" la porte des cuisines pour y faire son apprentissage. Les seconds de la maison se chargent de sa formation. Elle apprend très vite, n'ayant rien oublié des gestes de son père qu'elle a vu œuvrer aux fourneaux des centaines de fois.

Après trois années en duo avec son frère, Anne-Sophie constate que la maison est bien trop figée dans les habitudes de son histoire et qu'ils sont en désaccord sur le tournant qu'il faut lui faire prendre : *« [Alain] restait dans les traces du père, moi je voyais bien que nous courrions à la faillite ; il fallait absolument réinventer ce lieu mythique et cette cuisine qui avaient fait leur temps »*[108].

---

[107] Cf. *Proche de vous*, n°107, 2006.
[108] Extrait du *GaultMillau*, n°19, 2006, p. 26.

En 1998, Alain Pic se retire de « l'affaire familiale »[109] et laisse Anne-Sophie et son mari reprendre ensemble la direction de la *Maison Pic*. Mais elle le souligne, la tâche n'est pas si simple : *« Mon père a formé mon palais, il fallait alors que j'invente mon propre univers, que je redore le blason de la maison. Mais en même temps, j'avais une peur constante du jugement des autres. Qu'allaient dire les anciens clients de mon père : est-ce que j'allais être à la hauteur ? »*[110].

Sans renier ses origines, qui ne sont plus aujourd'hui pour elle "un poids", mais davantage "une force", et en préservant la réputation de la *Maison Pic* acquise par son père[111], Anne-Sophie a réussi à imposer sa personnalité et sa propre conception de "l'art culinaire".

Depuis 2007, comme nous l'avons indiqué, Anne-Sophie Pic est la cuisinière la plus étoilée de France ; la seule femme parmi les vingt-sept chefs à qui le guide Michelin accorde sa plus haute distinction : « les trois étoiles »[112].

---

[109] Alain Pic et son épouse Marie-Hélène se sont installés à Montbonnot-Saint-Martin (en Isère). Leur restaurant porte le nom d'*Alain Pic-Les Mésanges*.
[110] Extrait du *GaultMillau*, n°19, 2006, p. 26.
[111] Jacques Pic (1932-1992), triplement étoilé par le guide Michelin en 1973, succédait à son père André (1893-1984) qui, après avoir lui-même succédé à ses parents à l'*Auberge du Pin* (à Saint-Péray) en 1929, et obtenu trois étoiles Michelin en 1934, s'était installé en 1936 à Valence, où il avait décroché à nouveau le trio des étoiles en 1939.
[112] Cf. en complément : Anne-Sophie Pic, *Au nom du Père*, Paris, Glénat, 2004. Pour finir, on peut indiquer l'ouverture en 2012 de *La Dame de Pic*, son restaurant parisien pour lequel elle reçoit une étoile Michelin en 2013.

Conclusion

Malgré l'évolution des mentalités concernant la répartition des tâches ménagères dans la sphère familiale, il est indéniable que les femmes cuisinent à la maison plus que les hommes. Comme le souligne en effet Jean-Pierre Poulain : *« si les rôles sociaux changent, ils le font lentement et le travail domestique relatif à l'alimentation est encore très féminin »*[1]. Et ce, parce que l'enjeu complexe du partage des tâches domestiques dans la famille, et en particulier entre conjoints, repose moins sur des questions de savoir-faire et de compétences culinaires que sur l'héritage d'identités sexuées, les femmes étant les héritières d'un rôle social fondé sur le sens du « don de soi » et du devoir familial : celui de « blanchir et nourrir la maisonnée ».

Certes, les femmes ne sont plus aujourd'hui assignées de façon exclusive au foyer domestique et les hommes participent davantage à la préparation du repas familial. Il n'en reste pas moins que le "chef" de la cuisine familiale reste le plus souvent une femme. De fait, dans la majorité des cas, quand le couple s'installe pour fonder une famille, le sens du « devoir familial » conduit fréquemment les femmes à prendre durablement en charge l'organisation de la table familiale, comme s'il s'agissait d'une responsabilité leur incombant par nature. Il en va tout autrement dans le monde professionnel où les "chefs" sont encore majoritairement des hommes.

L'univers professionnel de la cuisine est, nous l'avons vu, historiquement marqué par la domination masculine, si bien que l'ouverture aux femmes de l'apprentissage du métier est relativement récente. Il faut en effet attendre les années 1980 pour qu'une femme soit enfin admise en classe de cuisine.

Progressivement acceptées pour des stages, les apprenties sont mises à l'épreuve et testées de façon plus systématique que

---

[1] J.P. Poulain, *Sociologies de l'alimentation*, op. cit., p. 50.

les hommes. Aussi, pour être pleinement intégrées dans un univers construit sur une identité professionnelle masculine, les femmes ont-elles dû contrôler leur féminité afin de ne pas remettre en cause l'identité même des hommes. Comme le souligne Pierre Bourdieu : *« l'accès au pouvoir, quel qu'il soit, place les femmes en situation de "double bind" : si elles agissent comme des hommes, elles s'exposent à perdre les attributs obligés de la "féminité" et elles mettent en question le droit naturel des hommes aux positions de pouvoir ; si elles agissent comme des femmes, elles paraissent incapables et inadaptées à la situation »*[2].

Si les femmes ont eu l'occasion de prouver qu'elles méritaient bien, à l'instar des hommes, leur place au sein des cuisines professionnelles et qu'elles avaient les capacités de diriger une brigade aussi efficacement qu'eux, il ne faut pas oublier que de nombreuses femmes actuellement chefs de cuisine ont fait leurs preuves en débutant leur carrière en autodidactes. Et ce phénomène ne semble pas propre à la France puisqu'en Italie, en Espagne, en Angleterre, en Suisse, en Belgique, en Allemagne et en Autriche, des femmes chefs ont connu elles aussi des parcours semblables et ont acquis leur légitimité à exercer en obtenant, en plus de celle de leurs clients, la reconnaissance des guides[3].

Certes, le nombre de femmes diplômées a aujourd'hui fortement progressé et elles trouvent aussi plus facilement des emplois en tant que salariées. Les mentalités changent en cuisine, tout comme du côté de la boulangerie et de la

---

[2] P. Bourdieu, *La domination masculine*, op. cit., p. 96.
[3] Cf. G. Pudlowski, *Elles sont chefs. Les grandes dames de la cuisine contemporaine et leurs meilleures recettes,* Paris, Flammarion, 2005. Cet ouvrage présente 36 cuisinières : 19 Françaises (Isabelle Auguy, Nathalie Beauvais, Sophie Bise, Hélène Darroze, Lydia Egloff, Nicole Fagegaltier, Catherine Guerraz, Fatéma Hal, Jocelyne Lotz-Choquart, Gisèle Lovichi, Flora Mikula, Olympe, Anne-Sophie Pic, Reine Sammut, Suzel…), et 17 Européennes (Elena Arzak, Judith Baumann, Sally Clarke, Patricia Desmedt, Rose Gray et Ruth Rogers, Léa Linster, Johanna Maier, Cornelia Poletto, Carme Ruscalleda, Anna Sgroi, Luisa Valazza…).

pâtisserie. En 2004, Jocelyne Gantois, directrice de l'École de Paris, le souligne : « *Plus du tiers des apprentis pâtissiers que nous formons aujourd'hui sont des femmes. Le métier est modernisé et donc moins pénible, les femmes peuvent désormais y faire la démonstration de leur talent sucré* »[4]. Ce qui était loin d'être le cas trente ans auparavant. En effet, descendant d'une lignée de boulangers, Christine Ferber, pâtissière à Niedermorschwihr (en Alsace), fut contrainte dans les années 1970 d'intégrer une école de formation spécialisée dans les « métiers de bouche » à Bruxelles, car en France, à cette époque, on ne prenait pas de filles en pâtisserie. Aujourd'hui, reconnue comme la *« fée des confitures »*, elle est la première femme, et encore l'une des rares, à avoir accédé à la notoriété pour ses talents de « pâtissière-confiturière » et ce, *"jusqu'au Japon"*.

Il est incontestable que les femmes ont des compétences professionnelles égales à celles des hommes et ne manquent pas de talent. Dans les années 2000, le chef le plus étoilé de France : Alain Ducasse, assurait déjà vouloir leur faire une place dans ses brigades, estimant que *« leur cuisine se reconnaît en cela qu'elle est plus délicate, plus immédiate, plus instinctive et plus sensible »*[5]. Et Fabrice Mayer, second de Flora Mikula, affirmait que la femme *« n'a pas moins d'autorité qu'un homme, sans être autoritaire. Elle est rassurante et sait instaurer un climat de confiance plutôt qu'un rapport de force »*[6]. Mais force est de constater que la direction d'une brigade demeure un privilège masculin, en particulier dans le monde de la restauration étoilée où très peu de femmes ont à ce jour reçu l'ultime consécration. De fait, de 1933, date à laquelle le guide Michelin attribue pour la première fois ses trois étoiles, jusqu'à nos jours, quatre femmes seulement ont reçu cette distinction[7].

---

[4] Cf. « Christine Ferber, pâtissière », *L'Express*, 9 février 2004.
[5] Cf. « Femmes chefs : des étoiles au firmament », *L'Express*, 17 avril 2003.
[6] *Ibid*.
[7] On peut le rappeler : Eugénie Brazier et Marie Bourgeois en 1933 ; Marguerite Bise en 1951 ; Anne-Sophie Pic en 2007. Si la France ne

On est cela dit bien loin de l'année 1977 où Paul Bocuse, pourtant ancien commis d'Eugénie Brazier, déclarait : « *Je tiens à redire ma conviction que les femmes sont certainement de bonnes cuisinières pour la cuisine dite de tradition : cuisine nullement inventive à mon avis, ce que je déplore* »[8]. François Simon, critique gastronomique au *Figaro*, pense même que « *le XXIe siècle pourrait être celui des femmes* »[9].

Les stéréotypes sexués ont toutefois la vie dure et, comme le disait si justement Margaret Maruani, « *les frontières se déplacent plus qu'elles ne s'effacent* »[10]. De fait, les femmes ne s'entendent-elles pas encore dire que leur cuisine est moins "technique", mais plus "sensible", que celle des hommes ? Des professionnelles sont taxées de faire une « *cuisine de femme* » : a-t-on déjà entendu dire qu'un professionnel faisait, lui, une « *cuisine d'homme* » ?

Il est indéniable qu'il existe de plus ou moins bons techniciens, des cuisines jugées plus ou moins délicates, mais est-ce vraiment une question de sexe ? Peut-on réellement imaginer qu'Amandine Chaignot, chef des cuisines de l'hôtel parisien *Raphael*, diplômée de l'École supérieure de cuisine française (Ferrandi) et formée par des chefs étoilés (tels Yannick Alléno, Éric Fréchon et Jean-François Piège), ne maîtrise pas aussi bien qu'un homme la technique ? Tout comme il serait insensé de dire que la cuisine de Jean Sulpice, doublement étoilé pour son restaurant l'*Oxalys* à Val-Thorens (en Savoie) - un élève de Marc Veyrat qui a fait sienne sa

---

compte qu'une seule femme parmi les vingt-sept "trois étoiles" en 2013, il est à souligner qu'en Italie, sur les sept triplement étoilés, trois sont des femmes autodidactes : Annie Féolde (3* en 1993), Nadia Santini (3* en 1996), Luisa Valazza (3* en 1998) ; et qu'en Espagne, sur les sept (également) triplement étoilés, sont des femmes : Elena Arzak (3* en 1989), ainsi qu'une autodidacte : Carme Ruscalleda (3* en 2006).

[8] Cf. « Femmes chefs . des étoiles au firmament », *L'Express*, 17 avril 2003.

[9] Cité par J.C. Renard, *La grande Casserole, op. cit.*, 2002, p. 34.

[10] M. Maruani, *Les Nouvelles frontières de l'inégalité*, 1998, citée par F. Battagliola, *Histoire du travail des femmes, op. cit.*, p. 94.

devise : *« la nature dicte ma cuisine »* - ne relève pas d'une fine délicatesse. Peut-on raisonnablement concevoir que l'on puisse identifier le sexe du chef qui se cache derrière l'assiette ?

Alors, la cuisine a-t-elle un « genre » ? Autrement dit, y a-t-il une « cuisine féminine » propre aux femmes et une « cuisine masculine » propre aux hommes ? Visiblement le sujet n'est pas clos et la question des genres en cuisine suscite encore débat puisque le guide *Fooding 2014* des restaurants présente en plus ce "dossier spécial" : *« La cuisine a-t-elle un sexe ? »*. Cette ultime interrogation montre bien toute l'importance que représente encore aujourd'hui dans notre société l'enjeu des rapports sociaux de sexe dans l'univers et au sein des cuisines.

Bibliographie

Ouvrages

ARIÈS Philippe, DUBY Georges (dir.), *Histoire de la vie privée*, t. 3, *De la Renaissance aux Lumières*, Paris, Seuil, 1986.

ARON Jean-Paul, *Le mangeur du XIXe siècle*, Paris, Robert Laffont, 1973.

AUBRUN Simone, « Les compétences de 3e dimension », *Actualité de la formation permanente*, n°117, 1992, pp. 46-55.

AUGUSTINS Georges, « Le don chez les musiciens », in *Jeux de familles* (dir. M. Segalen), Paris, Presses du CNRS, 1991, pp. 99-113.

AYMARD Maurice, GRIGNON Claude, SABBAN Françoise (dir.), *Le temps de manger. Alimentation, emploi du temps et rythmes sociaux*, Paris, MSH/INRA, 1993.

BALANDIER Georges, *Anthropo-logiques*, Paris, Librairie Générale Française, 1985.

BATTAGLIOLA Françoise, *Histoire du travail des femmes*, Paris, La Découverte, « Repères », 2004.

BAUER Michel, « De *l'homo economicus* au *pater familias*. Le patron d'entreprise entre le travail, la famille et le marché », in *Jeux de familles* (dir. M. Segalen), Paris, Presses du CNRS, 1991, pp. 23-42.

BEAUVOIR Simone de, *Le Deuxième sexe*, Paris, Gallimard, 1949.

BERTAUX Daniel, « Les transmissions en situation extrême », *Générations et filiations - Communications*, n°59, 1994, pp. 73-99.

BERTAUX D., BERTAUX-WIAME Isabelle, « Le patrimoine et sa lignée : transmission et mobilité sociale sur cinq générations », *Life stories/Récits de vie*, n°4, 1988, pp. 8-25.

BERTAUX-WIAME I., « L'installation dans la boulangerie artisanale », *Sociologie du travail*, n°1, 1982, pp. 8-23.

BIANQUIS-GASSER Isabelle, « Pratiques autour des laitages dans la sociabilité mongole contemporaine », *Utinam - Autour d'Henri Hatzfeld*, Paris, L'Harmattan, 1996, pp. 149-166.

BLÖSS Thierry (dir.), *La dialectique des rapports hommes-femmes*, Paris, PUF, « Sociologie d'aujourd'hui », 2002.

BONNET Jocelyne, *La terre des femmes et ses magies*, Paris, Robert Laffont, 1988.

BOUDAN Christian, *Géopolitique du goût. La guerre culinaire*, Paris, PUF, 2004.

BOUDON Raymond, *L'idéologie : l'origine des idées reçues*, Paris, Fayard, 1986.

BOURDIEU Pierre, « Comprendre », in *La misère du monde*, Paris, Seuil, 1993, pp. 903-925.

BOURDIEU P., *La distinction : critique sociale du jugement*, Paris, Minuit, 1979.

BOURDIEU P., *La domination masculine*, Paris, Seuil, « Points Essais », 1998.

BOURDIEU P., *Le sens pratique*, Paris, Minuit, 1980.

BOURDIEU P., *Questions de sociologie*, Paris, Minuit, 1984.

BOURDIEU P., PASSERON Jean-Claude, *Les Héritiers. Les étudiants et la culture*, Paris, Minuit, 1964.

BOUYX Benoît, *L'enseignement technologique et professionnel*, Paris, La Documentation française/CNDP, 1997.

BRENEL Ève, *Le monde du flamenco : entre pratiques amateurs et professionnelles, socio-anthropologie d'une culture artistique,* Thèse de doctorat de sociologie, Université de Franche-Comté, 2004.

BRILLAT-SAVARIN Jean-Anthelme, *Physiologie du goût, ou méditations de gastronomie transcendante,* Paris, Flammarion, 1982 (1re éd. 1826).

BRUCY Guy, *Histoire des diplômes de l'enseignement technique et professionnel (1880-1965) : l'État, l'école, les entreprises et la certification des compétences*, Paris, Belin, 1998.

BRYGOO Angelina, *Politique de recrutement . le cas de l'hôtellerie - Dossier de recherche*, n°32, Centre d'études de l'emploi, 1990.

BUCHER Anne-Laure, « Engendrer, nourrir, dévorer : les fonctions symboliques de la féminité », *Religiologiques – Nourriture et sacré*, n°17, 1998, pp. 175-191.

CACÉRÈS Bénigno, *Si le pain m'était conté...*, Paris, La Découverte, 1987.

CAILLÉ Alain, « Sacrifice, don et utilitarisme ; notes sur la théorie du sacrifice », *La revue du Mauss*, n°5, 1995, pp. 248-293.

CERTEAU Michel de, GIARD Luce, MAYOL Pierre, *L'invention du quotidien. II. Habiter, Cuisiner*, Paris, Gallimard, « Folio-Essais », 1994.

CHABAUD-RYCHTER Danielle, GARDEY Delphine, « Technique et genre », in *Dictionnaire critique du féminisme*, Paris, PUF, 2004, pp. 228-233.

CHAMOUX Marie-Noëlle, « Sociétés avec et sans concept de travail », *Les énigmes du travail - Sociologie du travail*, hors série, 1994, pp. 57-71.

CHASSEY Francis de, « Le modèle de la compétence : construction, sélection et usage du nouvel individu productif », *Compétence et expertise - Utinam*, n°13, Paris, L'Harmattan, 1995, pp. 65-83.

CHÂTELET Noëlle, *Le corps à corps culinaire*, Paris, Seuil, 1977.

COMMAILLE Jacques, *Les stratégies des femmes : travail, famille et politique*, Paris, La Découverte, 1993.

DARRÉ Jean-Pierre, *La parole et la technique. L'univers de pensée des éleveurs du Ternois,* Paris, L'Harmattan, 1985.

DELBOS Geneviève, JORION Paul, *La transmission des savoirs*, Paris, MSH, 1984.

DETIENNE Marcel, VERNANT Jean-Pierre (dir.), *La Cuisine du sacrifice en pays grec,* Paris, Gallimard, 1979.

DETIENNE M., VERNANT J.P., *Les Ruses de l'intelligence. La métis des Grecs*, Paris, Flammarion, 1989.

DOUGLAS Mary, *De la souillure, essais sur les notions de pollution et de tabou*, trad., Paris, François Maspero, 1981.

DROUARD Alain, *Histoire des cuisiniers en France. XIXe-XXe siècle*, Paris, CNRS Éditions, 2004.

DROUARD A., *Le mythe gastronomique français*, Paris, CNRS Éditions, 2010.

DUBAR Claude, *La socialisation. Construction des identités sociales et professionnelles*, Paris, Armand Colin, 1991.

DUBAR C., TRIPIER Pierre, *Sociologie des professions*, Paris, Armand Colin, 1998.

DUBY Georges, PERROT Michelle (dir.), *Histoire des femmes en Occident*, vol. 4, *Le XIXe siècle*, Paris, Plon, 1991.

DUBY G., WALLON Armand (dir.), *Histoire de la France rurale*, t. 4, *La Fin de la France paysanne, depuis 1914*, Paris, Seuil, 1977.

DUC Marcelle, « Analyse des situations de travail : concepts opératoires et approche méthodologique », *Utinam - Autour de Michel Verret*, Paris, L'Harmattan, 1994, pp. 181-191.

DURKHEIM Émile, *Les formes élémentaires de la vie religieuse*, Paris, PUF, « Quadrige », 1979 (1re éd. 1912).

ÉLIADE Mircea, *Histoire des croyances et des idées religieuses*, vol. 1, Paris, Payot, 1983.

ÉLIADE M., *Mythes, rêves et mystères*, Paris, Gallimard, 1955.

ÉLIAS Norbert, *La civilisation des mœurs*, trad., Paris, Calmann Lévy, 1973.

ÉLIAS N., *La société de cour*, trad., Paris, Champs-Flammarion, 1985.

FABRE-VASSAS Claudine, « La cuisine des sorcières », *Ethnologie de France*, XXI, 1991, pp. 423-437.

FARB Peter, ARMÉLAGOS George, *Anthropologie des coutumes alimentaires*, trad., Paris, Denoël, 1985.

FERNIOT Jean, *L'Europe à table*, Paris, Les éditions du Mécène, 1993.

FERRAND Michèle, *Féminin/Masculin*, Paris, La Découverte, 2004.

FISCHLER Claude, *L'Homnivore. Le goût, la cuisine et le corps*, Paris, Odile Jacob, « Points », 1993.

FLANDRIN Jean-Louis, *Chronique de Platine : pour une gastronomie historique*, Paris, Odile Jacob, 1992.

FRAZER James Georges, *Le Rameau d'Or*, trad., Paris, Robert Laffont, 1911.

FREUD Sigmund, *Totem et tabou*, trad., Paris, Payot, 1924.

GAILLARD Jacqueline, « De l'école nationale professionnelle de jeunes filles au lycée polyvalent hôtelier », *Patrimoine Polinois*, n°14, 1999, pp. 121-135.

GARDAZ Michel, « Le sacrifice de la chair et la nourriture des dieux hindous », *Religiologiques - Nourriture et sacré*, n°17, 1998, pp. 85-97.

GENNEP Arnold Van, *Les rites de passage*, Paris, A. et J. Picard, 1981 (1re éd. 1909).

GIARD René, *La violence et le sacré*, Paris, Grasset, 1972.

GIRODIN Paulette, *Restaurants et restauration en France*, Paris, PUF, 1995.

GODELIER Maurice, *La production des grands hommes : pouvoir et domination masculine chez les Baruya de Nouvelle-Guinée*, Paris, Fayard, 1982.

GOFFMAN Erving, *L'arrangement des sexes*, trad., Paris, La Dispute, 2002 (1re éd. 1977).

GOODY Jack, « Les chemins du savoir oral », *Littératures populaires/Du dit à l'écrit - Critique*, n°394, 1980, pp. 189-196.

GOODY J., *Cuisines, cuisine et classes*, trad., Paris, Centre Georges Pompidou, 1984.

GOTMAN Anne, *Hériter*, Paris, PUF, 1988.

GRIAULE Marcel, *Dieu d'eau, entretiens avec Ogotemmêli*, Paris, Fayard, 1966.

GUIGON Sylvie, *Les fruitières à Comté : fromager au village, l'art de composer*, Besançon, Cêtre, 1996.

HALBWACHS Maurice, *Les cadres sociaux de la mémoire*, Paris, Albin Michel, 1994 (1re éd. 1925).

HUGHUES Everett C., *Le regard sociologique : Essais choisis*, présentés par J.M. Chapoulie, Paris, EHESS, 1996.

JACQUES Dominique, « La transmission du patrimoine : rite de passage ou rite initiatique ? », *Utinam - Autour d'Henri Hatzfeld*, Paris, L'Harmattan, 1996, pp. 197-203.

JACQUES-JOUVENOT Dominique, *Choix du successeur et transmission patrimoniale*, Paris, L'Harmattan, 1997.

KARPIK Lucien, « Confiance, rationalité et marché de la qualité », in *Confiance et rationalité* (F. Aubert et J.P. Sylvestre éds.) - *Les Colloques,* n°97, Paris, INRA Éditions, 2001, pp. 203-213.

KAUFMANN Jean-Claude, *Le cœur à l'ouvrage : théorie de l'action ménagère*, Paris, Nathan, 1997.

KAUFMANN J.C., « Les attitudes domestiques », in *La famille, l'état des savoirs* (dir. F. de Singly), Paris, La Découverte, 1991, pp. 124-132.

KAUFMANN J.C., *Casseroles, amour et crises. Ce que cuisiner veut dire*, Paris, Armand Colin, 2005.

KERGOAT Prisca, « Métier, profession, job », in *Dictionnaire critique du féminisme*, Paris, PUF, 2004, pp. 115-123.

KNIBIEHLER Yvonne, FOUQUET Catherine, *Histoire des mères du Moyen Âge à nos jours*, Paris, Montalba, 1977.

LAFERTÉ Gilles, « La production d'identités territoriales à usage commercial dans l'entre-deux-guerres en Bourgogne », *Cahiers d'économie et sociologie rurales*, n°62, 2002, pp. 69-75.

L'AULNOIT Béatrix de, ALEXANDRE Philippe, *Des fourchettes dans les étoiles. Brève histoire de la gastronomie française,* Paris, Fayard, 2010.

LE GALL Sophie, *Les métiers de l'hôtellerie-restauration,* Levallois-Perret, Éditions Jeunes-Studyrama, 2001.

LEGENDRE Pierre, *L'inestimable objet de la transmission : étude sur le principe généalogique en Occident*, Leçon V, Paris, Fayard, 1985.

LELIÈVRE Claude et Françoise, *Histoire de la scolarisation des filles*, Paris, Nathan, 1991.

LEROI-GOURHAN André, *Le geste et la parole : I. Technique et langage, II. La mémoire et les rythmes,* Paris, Albin Michel, 1964-1965.

LETTRE D'UN PÂTISSIER ANGLOIS et autres contributions à une polémique gastronomique du XVIIIe siècle, trad., (éd. préparée par Stephen Mennell), University of Exeter, 1981.

LÉVI-STRAUSS Claude, *L'origine des manières de table, Mythologiques 3*, Paris, Plon, 1968.

LÉVI-STRAUSS C., *La pensée sauvage*, Paris, Plon, 1962.

LÉVI-STRAUSS C., *Le Totémisme aujourd'hui*, Paris, PUF, 1962.

LÉVI-STRAUSS C., *Les structures élémentaires de la parenté*, Paris, PUF, 1949.

LOUIS-VINCENT Thomas, « Au-delà des apparences », *Nouvelles Études Anthropologiques,* n°1, Paris, L'Harmattan, 1992, pp. 81-105.

MANNHEIM Karl, *Le problème des générations*, trad., Paris, Nathan, 1990 (1re éd. 1928).

MARENCO Claudine, *Manières de table, modèles de mœurs. 17^è-20^è siècle*, L'ENS-Cachan, 1992.

MARIE Patricia, *Hommes et femmes dans l'apprentissage et la transmission de "l'art culinaire". Une approche socio-historique,* Thèse de doctorat de sociologie, Université de Bourgogne, 2008.

MARIE P., « La Cuisine des femmes : tout un Mystère », *Utinam*, n°17-18, Paris, L'Harmattan, 1996, pp. 57-70.

MARIE P., *Pot au feu, ratatouille, clafoutis, beignets… La cuisine des femmes et ses mystères,* Mémoire de DEA de sociologie, UFR SLHS, Besançon, 1995.

MARTIN-FUGIER Anne, « Les rites de la vie bourgeoise », in *Histoire de la vie privée* (dir. P. Ariès et G. Duby), t. 4, *De la Révolution à la Grande Guerre*, Paris, Seuil, 1987, pp. 193-261.

MARUANI Margaret, NICOLE Chantal, *Au labeur des dames. Métiers masculins, emplois féminins*, Paris, Syros/Alternatives, 1989.

MAUDIT-CORBON Michelle, *Alternances et apprentissages*, Paris, Hachette, 1996.

MAUSS Marcel, *Sociologie et anthropologie*, Paris, PUF, 1968, (1re éd. 1923).

MEAD Margaret, *L'un et l'autre sexe. Les rôles d'homme et de femme dans la société*, trad., Paris, Gonthier, 1966.

MEAD M., *Mœurs et sexualité en Océanie,* trad., Paris, Plon, « Pocket », 2004 (1re éd. 1963).

MÉCHIN Colette, « Profession cuisinier(e) », *Revue des Sciences Sociales de la France de l'Est*, n°23, 1996, pp. 110-117.

MENNELL Stephen, *Français et Anglais à table du Moyen Âge à nos jours*, trad., Paris, Flammarion, 1987.

MÉRIOT Sylvie-Anne, *Compétences et identité d'un groupe professionnel : les cuisiniers de la restauration collective*, Thèse de doctorat de sociologie, EHESS, 2000.

MESPLÈDE Jean-François, *3 étoiles au Michelin. Une histoire de la haute gastronomie française*, Paris, Gründ, 1998.

MILES Alex, *Les hommes qui cuisinent. Le plaisir de partager*, Baume-les-Dames, Agnès Viénot éditions, 2005.

MORVAL Monique, « Mais où sont les repas d'antan ? », *Religiologiques – Nourriture et sacré*, n°17, 1998, pp. 149-157.

MOTTA Roberto, « Le sacrifice, la table et la fête. Les aspects "néo-antiques" de la liturgie du *candomblé* brésilien », *Religiologiques – Nourriture et sacré*, n°17, 1998, pp. 75-84.

MUXEL Anne, *Individu et mémoire familiale*, Paris, Nathan, 1996.

NEIRINCK Edmond, POULAIN Jean-Pierre, *Histoire de la cuisine et des cuisiniers : techniques culinaires et pratiques de table, en France, du Moyen Âge à nos jours*, Malakoff, Jacques Lanore, 1988.

PARADEISE Catherine, « Les professions comme marchés du travail fermés », *Sociologie et sociétés*, vol. XX, n°2, 1988, pp. 9-21.

PERRIN Denis, *L'Hôtellerie*, Paris, PUF, 1991.

PLANTÉ Christine, *La Petite Sœur de Balzac. Essai sur la femme auteur*, Paris, Seuil, 1989.

POULAIN Jean-Pierre, *Sociologies de l'alimentation. Les mangeurs et l'espace social alimentaire*, Paris, PUF, 2002.

RENARD Jean-Claude, *La grande Casserole. Coulisses de la gastronomie*, Paris, Fayard, 2002.

REVEL Jean-François, *Un festin en paroles. Histoire littéraire de la sensibilité gastronomique de l'antiquité à nos jours,* Paris, Jean-Jacques Pauvert, 1979.

REYNAUD Jean-Daniel, *Les règles du jeu. L'action collective et la régulation sociale*, Paris, Armand Colin, 1989.

ROPÉ Françoise, TANGUY Lucie (dir.), *Savoirs et compétences. De l'usage de ces notions dans l'école et dans l'entreprise*, Paris, L'Harmattan, 1994.

ROWLEY Anthony (dir.), *À table ! La fête gastronomique*, Paris, Gallimard, « Découvertes », 1994.

ROWLEY A. (dir.), *Les Français à table. Atlas historique de la gastronomie française*, Paris, Hachette, 1997.

SALMONA Michèle, *Les paysans français : le travail, les métiers, la transmission des savoirs*, Paris, L'Harmattan, 1994.

SCHMITT Jean-Claude, *La Raison des gestes dans l'Occident médiéval,* Paris, Gallimard, 1990.

SCHNAPPER Dominique, *La compréhension sociologique*, Paris, PUF, « Quadrige », 2005.

SCHWARTZ Olivier, *Le monde privé des ouvriers : hommes et femmes du Nord*, Paris, PUF, 1990.

SCHWARTZ Yves, « Le travail change-t-il vraiment ? », *Utinam - Autour de Michel Verret*, Paris, L'Harmattan, 1994, pp. 151-158.

SEGALEN Martine, « Le nom caché. La dénomination dans le pays bigouden sud », *L'Homme*, t. XX, n°4, 1980, pp. 63-76.

SIMON Jean-Pierre, « Les trois types de domination légitime », in *Histoire de la sociologie*, Paris, PUF, 1991, pp. 398-403.

SINGLY François de, *L'enquête et ses méthodes : le questionnaire*, Paris, Nathan, 1992.

SINGLY F. de, *Le soi, le couple et la famille*, Paris, Nathan, 1996.

STRAUSS Anselm, *Miroirs et masques*, trad., Paris, Métaillé, 1992.

STROOBANTS Marcelle, *Savoir-faire et compétences au travail. Une sociologie de la fabrication des aptitudes*, éd. de l'Université de Bruxelles, 1993.

STROOBANTS M., « Travail et compétences : récapitulation des approches des savoirs au travail », *Formation Emploi*, n°33, 1991, pp. 31-46.

SYLVESTRE Jean-Pierre, « Culture, imaginaire social et sens commun », in *Le sens commun* (dir. P. Guenancia et J.P. Sylvestre), éd. Universitaires de Dijon, 2004, pp. 129-148.

TERENCE Isabelle, *Le monde de la grande restauration en France : la réussite est-elle dans l'assiette ?*, Paris, L'Harmattan, 1996.

TÉRRAIL Jean-Pierre, *La dynamique des générations*, Paris, L'Harmattan, 1995.

TERRAIL J.P., « Transmissions intergénérationnelles », in *Dictionnaire critique du féminisme*, Paris, PUF, 2004, pp. 239-243.

THÉLOT Claude, *Tel père, tel fils ? Position sociale et origine familiale*, Paris, Dunod, 1982.

THIS Hervé, *Casseroles et éprouvettes*, Paris, Belin, 2002.

THIS H., *La cuisine note à note en 12 questions souriantes*, Belin, Paris, 2012.

THIS H., *Traité élémentaire de cuisine*, Paris, Belin, 2002.

TRÉPOS Jean-Yves, « Compétences expertes et qualification des situations d'expertise. Pour une sociologie de l'expertise », *Compétence et expertise - Utinam*, n°13, Paris, L'Harmattan, 1995, pp. 13-24.

TRÉPOS J.Y., *Sociologie de l'expertise*, Paris, PUF, 1996.

VERDIER Yvonne, *Façons de dire, façons de faire. La laveuse, la couturière, la cuisinière*, Paris, Gallimard, 1979.

VERNANT Jean-Pierre, *Mythe et pensée chez les Grecs*, Paris, François Maspero, 1966.

WEBER Max, *Économie et société*, trad., Paris, Plon, 1971, (1re éd. 1921).

WEBER M., *Essais sur la théorie de la science*, trad., Paris, Plon, 1992 (1re éd. 1965).

Autres références

BERNARD Françoise, *Les recettes faciles,* Paris, Hachette Pratique, 2003 (1re éd. 1965).

BLANC Georges, JOBARD Coco, *La cuisine de nos mères,* Paris, Hachette, 2002.

COUPLAN François, VEYRAT Marc, *Herbier Gourmand* (50 plantes aromatiques en 100 recettes simples et savoureuses), Paris, Hachette Pratique, 2004 (1re éd. 1997).

DARROZE Hélène, *Personne ne me volera ce que j'ai dansé,* Paris, Le Cherche Midi, 2005.

ENJOLRAS Bernard, *La Mère Poulard. Secrets de cuisinière*, Rennes, Ouest-France, 2005.

HAEBERLIN Paul, Marc et Jean-Pierre, *Les recettes de l'Auberge de l'Ill*, Paris, Flammarion, 1982.

JACQUET Antoine, *Cours de cuisine élémentaire. À l'usage des jeunes filles des Écoles,* Chalon-sur-Saône, Imprimerie du « Courrier de Saône et Loire », 1919.

L'Atelier de Alain Ducasse (texte de Jean-François Revel), Paris, Hachette, coll. « Les maîtres de la gastronomie », 1998.

La Cuisinière de la campagne et de la ville, ou Nouvelle cuisine économique, Paris, Librairie Audot, 1888 (1re éd. 1818).

La cuisine de Ducasse par Sophie, éd. Alain Ducasse, 2005, réédité en 2010.

Les recettes des meilleures cuisinières de France. 156 recettes recueillies et présentées par Martine Joly (ss. la dir. de C. Lebey), Paris, Albin Michel, 1993.

LOISEAU Bernard, *L'envolée des saveurs*, Paris, Hachette, 1991.

MAINCENT Michel, *La cuisine de référence : techniques et préparations de base*, Paris, BPI, 2001 (éd. réactualisée ; préface de Bernard Loiseau).

MAINCENT M., *Technologie culinaire*, Paris, BPI, 1997 (éd. mise à jour ; préface de Pierre Troisgros ; "Grand Prix" du meilleur ouvrage de l'Académie Nationale de Cuisine, en 1989).

MARTIN Guy, *La route des étoiles*, Paris, Hachette, 2006.

MATHIOT Ginette, *Je sais cuisiner,* Paris, Albin Michel, 2002, (1re éd. 1932).

PETIRENAUD Jean-Luc, *Carte Postale Gourmande* (2000-2005), Paris, Mango, 2005.

PIC Anne-Sophie, *Au nom du Père*, Paris, Glénat, 2004.

PUDLOWSKI Gilles, *Elles sont chefs. Les grandes dames de la cuisine contemporaine et leurs meilleures recettes,* Paris, Flammarion, 2005.

Reine Sammut à la Fenière de Lourmarin, Paris, éd. du Chêne, coll. « Mes cours de cuisine », 2011.

ROBUCHON Joël, JOB Guy, *Bon Appétit bien sûr. 25 grands chefs en 150 recettes inédites*, Paris, Cie 12, 2002.

TROISGROS Pierre et Michel, *Les meilleures recettes familiales des Troisgros,* Paris, Flammarion, 2002.

Revues

Le mangeur et l'animal : mutations de l'élevage et de la consommation - AUTREMENT, n°172, 1997.

Mille et une bouches : cuisines et identités culturelles - AUTREMENT, n°154, 1995.

Nourritures : plaisirs et angoisses de la fourchette - AUTREMENT, n°108, 1989.

Du néolithique au fast-food. Manger. 10 000 ans d'invention alimentaire - SCIENCES ET VIE, n°238 (hors série), 2007.

L'Hôtellerie Restauration, hors série, déc. 2005.

Les CAP, coll. diplômes, ONISEP, 2006.

Les Métiers de demain, Pratique n°13 (hors série), Alternatives Économiques (en partenariat avec l'ONISEP), 2004.

Les métiers de l'hôtellerie-restauration : « Cuisinier », Cahiers de l'ONISEP, avril 1994.

Revue technique des hôtels et restaurants, déc. 1991 ; déc. 1992.

Magazines…

Cuisine et vins de France ; *GaultMillau* ; *Saveurs, le magazine de l'art de vivre gourmand* ;

Proche de vous, (numéros consultables : www.prochedevous-enligne.fr).

et Guides consultés

Bottin Gourmand (www.bottingourmand.com) ; *Champérard* ; *GaultMillau* (ces trois guides gastronomiques ont été créés dans les années 1980) ;

Michelin France (qui date de 1900).

Films/Documentaires

« À l'école de la cuisine française », *Des racines et des ailes*, 4 octobre 2006, France 3.

« Guide Michelin : la révolte des chefs ! », *Envoyé spécial*, 24 novembre 2005, France 2.

« L'Institut de cuisine française à New York. Formation par des grands chefs français », *Envoyé spécial*, 19 janvier 2006, Fr. 2.

Guy Savoy : l'Aubergiste étoilé, réalisé par Guy Job et Stéphane Krausz, mai 2013, France 5.

Plus près des étoiles, réalisé par Stéphane Gillot et Guy Job ; trois épisodes diffusés en décembre 2006 sur France 3.

Une semaine en cuisine - chez Alain Ducasse à Monte-Carlo, réalisé par Jean-Louis Comolli, Paris, La Sept/INA, 1992.

Table des matières

Préface 7

Introduction 17

Chapitre 1. Afin de mieux comprendre 31
  Être cuisinier : un métier, une profession ? 31
  L'activité professionnelle : « une affaire d'hommes ? » 39
  Les notions de « masculin/féminin » 43
  La dialectique des espaces « privé/public » 48
  Le rapport à la qualification et l'enjeu de la technique 52
  Le processus de transmission des savoirs 55

Chapitre 2. La mise en scène du repas familial 67
  « À la soupe ! » : la parenté par la bouillie 67
  La symbolique du partage de la chair 73
  L'instauration des manières de table 81
  Le repas familial comme pivot de l'ordre social 85
  La figure mythique de la mère nourricière 95
  Le rôle du « chef » de la table familiale 99
  L'éducation culinaire entre « mères et filles » 102

**Chapitre 3. Cuisinier : une profession et
un statut à définir** 111
  Les corporations de l'alimentation 113
  Les premiers restaurants 115
  Essor et diversité des établissements 118
  Le tourisme gastronomique 122
  Les cuisiniers en quête d'un statut 126
    La littérature gastronomique 129
    Les bureaux de placement 133
    La Chambre syndicale des cuisiniers 134
  L'enseignement et l'école de cuisine 137
    Enseigner aux femmes ? 140
    L'école professionnelle 142
  Être cuisinier en France à la fin du XIXe siècle 144

**Chapitre 4. Derrière les toques et les pianos :
« *Où sont les femmes ?* »** 153
   L'apprentissage du métier 153
   Du petit commis au grand chef :
      « *parcours typique du cuisinier* » 157
   La « production » de chefs-cuisiniers 174
   Un marché du travail fermé aux femmes ? 182
   Parcours « atypiques » de femmes « chefs » 187
      Reine Sammut 187
      Sonia Ezgulian 188
      Jocelyne Lotz-Choquart 190
      Hélène Darroze 191
      Anne-Sophie Pic 193

Conclusion 195

Bibliographie 201
   Ouvrages 203
   Autres références 213
   Revues 215
   Magazines et Guides consultés 215
   Films/Documentaires 216

Sociologie et questions de société

aux éditions L'Harmattan

Dernières parutions

COLLÉGIENNES EN QUÊTE DE BEAUTÉ
Entre devoir social, expression identitaire et hédonisme
Bouaiss Rachida
Maquillage, parfum, coiffure : les jeunes filles accèdent de plus en plus tôt à l'univers de la beauté. Pourquoi ces jeunes filles s'intéressent-elles si tôt à leur apparence ? Que recherchent-elles ? Quels rôles tiennent la beauté et l'apparence dans leur construction et leur expression identitaires ? Quelles sont leurs pratiques quotidiennes ? Ont-elles des codes spécifiques ? Voici une étude menée auprès de collégiennes de 10 à 15 ans.
(Coll. Logiques sociales, 24.00 euros, 196 p.)
ISBN : 978-2-336-30163-1, ISBN EBOOK : 978-2-296-53782-8

RISQUE (LE)
Journées de la Maison des sciences de l'homme Ange-Guépin
Sous la direction de Fabien Tripier
Le risque est omniprésent dans les débats publics. Les chercheurs en sciences humaines et sociales se sont emparés de ce thème comme en témoignent ces actes des journées thématiques de la Maison des sciences de l'homme de Nantes (2011). Les contributions présentées se sont rassemblées autour de cinq thèmes : le risque en santé publique ; les perspectives critiques et politiques publiques ; les comportements face au risque ; l'entreprise et les collectivités ; les questions de finance.
(31.00 euros, 304 p.)
ISBN : 978-2-343-00945-2, ISBN EBOOK : 978-2-296-53927-3

RITES DE PASSAGE (LES)
Des Dogons aux francs-maçons
Fontaine Jacques
Cet ouvrage mène l'enquête sur les rites de passage, avec un autre regard, depuis les travaux des grands ethnologues aux découvertes récentes. D'abord, il fait le tri entre ce qui est «culturel» et ce qui est «naturel». Puis, grâce à l'analyse structurale, il compare près de 30 rites de passage, en s'apercevant qu'au-delà du temps et de l'espace, les rites se regroupent pour délivrer des messages frappants. Peu à peu, il nous fait découvrir les racines des rites, logées dans notre psychisme le plus profond.
(19.00 euros, 190 p.)
ISBN : 978-2-343-00636-9, ISBN EBOOK : 978-2-296-53796-5

POLITIQUES (LES) À L'ÉPREUVE DES SOCIOLOGUES
Vocation sociologue - Sous la direction de Yamina Meziani et Pierre Vendassi ; introduction de Didier Lapeyronnie
Ces contributions questionnent des réformes politiques menées depuis 2007 sous la présidence de Nicolas Sarkozy en adoptant un regard scientifique sur les actions entreprises par son gouvernement, dans les domaines de la santé, de l'éducation et de l'intégration. Ce livre questionne enfin la place et la manière dont la recherche en sciences sociales est en mesure de rendre compte et de tirer des analyses des évènements politiques qui ont marqué le dernier quinquennat.
(Coll. Logiques sociales, 18.00 euros, 188 p.)
ISBN : 978-2-343-00747-2, ISBN EBOOK : 978-2-296-53813-9

POLITIQUE, INSERTION ET JEUNESSE : L'ESPOIR DU MONDE
Loubeyo Dreyfus
Comment réussir l'insertion sociale et professionnelle des jeunes ? Être au plus près de la population et des acteurs socio-économiques d'un territoire est sans conteste l'une des clés nécessaires à la réussite de l'insertion. Nous vivons actuellement une crise économique et sociale sans précédent. À cette crise majeure et face à une compétitivité grandissante des entreprises, la jeunesse se trouve confrontée à des emplois précaires et accède difficilement à un premier emploi stable.
(Coll. Questions contemporaines, 16.50 euros, 160 p.)
ISBN : 978-2-343-00842-4, ISBN EBOOK : 978-2-296-53933-4

POUR UNE PARTICIPATION DES JEUNES À LA VIE PUBLIQUE
Engagez-vous ! Réengagez-vous !
Kherraz Ahmed
Cet ouvrage propose de revenir sur l'expérience militante de jeunes issus d'horizons divers mais ayant pour points communs d'être ou d'avoir été engagés personnellement pendant plusieurs années. Il sera question plus généralement de la place qu'occupent les jeunes dans notre société ainsi que du rôle censé être le leur comme dans n'importe quelle société démocratique qui se respecte.
(Coll. Questions contemporaines, 15.50 euros, 150 p.)
ISBN : 978-2-343-00502-7, ISBN EBOOK : 978-2-296-53767-5

FORMATION (LA) DES GROUPES DE JEUNES DANS L'ESPACE URBAIN
Ferrand Alexis
L'ouvrage propose un modèle qui articule socioéconomie marxiste, théorie de la pratique de Bourdieu, sémiologie de l'espace, et psychanalyse des phénomènes collectifs pour expliquer les activités des groupes de jeunes dans l'espace urbain, montrant les rapports de domination qui fondent le double jeu des institutions de socialisation et d'encadrement des loisirs, et les tensions entre jeunes pour l'appropriation des espaces.
(Coll. Logiques sociales, 19.00 euros, 198 p.)
ISBN : 978-2-343-00689-5, ISBN EBOOK : 978-2-296-53815-3

TRENTE ANS DE POLITIQUE DE LA VILLE, ET APRÈS ?
Manquements d'une politique d'État, réponses locales
Exemple de la ville de Roubaix
Kherraz Ahmed, Kessili Samir - Préface de Pierre Dubois et Pierre Mathiot
Roubaix constitue un laboratoire urbain au carrefour de multiples enjeux économiques et sociaux. Pauvreté et exclusion s'y manifestent comme dans d'autres agglomérations françaises connaissant un chômage de masse. L'État a mis en place il y a trente ans la politique de la ville. À l'origine politique de redynamisation territoriale, elle s'est recentrée petit à petit pour ne concerner quasi exclusivement que les quartiers relégués. Quelles sont les limites de cette politique aujourd'hui ?
(18.00 euros, 180 p.)
ISBN : 978-2-336-30161-7, ISBN EBOOK : 978-2-296-53736-1

IL ÉTAIT UNE FOIS MA CITÉ
Depuis 4 ans, les habitants de la Coudraie à Poissy se battent pour empêcher la destruction de leur cité. En juillet 2007, des sans-logis les ont rejoints dans leur combat. Ils ont aménagé un campement au pied des immeubles. Une action symbolique alors que 400 logements sont inoccupés dans la cité. À travers ce film, la parole des habitants et l'histoire de ce combat deviennent mémoire. Une mémoire empreinte, indélébile.
(20.00 euros)
ISBN : 978-2-336-29430-8

DANS LES JARDINS DE BABEL CITY
Claudon Philippe
C'est en 1896 que l'abbé Jules Lemire a organisé les premiers jardins ouvriers en France. Presque un siècle plus tard, après plusieurs décennies de déclin, ces jardins - devenus familiaux - connaissent un nouvel essor. Aujourd'hui, ce mouvement, qui colonise nos friches urbaines avec encore plus d'ampleur est significatif d'une mutation sociale plus profonde qu'il n'y paraît…
(20.00 euros)
ISBN : 978-2-336-29428-5

RÉSONANCES
De Gandillac Civa
Trois courts métrages. *Paris par cœur* (2009, 10 min.). Une plongée dans un Paris subjectif, un Paris populaire, un Paris cosmopolite… *Résonances* (2005, 27 min.). Nouvel antisémitisme, discrimination sociale, compétitivité entre devoirs de mémoires, identité juive… *Il était une fois Marc et Lotti* (2002, 26 min.). Il était une fois Marc et Lotti… et leur âne. À l'heure où le pétrole flambe, voici un bel exemple d'écocitoyenneté et d'autonomie…
(20.00 euros.)
ISBN : 978-2-336-29437-7, ISBN EBOOK : 978-2-296-53965-5

SOCIOLOGIE (LA) D'INTERVENTION
Le sociologue au cœur des organisations associatives, sportives et de loisirs
Bernardeau Moreau Denis
Cet ouvrage traite de l'utilité de la sociologie d'intervention. A partir d'études de terrain conduites dans les fédérations et clubs professionnel, les collectivités

territoriales et les entreprises de loisirs, l'auteur tente d'éprouver la portée explicative et compréhensive de quelques modèles théoriques majeurs issus de la sociologie des organisations. Sa démarche, à la foi scientifique, épistémologique et pragmatique, vise à souligner l'importance du lien entre la sociologie et la demande sociale.
(Coll. Logiques sociales, 28.00 euros, 286 p.)
ISBN : 978-2-336-00725-0, ISBN EBOOK : 978-2-296-53868-9

VIOL-LOCATION (LE)
Liberté sexuelle et prostitution
Martine Joëlle
Acheter le consentement sexuel d'autrui, est-ce l'expression d'une liberté sans tabou ou un abus de pouvoir d'achat ? Sur quelles bases est-il légitime, ou pas, de considérer la prostitution comme un travail ? Que répondre à la misère sexuelle des personnes handicapées ? En Suède la pénalisation des clients a-t-elle enfermé les prostituées dans la clandestinité ? Aux Pays-Bas la reconnaissance d'un statut professionnel a-t-elle fait reculer les réseaux mafieux et la prostitution hors statut ?
(Coll. Sexualité humaine, 15.50 euros, 152 p.)
ISBN : 978-2-343-00618-5, ISBN EBOOK : 978-2-296-53939-6

POUR LES CHRYSANTHÈMES, ON VERRA PLUS TARD...
Guide humoristique à l'usage des seniors
Ancelet Alain
Ce livre brosse une désopilante description des petits malheurs et des grands bonheurs que traversent tous les seniors qui n'évoluent pas toujours au même rythme que la vie quotidienne à laquelle ils sont confrontés, sur des routes parfois cahotantes. Mais l'humour s'avère le plus confortable des airbags pour amortir les chocs. Ce n'est pas parce qu'on a les cheveux blancs qu'il faut avoir les idées noires...
(11.50 euros, 82 p.)
ISBN : 978-2-343-00743-4, ISBN EBOOK : 978-2-296-53771-2

TRAVAIL, SANTÉ, ÉDUCATION
Individualisation des parcours sociaux et inégalités
Sous la direction de Servet Ertul, Jean-Philippe Melchior et Eric Widmer
Cet ouvrage explore le nouveau concept de «parcours social», concept particulièrement efficient pour observer les inégalités de toutes sortes que subissent les hommes et les femmes dans des domaines aussi variés que le travail, la santé, l'éducation et la formation. Il apparaît que le processus d'individualisation mis en œuvre par les politiques publiques et les nouvelles formes de management favorise l'émergence, le maintien ou l'aggravation de ces inégalités dans nos sociétés.
(Coll. Logiques sociales, 30.00 euros, 296 p.)
ISBN : 978-2-343-00484-6, ISBN EBOOK : 978-2-296-53533-6

L'HARMATTAN ITALIA
Via Degli Artisti 15; 10124 Torino

L'HARMATTAN HONGRIE
Könyvesbolt ; Kossuth L. u. 14-16
1053 Budapest

L'HARMATTAN KINSHASA
185, avenue Nyangwe
Commune de Lingwala
Kinshasa, R.D. Congo
(00243) 998697603 ou (00243) 999229662

L'HARMATTAN CONGO
67, av. E. P. Lumumba
Bât. – Congo Pharmacie (Bib. Nat.)
BP2874 Brazzaville
harmattan.congo@yahoo.fr

L'HARMATTAN GUINÉE
Almamya Rue KA 028, en face du restaurant Le Cèdre
OKB agency BP 3470 Conakry
(00224) 60 20 85 08
harmattanguinee@yahoo.fr

L'HARMATTAN CAMEROUN
BP 11486
Face à la SNI, immeuble Don Bosco
Yaoundé
(00237) 99 76 61 66
harmattancam@yahoo.fr

L'HARMATTAN CÔTE D'IVOIRE
Résidence Karl / cité des arts
Abidjan-Cocody 03 BP 1588 Abidjan 03
(00225) 05 77 87 31
etien_nda@yahoo.fr

L'HARMATTAN MAURITANIE
Espace El Kettab du livre francophone
N° 472 avenue du Palais des Congrès
BP 316 Nouakchott
(00222) 63 25 980

L'HARMATTAN SÉNÉGAL
« Villa Rose », rue de Diourbel X G, Point E
BP 45034 Dakar FANN
(00221) 33 825 98 58 / 77 242 25 08
senharmattan@gmail.com

L'HARMATTAN TOGO
1771, Bd du 13 janvier
BP 414 Lomé
Tél : 00 228 2201792
gerry@taama.net

597958 - Février 2015
Achevé d'imprimer par